LA SURPRISE

Chatouille de l'âme

Daniel Marcelli

LA SURPRISE

Chatouille de l'âme

Albin Michel

Introduction

Lecteur, cet ouvrage traite de choses insignifiantes et gratuites, de choses qui apparemment ne servent à rien, ne rapportent rien, ne coûtent rien. Pourtant elles concernent presque tout le monde, peu de personnes y ont échappé. De quoi s'agit-il ? Certainement pas du sexe : la gratuité de ses échanges au sein du couple n'a d'autre correspondance que la coûteuse et juteuse industrie du marchandage sexuel. Le travail, l'école, la santé, les loisirs, l'écologie, tout cela a un coût que d'ailleurs les médias nous rappellent constamment. Reste-t-il encore quelque chose de gratuit dans notre monde ? Quelque chose d'inutile en apparence, du moins qui ne serve à rien dans l'immédiat : le « retour sur investissement » n'y serait pas automatiquement garanti. L'aléatoire et l'imprévu, mais un aléatoire sans tirage ni grattage, sans gros lot pour le gagnant, en seraient les valeurs fondatrices. Alors ? Cessons ce jeu agaçant et lâchons la surprise : cet ouvrage traite effectivement des jeux de surprise. Mais précisons tout de suite, pour éviter au lecteur pressé de perdre son temps, qu'il ne s'agit pas des jeux de hasard, comme le jeu de roulette ou les jeux de cartes. Non, il s'agit plus simplement des jeux auxquels toute mère joue avec son bébé dès le plus jeune âge, jeux de chatouilles, de petites bêtes qui montent, de marionnettes, de coucou, etc. Quand elle est seule avec son bébé, après le bain, quelques minutes avant le repas, la mère s'amuse et se donne du plaisir avec ce bébé. Penchée sur la table à langer, elle l'excite en le chatouillant de façon répétitive ; elle approche son visage qui exprime des mimiques étranges, tantôt comme des gronderies, tantôt des airs de surprise, tantôt des froncements de sourcils comme si elle était très fâchée. La prosodie de sa voie est à l'unisson de ces mimiques : tantôt enjôleuse, tantôt grave, tantôt presque inquiète. Pendant ce manège, sa main légère monte doucement le long du ventre, se dirige vers le cou, va parfois jusqu'au visage et soudain devient plus pressante, chatouilleuse, ce qui fait rire l'enfant. Alors la maman s'arrête puis recommence aussitôt ; cette fois le bébé semble attendre avec impatience la chatouille, mais voilà que la main maternelle s'attarde, fait durer l'attente, impatiente le bébé. Et c'est au moment où il ne s'y attend pas que la chatouille le surprend. Ravi de cette tromperie, mais un peu déstabilisé, il en redemande. La maman, elle aussi ravie, recommence et introduit une nouvelle variation que le bébé semble pressentir : il est doublement heureux de la chatouille et de sa capacité débutante à comprendre la règle du jeu. Traîtresse, la maman introduit une dernière variation : avant même que son bébé soit prêt, la main jaillit et touche la cible, elle chatouille soudain le cou de son bébé et celui-ci, étonné, regarde sa mère. Triomphante, elle clôt le jeu d'un sonore et jubilatoire : « J' t'ai eu ! » Mère et bébé se sourient, ravis l'un et l'autre de la farce, de la surprise et de la tromperie.

À quoi ce manège peut-il bien servir ? Si, lecteur, vous n'êtes pas trop impatient, si vous supportez quelques variations de tempo, si vous acceptez de perdre un peu de temps, alors nous essaierons de vous emmener dans les chemins de traverse de la « Métis* » humaine, des chemins où la ligne droite n'est pas nécessairement la voie la plus efficace. Nous montrerons que ces jeux de surprise et de tromperie tiennent une place essentielle dans l'organisation de la psyché humaine. Ils sont un des moyens pour la mère comme pour le bébé de se dégager d'une dyade dans laquelle ils pourraient l'un et l'autre s'engloutir ; ils témoignent de l'emprise que la mère exerce sur son bébé, mais en jouant ainsi avec lui, elle lui donne la possibilité d'une prise de conscience de cette emprise, prise de conscience préalable à tout désengagement. Chatouillant le corps de son bébé, excitant son psychisme, la mère ligote son enfant dans les rets de sa séduction, mais en le trompant à l'ultime seconde elle lui dévoile aussi la structure de cette séduction énigmatique. Grâce à quoi il pourra se distancier progressivement. Excité par l'attente, inquiet de se « faire avoir », le bébé traverse une phase d'ambivalence où l'incertitude l'envahit. Il apprend ainsi qu'on ne peut pénétrer le domaine des relations humaines que si l'incertitude est supportable et tolérable : sans cette tolérance, nul échange humain possible. Véritable « scène sexuelle de l'enfance », le jeu de chatouilles et de tromperie permet de lier l'excitation somatique à l'excitation psychique et d'y mettre un terme à un âge où cette excitation ne connaît pas de limite naturelle, compte tenu de l'immaturité sexuelle infantile ; à l'adolescence, en revanche, l'irruption du pubertaire installe la surprise à l'intérieur même du corps, ce qui explique peut-être pourquoi les adolescents deviennent si méfiants devant d'éventuelles surprises.

Mais la surprise de l'amour a plus d'un tour dans son sac : si l'adolescent ou l'adulte accepte de s'y risquer, il

* Divinité grecque de la ruse et de la tromperie (voir ci-dessous, chap. III).

découvrira que les jeux de l'amour sont semés non pas d'embûches mais de surprises ; il découvrira surtout qu'à cet instant où l'on tombe amoureux, on se retrouve aussi fragile et vulnérable que le petit enfant dans les bras de sa mère ; et enfin que cet abandon de soi, ce renoncement est la condition même de la surprise et de la rencontre amoureuse.

Si la surprise de l'amour reste pour le poète, le romancier, un gisement inépuisable, en revanche les jeux de surprise entre une mère et son bébé, le plus souvent passés sous silence, n'ont intéressé que quelques cliniciens et psychologues de la petite enfance. Et leur place est restée très modeste pour ne pas dire inexistante dans la majorité des traités « sérieux » consacrés au développement de l'enfant. Mais qu'est-ce qu'un traité de psychologie de l'enfant qui ne fait presque plus aucune place aux jeux en général, à ces jeux de chatouilles et de tromperie en particulier ? Les sciences cognitives, dans leur frénésie d'objectivité, chassent tout ce qui est de l'ordre de l'aléatoire, de l'impondérable, de l'imprévu – il faut quantifier, classer, mesurer, compter, comparer… Ce livre ne fait rien de tout cela : il propose une rêverie, une promenade, des évocations, des métaphores, un abandon. Si le cerveau et le fonctionnement neurophysiologique de nos synapses sont des objets de connaissance comme les autres (est-ce si vrai que cela ?), la connaissance de l'être humain se réduit-elle à ce savoir ? Quand bien même nous connaîtrions l'état exact d'activation de toutes les synapses d'un cerveau*, connaîtrions-nous pour autant la pensée de ce cerveau ? Et si cette connaissance de la pensée passait nécessairement par l'irruption surprenante de l'autre en soi ? La surprise est peut-être dans la relation humaine ce que le jeu de chatouilles est

* Elles sont au nombre de 10^{15} (un milliard de millions) selon les cognitivistes.

dans la relation mère-bébé : l'instant où l'un se fait avoir par l'autre, où l'un pénètre l'autre. Et cette effraction même est la condition du paradoxe relationnel : pour être avec l'autre il faut renoncer à une partie de soi, et c'est au moment où l'autre fait intrusion en soi que le sujet peut se différencier et prendre pleinement conscience de lui-même. La surprise est au cœur de toute relation et la relation clinique entre le consultant et son patient n'y échappe pas. Toutefois on comprend aisément que la surprise, ouvrant cette brèche dans les limites du soi, puisse être objet de défiance, surtout chez l'adulte : dans le monde de l'enfance il s'agit presque toujours de « bonne surprise » ; dans le monde adulte, en revanche, toute surprise n'est pas bonne à prendre et il y a aussi de « mauvaises surprises ». Comment rendre compte de ce brusque changement qualitatif ?

Plus que du côté de la réalité physique, matérielle, nous nous placerons du côté de la réalité humaine, affective, émotionnelle. Car c'est bien de cela qu'il s'agit : la surprise s'accompagne toujours d'un envahissement émotionnel qui inonde la personne, lui donne pour un instant le sentiment de s'exhiber nue aux yeux des autres. C'est bien une surprise que redoutent ces personnes atteintes d'une peur de rougir en public, ce dont elles se plaignent régulièrement (l'éreutophobie) : elles sont angoissées à l'idée que leur visage dévoile leurs émotions et que chacun puisse lire à livre ouvert comme si leur âme était livrée à la concupiscence d'autrui. Chez tout adulte surpris se cache un éreutophobe. La surprise n'est-elle que menace pour le sujet ? N'y a-t-il aucun intérêt à être surpris ? Imaginons un instant un monde sans surprise, un monde où tout serait toujours tel que cela a été annoncé, un monde où chacun tiendrait sa place, uniquement sa place, toujours sa place... On mourrait d'ennui, n'est-ce pas ? Alors comment comprendre qu'on redoute cela même qui paraît indispensable au sel de la vie ? Nous parlerons donc de cette surprise dans la relation, d'abord celle du jeune enfant, du bébé avec sa mère* au cours de tous ces jeux de chatouilles, de petites bêtes qui montent, de coucou si inutiles en apparence. Puis nous tenterons de comprendre ce que, dans la relation humaine en général, clinique en particulier, la surprise vient révéler de soi et d'autrui, ce qu'elle permet de partager malgré les risques encourus.

---

* Quand nous parlons de « mère », c'est certes de la mère qu'il s'agit, mais nous utilisons ce terme par facilité pour désigner plus généralement toute personne qui s'occupe de l'enfant de façon régulière sur l'ensemble de la journée. Traditionnellement dans nos civilisations, la mère génitrice reste la personne qui, le plus souvent, élève son bébé. Mais ce peut être aussi une gardienne, une nourrice, ou le père qui, dans certains cas, reste à la maison. Par le terme « mère », nous faisons référence à la personne qui assure l'essentiel de la continuité des soins du bébé et qui, dans des moments ponctuels d'intimité, se livre à ces jeux « secrets » de plaisir partagé. Quand ils sont en position « maternelle », quand ils assurent cette continuité, les hommes jouent tout autant que les femmes avec leur bébé.

CHAPITRE I

La surprise, cette inconnue

« Surprendre », « surpris », « surprise » sont apparus, en français, dans cet ordre au XIIe siècle[1*], réfections de « sorprendre » composé à partir de « sor » (sur) et de prendre. Qu'il s'agisse du verbe, de l'adjectif ou du substantif, tous ces termes impliquent l'idée d'affecter, de toucher le sujet : être « surpris », c'est être surpassé (XIIIe), déconcerté, étonné, avec quelques nuances entre ces termes. En effet, le verbe, initialement utilisé pour désigner le fait de « toucher, d'affecter une personne qui n'y était pas préparée », a ensuite pris le sens de « prendre au dépourvu », soit, dans une signification morale, « prendre quelqu'un au moment où il commet un délit » – ainsi l'emploi de surprendre pour signifier « abuser quelqu'un par des manœuvres inopinées » ne reste dans le langage courant qu'à travers l'expression « surprendre la bonne foi ». Dans le sens non pas de la morale mais dans celui des émotions et des sentiments, surprendre a alors eu la signification d'« envahir brusquement quelqu'un ». Peu à peu la dimension de la temporalité est devenue prédominante, la soudaineté, l'aspect inopiné, inattendu caractérisant le fait de surprendre : c'est ainsi qu'on utilise ce terme dès le XIIIe siècle

* Les notes bibliographiques sont en fin de volume.

pour décrire le fait de « se présenter à l'improviste », d'« arriver inopinément chez quelqu'un ». D'où le sens dérivé d'« intercepter (un courrier) », d'« obtenir par des moyens détournés », de « déceler, apercevoir » : « surprendre quelqu'un en galante compagnie » (XVIIe siècle). Puis le sens de « frapper l'esprit en se présentant sans être attendu, ou en étant autre que ce qu'on attendait » introduit la notion de doute ou d'incrédulité qu'on retrouve dans l'expression « cela me surprend ».

L'adjectif « surpris » conserve ce sens : être surpris, c'est être déconcerté, étonné, pénétré par un sentiment inattendu. Le sujet est placé dans une situation passive où il est à même de subir quelque chose venant de l'extérieur, avec cette connotation d'« être pénétré par ».

Si, au Moyen Âge, la « sorprise » désignait un impôt extraordinaire, rapidement la surprise prit le sens d'un événement inopiné, qui survient à l'improviste. Là encore la dimension de passivité, le fait de subir quelque chose est essentiel : « pris par surprise », d'où la « surprise de l'amour » (Marivaux). De nos jours, le mot « surprise » désigne le plus souvent l'« état d'une personne qui est surprise », c'est-à-dire une émotion envahissant la personne en réponse à une situation inattendue. D'une certaine façon, le substantif « surprise » s'est spécialisé avec ce contenu psychologique et par métonymie a désigné peu à peu les situations ou les objets susceptibles de provoquer cette « émotion/surprise », passant de l'expression « faire une surprise » à l'objet lui-même : « une pochette-surprise ». « Cadeau surprise », « visite surprise », « grève surprise » désignent chaque fois un objet, un événement inattendu, soudain, qui place celui qui en est, sinon la victime, du moins la cible en position passive de soumission, de réception.

« Surprendre », « surpris », « surprise » désignent donc quelque chose d'interne au sujet (c'est alors du registre de l'émotion) ou d'externe (c'est alors une situation ou un objet) qui survient inopinément, à l'improviste, plaçant la personne en position de passivité, ouvrant au doute, à l'incertitude ou à l'incrédulité, introduisant en elle une transformation par rapport à l'état antérieur, transformation qui est en règle générale du registre émotionnel (doute) mais qui peut se compléter par le registre de la cognition (incertitude). Les dimensions de temporalité, de passivité puis de déséquilibre et de transformation sont ainsi parties prenantes de la surprise et du fait de surprendre.

La surprise est donc au cœur des émotions, des affects mais aussi de la cognition et de l'apprentissage ; elle déstabilise un état antérieur, faisant jaillir le doute et répandant l'incertitude, elle ouvre des perspectives nouvelles ; elle n'est pas sans rapport avec les limites du sujet qui se trouve « pénétré » par surprise dans son intimité, installant l'autre, le non-soi dans la place : « être pris par surprise ». Créant une brèche à l'intérieur du sujet, elle le contraint à se tourner vers l'extérieur, vers ce facteur perturbateur qui lui dévoile soudainement la fragilité de son existence et de son moi. On ne s'étonnera pas que l'angoisse siège au détour de la surprise ; on peut même se demander comment l'individu peut tolérer la surprise sans en être affecté ni détruit.

Incontestablement, la surprise appartient au monde de l'enfance ; on pourrait même aller jusqu'à dire que plus l'être humain est jeune plus sa tolérance à la surprise est grande, et que plus il prend de l'âge plus il devient rétif ou franchement intolérant à la surprise. Les enfants aiment les surprises, les adultes beaucoup moins…

On ne sera donc pas surpris de constater que le mot « surprise » apparaît souvent quand il est question d'enfant ou d'enfance. À titre d'exemple, un rapide survol de la littérature enfantine montre que les titres d'ouvrages pour enfants avec le mot « surprise » sont très nombreux : *Surprise au Bric à Brac* (Ch. Cahour), *Surprise au clan des Sept* (E. Blyton), *Surprise chez les Dupont* (M.A. Caudrat), *La surprise de Binboundé* (M. Gay), etc.[2]

La référence à la notion de surprise semble bien appartenir au monde de l'enfance. Chaque parent a pu en faire l'expérience, par la lecture d'une histoire des dizaines de fois ; certes la répétition n'apporte plus de surprise, mais néanmoins le petit enfant redemande encore une fois qu'on lui lise cette histoire et il attend avec impatience le moment où surgit la fameuse surprise, feignant parfois lui-même, de concert avec le parent lecteur, d'être surpris au moment propice.

Dans la littérature d'adultes, le mot « surprise » est beaucoup plus rare ; que s'est-il passé ? Certes on connaît *La surprise de l'amour* de Marivaux dans ses deux versions, italienne (1722) et française (1727) : « il s'agit de deux personnes qui s'aiment pendant toute la pièce, mais qui n'en savent rien elles-mêmes et qui n'ouvrent les yeux qu'à la dernière scène » selon le résumé de Marivaux. Les spectateurs, mais aussi dans la pièce elle-même les valets et les amis, savent, avant les personnages, que l'amour est là. Les deux versions diffèrent par les « résistances » initiales à l'acceptation d'un tel sentiment. Dans la version italienne, le refus d'aimer, chez Lelio comme chez la Comtesse, s'exprime par le mépris pour le sexe opposé et masque la douleur d'une déception ou d'une tromperie antérieure ; dans la version française, les deux personnages principaux, la Marquise et le Chevalier, sont enfermés dans leur douleur, celle du veuvage et de la perte, et chacun se dit prêt à mourir. Ainsi dans les deux pièces, la « surprise », c'est l'arrivée de l'amour contre toute attente et contre la volonté affichée par les personnages de ne plus se laisser prendre par ce type de sentiment. En 1996, presque trois siècles plus tard, une courte pièce de théâtre de Catherine Anne joue sur le même thème, la pièce s'intitulant tout simplement *Surprise*. Deux sœurs d'un côté, deux copains de l'autre, veulent passer des vacances tranquilles à la montagne loin de ceux ou celles de l'autre sexe ; ils découvrent avec « surprise » qu'ils ont loué des gîtes contigus et doivent partager le jardin. Il s'ensuit un « jeu » entre les quatre protagonistes tournant autour de l'incertitude de l'amour. Quand il est question de surprise dans le monde adulte et qu'il s'agit d'une surprise plutôt agréable, l'amour est presque toujours au rendez-vous. On « tombe amoureux » par surprise, en général quand on s'y attend le moins ou quand on est sur la défensive, comme celui ou celle qui en a vu de toutes les couleurs et s'est promis que désormais « on ne l'y reprendrait plus ». Tomber amoureux implique pour celui qui en est la « victime » d'accepter cet état de passivité et de soumission faisant de l'amoureux une personne qui est « à la merci » de la personne aimée. Le « coup de foudre » fait déposer les armes : celui qui aime renonce, se met à nu dans ses sentiments, livre sa vulnérabilité (narcissique, dira le technicien) et se laisse aller, il accepte de s'abandonner à l'aimé(e) avec les risques que cela comporte. Cet état d'abandon n'est pas très éloigné de l'état d'un jeune enfant entre les bras de sa mère.

Une interrogation sur Minitel[3], confirme les précédentes remarques. La recherche de l'item « surprise » donne 201 références disponibles dans lesquelles ce mot apparaît au niveau du résumé mais ces 201 références se répartissent de la manière suivante : 127 se rapportent à la littérature enfantine, 12 sont des romans policiers (souvent d'ailleurs des policiers proches de la littérature pour enfants ou pour « jeunes »), 22 appartiennent à la catégorie des guides, 25 sont des romans où apparaît le mot « surprise » dans le résumé et 13 enfin concernent le domaine des arts, de la culture ou de la politique (exemple : « Le vote surprise, les élections législatives des 25 mai et 1er juin 1997 »). Dans toutes ces références, la surprise n'est pas l'objet de la réflexion, elle apparaît simplement comme un facteur descriptif. En outre on constate la forte prévalence des livres pour enfants (63 % des références) où la surprise constitue toujours un élément excitant et attirant, alors que cette même surprise lorsqu'elle concerne le monde des adultes est assez souvent qualifiée de façon négative (la « mauvaise surprise »). Finalement, on ne trouve que deux titres s'approchant de notre préoccupation, l'un et l'autre relatifs à la psychopathologie : un ouvrage collectif sous la direction de Jacques-Alain Miller, *Le conciliabule d'Angers : effets de surprise dans les psychoses,* compte rendu d'un colloque entre professionnels sur la pratique quotidienne avec des psychotiques, et un livre d'Eva-Marie Golder : *Au seuil de l'inconscient le premier entretien,* qui analyse la pratique de ce premier entretien avec les inéluctables surprises qui surgissent, dont nous reparlerons (voir chapitre IX).

La surprise est tout aussi grande quand on aborde la littérature scientifique, en particulier dans les domaines de la philosophie, de la psychologie, de la psychanalyse et de la psychopathologie. Une recherche nécessairement rapide puisque infructueuse dans les ouvrages suivants aboutit à un constat de quasi-inexistence.

Ainsi dans le champ philosophique, l'item « surprise » n'est pas référencé en tant que tel ni dans le *Vocabulaire technique et critique de la philosophie* de Lalande[4], ni dans l'*Encyclopédie philosophique universelle, Les notions philosophiques, dictionnaire,* sous la direction d'A. Jacob[5]. Certes nous ne prétendons pas qu'une lecture exhaustive de ces ouvrages ne nous permettrait pas de tomber de temps à autre sur le mot « surprise », mais ce concept (doit-on l'appeler concept puisque son existence ne paraît même pas être reconnue ?) n'y a aucune place spécifique. Dans le Lalande, le mot « incertitude » n'est pas non plus référencé et on ne retrouve pas une seule fois les mots « surprise » ou « incertitude » dans les items « doute » et « hasard ». Le développement philosophique autour de ces termes semble avoir pour objectif latent de circonscrire l'irruption de la surprise pour mieux la circonvenir.

Les ouvrages de psychologie ne sont pas plus diserts. Aucune mention n'est retrouvée concernant la surprise dans le *Traité de psychologie* de D. G. Myers[6], ni dans l'important ouvrage de S.C. Clonninger, *La personnalité*[7]. Il n'y a pas d'entrée spécifique pour le terme « surprise » dans le *Grand dictionnaire de psychologie*[8], ni dans les ouvrages plus centrés sur les processus cognitifs[9]. Encore plus surprenant, puisqu'il s'agit d'un ouvrage consacré à la psychologie du développement, on ne retrouve aucune indication particulière sur ce terme dans le tout récent *Manuel de psychologie de l'enfant* de J.A. Rondal et E. Espéret[10].

Les ouvrages de psychiatrie ou de psychopathologie sont tout aussi silencieux[11]. Si cette absence dans les ouvrages de psychiatrie de l'adulte peut encore se comprendre, on sera plus étonné de la constater dans les ouvrages portant sur l'enfance, comme le très complet *Psychopathologie du bébé* de S. Lebovici et F. Weil-Halpern[12], ou le *Traité de psychopathologie infantile* de H. Beauchesne et B. Gibello[13].

Enfin, dans le champ psychanalytique, la surprise n'est pas mieux accueillie. On ne retrouve aucun item sur ce sujet dans le *Vocabulaire de psychanalyse* de J. Laplanche et J.-B. Pontalis[14], ni dans le plus récent *Dictionnaire de psychanalyse* d'É. Roudinesco et M. Plon[15]. En revanche le terme « surprise » est référencé deux fois dans l'ouvrage *Psychanalyse* de A. de Mijolla et S. de

Mijolla-Mellor[16]. La première[17] se rapporte à la surprise éprouvée par l'analysant devant la levée du refoulement induite par la technique des associations libres : « Cet abandon confiant de l'analysant est aussi ce qui va permettre l'émergence des contenus refoulés, lesquels, comme l'a montré Theodor Reik, sont accompagnés alors d'un affect de surprise. "Je qualifie de surprenant, écrit-il, un fait que l'on a inconsciemment attendu et que l'on rencontre à un moment inattendu ou dans des circonstances inattendues. Il va de soi que la surprise est à son maximum quand il s'agit de la confirmation ou de l'accomplissement d'attentes refoulées[18]." » L'autre citation évoque les résistances face aux interprétations de l'analyste : « À la limite, l'interprétation de l'analyste se voit prévenue, donc rendue inutile, par un travail continu d'auto-interprétation de l'analysant qui n'a aucun effet interprétatif parce qu'il lui manque l'essentiel, c'est-à-dire l'effet de surprise[19]. » Ces deux citations sont plus que ce qu'on trouve dans les autres ouvrages et en même temps elles occupent une place dérisoire si on considère que le champ de la surprise en analyse concerne tout particulièrement : l'abandon confiant du patient dans la situation d'analyse ; sa capacité à tolérer le surgissement de l'inattendu ; le ressort de l'efficacité d'une interprétation venant de l'analyste : son effet de surprise accepté par l'analysant. Le premier élément a trait au cadre même de l'analyse ; le second porte sur le fonctionnement psychique du patient lui-même, et le troisième fait intervenir le rapport analysant/analyste et porte sur l'essence même de ce rapport : l'interprétation. Pour tout cela il n'y a que deux petites citations dans un ouvrage qui se caractérise par son sérieux, par la rigueur de ses développements et par le désir d'être aussi complet que possible, dans lesquelles la notion de surprise n'est ni interrogée ni travaillée.

Puisqu'il en est ainsi, faisons un détour du côté de Freud. Selon l'index de la *Standard Edition*[20] (1974), on trouve quatre fois cité le terme « surprise », toutes ces citations se retrouvant dans les *Études sur l'hystérie,* un de ses tout premiers ouvrages. La surprise y est associée avec l'affect de peur puisqu'il s'agit à chaque fois de « la peur de la surprise ». Et les quatre occurrences renvoient à Emmy von N., premier cas clinique relaté par Freud, patiente qu'il traite par hypnose. Il n'est pas sans intérêt de remarquer que la première référence à la surprise concerne non pas la patiente... mais Freud lui-même ! Alors qu'il insiste auprès d'elle pour obtenir une « remémoration », « à mon agréable surprise », dit Freud, cette fois la patiente réfléchit longuement avant de répondre ; en fait elle a obéi à l'injonction de Freud qui, sous hypnose, lui a demandé d'oublier les deux incidents qui entravent toute autre remémoration (ce qu'ultérieurement on appellera un souvenir-écran). Cette levée partielle du refoulement appelle d'autres souvenirs, les souvenirs d'autres surprises : « J'arrive au cœur même de sa peur constante des surprises et lui demande en quelles circonstances elle en a eu d'autres encore[21]. » Histoire d'une double surprise, pour le médecin d'abord, pour la patiente ensuite, qui ouvre des espaces nouveaux de pensée, l'espace d'une théorie et d'une thérapeutique nouvelle chez le médecin, d'un souvenir enfoui chez la patiente. On trouve une autre référence à la surprise quelques pages plus loin : « Pendant l'hypnose, je lui demande si elle serait déjà capable de se conduire parmi les humains ou si la peur prévaudrait encore. Elle pense que le fait de sentir quelqu'un derrière elle ou trop près lui serait pénible, et raconte à ce propos certains cas de surprises désagréables provoquées par des personnes surgissant subitement[22]. » Surprise à tiroir pour le lecteur d'aujourd'hui puisqu'il apparaît évident que la patiente décrit ici les caractéristiques d'un transfert à tonalité défensive, type de transfert qui poussera Freud à abandonner l'hypnose pour le dispositif bien connu de la « psychanalyse » où le thérapeute se place derrière l'analysant, hors de sa vue, sinon à son contact du moins pas très loin, pour proposer des « interprétations » dont la valeur mutative reposera en grande partie sur l'effet de surprise. Curieuse destinée que celle de cette surprise, surtout définie comme quelque chose de désagréable, déstabilisant l'économie psychique des patientes de la fin de ce XIXᵉ siècle, surprises de voir ce à quoi elles ne cessaient apparemment de penser, la sexualité, mais qu'elles refusaient énergiquement de regarder, sauf quand la surprise les y contraignait. Curieuse destinée aussi que celle de cette surprise si évidemment au cœur de la découverte de l'inconscient et de la psychanalyse et tout aussi évidemment négligée dans le travail conceptuel qui en découlera

Par la suite, le mot « surprise » disparaît de la plume de Freud, on ne le retrouve plus dans ses textes et celui-ci ne se laissera plus surprendre par les patients, la théorie métapsychologique venant là comme une armature destinée à « comprendre » l'effet de surprise sans toutefois jamais le dire : la surprise s'est transformée en théorie, elle a pris un masque nouveau, celui de la sexualité.

Des années plus tard, en 1919, Freud décrira le jeu d'un jeune enfant, son petit-fils Ernstl alors âgé de dix-huit mois, description connue sous le nom de « jeu de la bobine »[23]. Enfant sage qui ne dérangeait pas ses parents la nuit et ne pleurait pas quand sa mère s'absentait, Ernstl avait l'habitude de jouer avec une bobine en bois attachée à une ficelle. Comme beaucoup d'enfants, nous dit Freud, il avait l'habitude de jeter hors de son lit les petits objets qui étaient à portée de main accompagnant ce lancer d'une expression de satisfaction et d'un « *o-o-o-o* » que Freud assimilera au mot « *fort* » qui signifie en allemand « parti ». Un jour, le petit Ernstl, après avoir jeté comme d'habitude la bobine au loin, peut la récupérer car une ficelle y a été attachée. Il récupère la bobine en saluant son retour d'un joyeux *« da »,* « voilà ». Et le petit Ernstl de jouer de façon répétitive, comme seuls savent le faire les jeunes enfants qui semblent ne devoir jamais s'en lasser, à lancer sa bobine et à la faire disparaître avec un *« o-o-o-o »* satisfait, pour la faire réapparaître avec un *« da »* triomphant. Freud donnera à ce jeu deux explications. La première concerne la maîtrise active : par ce jeu, Ernstl transforme une situation qu'il subit passivement, le départ de sa mère, en une situation où il est actif ; désormais c'est lui qui fait disparaître la bobine : le déplaisir provoqué par le départ de la mère se transforme en satisfaction d'être celui qui inflige cette disparition. La seconde explication porte sur les sentiments hostiles qu'Ernstl est susceptible d'éprouver envers une personne aimée, c'est-à-dire sa mère : il peut se venger sur la bobine de ce que lui fait subir sa mère, sans trop craindre de rétorsion. Transformation de la passivité en activité, déplacement sur un objet tiers et neutre d'un sentiment hostile primitivement dirigé sur une personne aimée dont on dépend, le jeu de la bobine permet à l'enfant de mieux se rendre maître du sentiment douloureux dû à l'absence. Le jeu de la bobine deviendra dans la théorie psychanalytique le paradigme de la maîtrise de l'absence. Nulle surprise dans ce jeu dont au contraire toute l'armature est faite pour mieux parvenir à maîtriser la situation et évacuer tout aléa : la répétition du lancer et du tirer semble permettre à chaque cycle d'ôter une pellicule de souffrance en la remplaçant par une couche de maîtrise.

Pour l'enfant, le jeu est-il le moyen de gagner un peu de maîtrise sur le monde environnant ? C'est ce que semble nous dire ce jeu de la bobine et ce que tendraient à corroborer les propositions de Piaget qui pour une fois ne paraît pas très éloigné de Freud : « On peut être assuré, si l'enfant a eu peur d'un gros chien, que les choses s'arrangeront dans un jeu symbolique où les chiens cesseront d'être vilains ou bien où les enfants deviendront courageux. De façon générale, le jeu symbolique peut servir ainsi à la liquidation de conflits, mais aussi à la compensation de besoins non assouvis[24]. » Reprendre dans le jeu une situation vécue pour tenter de mieux la maîtriser ou se l'approprier est probablement une des fonctions du jeu, surtout quand le jeune enfant joue tout seul. Mais il arrive aussi que l'enfant joue avec un partenaire, l'un de ses parents, un grand frère, une grande sœur, etc. Le jeu avec l'autre a-t-il la même signification ?

Revenons au jeu de la bobine et permettons-nous deux remarques : qui avait attaché une ficelle à cette bobine ? et pourquoi ? Est-ce Sophie Halberstadt, la jeune mère d'Ernstl, ou Max, son père, ou encore une quelconque bonne si présente dans ces familles du XIXe siècle ? Est-ce pour ne pas avoir à redonner une bobine devenue inaccessible parce que lancée loin de la portée de ce jeune enfant de dix-huit mois qui semble passer beaucoup de temps dans son lit et ne pas être capable d'en descendre seul ? La ficelle serait alors comme le symbole du délaissement des adultes, le petit Ernstl devant désormais se consoler tout seul. Mais s'il a appris à tirer sur la ficelle n'est-ce pas grâce à un adulte qui auparavant a joué avec lui ? En effet, un adulte bienveillant redonne en général à l'enfant la bobine qu'il vient de jeter. Winnicott a décrit ce même jeu[25] qu'il appelle le « jeu de la spatule » chez un plus jeune enfant (huit/dix mois) installé sur les genoux de sa mère. L'enfant lance gaiement la spatule et se réjouit de voir sa mère la lui rendre, pour la relancer aussitôt : mère et bébé se regardent, regardent la spatule et se surprennent parfois d'un sourire quand l'un ne fait pas ce que l'autre attend. La mère fait parfois semblant de cacher la spatule ou de ne pas la retrouver, et de son côté l'enfant cherche parfois à la jeter soit plus loin soit dans une autre direction, comme pour mieux surprendre sa mère : le jeu de la spatule est un jeu de surprises sur fond de présence. Le jeu de la bobine aurait-il pu exister si auparavant le jeu de la spatule n'avait donné à l'enfant les prémisses d'une maîtrise de l'absence en présence d'un autre, paradoxe typiquement winnicottien ? On ne saura jamais si Ernstl avait joué à la spatule avant de jouer à la bobine, mais la ficelle n'a pas été attachée là par hasard : formulons l'hypothèse qu'un adulte, la bonne probablement, la mère ou le père peut-être, à moins qu'il ne s'agisse du grand-père Sigmund plus préoccupé de ses écrits que des cris de son petit-fils, fatigué de devoir être là pour redonner la bobine, a utilisé ce stratagème pour vaquer tranquillement à ses occupations.

Ainsi le jeu de la bobine semble s'organiser autour de la maîtrise de l'absence (avec l'aide d'un adulte qui lui en a montré les ficelles), tandis que le jeu de la spatule et avant celui-ci le jeu de chatouilles semblent s'organiser autour de la surprise d'une présence. Maîtrise de l'absence, surprise de la présence, les chemins de la psychanalyse eussent-ils été identiques si Freud s'était d'abord intéressé aux jeux de chatouilles avant de décrire ce jeu de la bobine ? À quoi peuvent bien servir ces jeux de surprise en présence d'un autre ? Il n'est pas d'exemple d'une mère avec son bébé qui n'ait joué à ces jeux de chatouilles, de petite bête qui monte, de jeu de coucou ou de cache-cache. Pourquoi cela ?

CHAPITRE II

Jeux de règles, jeux de surprise

« Le jeu fait partie intégrante de la vie de l'enfant et de son développement. Jeu et développement sont perpétuellement liés dans une interaction permanente[1]. » Tous les enfants en bonne santé jouent, la capacité de jouer pouvant d'ailleurs être considérée comme un des critères les plus fiables d'une assez bonne santé psychique. Pouvoir jouer est si important que, dans les services médicaux soignant des enfants atteints de maladies graves, la présence d'un clown susceptible de faire rire les petits malades par ses farces et ses surprises est non seulement un facteur de détente mais semble permettre une meilleure tolérance à la maladie et aux soins, voire un rétablissement plus rapide de ces patients. Ainsi, dans des services où triomphe le savoir médical le plus expert, où la technicité des soins atteint des sommets de compétence, la présence d'un clown est désormais considérée comme un facteur essentiel participant même à la qualité des soins. Comme l'air que l'enfant respire, le lait que bébé boit et plus tard la « bonne alimentation » qui lui permet de grandir, le jeu est donc un facteur constitutif du développement. Et comment le clown fait-il rire les enfants ? Ahuri, victime de farces et d'attrapes, il attend la chose ici et c'est là qu'elle surgit, il croit tenir l'objet mais celui-ci lui file entre les mains ; il se croit le chef, il n'est que le jouet de l'autre : le clown est comme l'enfant, il lui arrive plein de surprises, bonnes ou parfois mauvaises mais qui toujours finissent par s'arranger.

Les jeux de l'enfance sont truffés de surprises, surtout lorsqu'ils s'inscrivent dans une relation entre deux ou plusieurs protagonistes : jeux de cache-cache, de devinettes, jeux de foulard, de poisson d'avril, les plus typiques étant ces jeux de chatouilles et de surprises de la petite enfance. Les pochettes-surprises de notre enfance inspirent à chaque adulte une nostalgie tenace : « Le cadeau Bonux a repris du service depuis février. Comme au bon vieux temps il faut plonger le bras dans le paquet de lessive transformé en pochette-surprise pour en extraire cet objet-culte des années soixante... », annonce la presse[2]. Nostalgie du cadeau mais plus encore de cet effet de surprise au moindre coût. Jeux, jouets et surprises ont de nombreux liens entre eux. C'est pourquoi il nous paraît indispensable de faire un bref détour pour décrire ces jeux de l'enfance.

LES DESCRIPTIONS CLASSIQUES DU JEU

Les jeux des enfants ont été très étudiés au milieu du XXe siècle, de nombreux auteurs en ayant proposé des classifications qui reposent soit sur une description du jeu lui-même, soit sur le rôle que celui-ci est supposé avoir dans le développement de l'enfant, soit sur une tentative d'extraire des divers jeux des composantes formelles permettant de les regrouper en catégories. Mais la dimension et la fonction sociale du jeu ont aussi été très précocement soulignées. Il reproduirait « à vide » des comportements, des croyances ou des rites auparavant chargés de signification culturelle. Inversement, d'autres auteurs considèrent que le jeu précède la culture, laquelle en est une suite : nombre de manifestations culturelles importantes seraient calquées sur le jeu et seraient tributaires de l'esprit de recherche, du respect de la règle, du détachement qu'il crée et entretient[3].

Pour E. Erikson, le degré de socialisation nécessité par le jeu sert à en classer les divers types[4]. Il décrit les jeux se déroulant dans l'autosphère (exploration des sensations corporelles propres), puis dans la microsphère (environnement proche de l'enfant) et enfin dans la macrosphère sociale.

Piaget propose une classification fondée sur la structure du jeu qui suit étroitement l'évolution génétique des processus cognitifs[5]. Il distingue :

— les jeux d'exercice, caractéristiques de la période sensori-motrice, allant de la naissance à deux ans environ. À partir de ce qu'il appelle les réactions circulaires primaires puis secondaires, le bébé cherche grâce au jeu sensori-moteur à harmoniser progressivement les actes aux informations nouvelles reçues et à incorporer ces informations au « savoir comment » et aux moyens de classification ;

— les jeux symboliques, entre deux ans et sept/huit ans. Ils ajoutent à l'exercice lui-même la dimension du symbolisme et de la fiction, c'est-à-dire la capacité de représenter par des gestes une réalité non actuelle. L'exemple typique est le jeu du semblant, de faire « comme si ». Selon Piaget, le jeu symbolique organise la pensée de l'enfant à un stade où le langage n'a pas encore atteint la maîtrise suffisante, il permet la manipulation et même la production d'images mentales au cours desquelles, grâce à la répétition, l'enfant assimile les situations nouvelles ;

— les jeux de règles d'abord comme imitation du jeu des aînés, puis s'organisant spontanément à partir de sept/huit ans, qui marquent la socialisation de l'enfant.

Alors que les jeux précédents tendent à décroître avec l'âge, les jeux de règles, au contraire, augmentent en fréquence, ce qui montre bien l'importance des relations et du code social ;

— les jeux de construction enfin, encore imprégnés du symbolisme ludique, mais qui tendent à constituer de véritables adaptations (constructions mécaniques, etc.) ou solutions de problèmes et des créations intelligentes.

Suzanne Millar distingue de son côté à la phase sensori-motrice les jeux d'exploration où soit l'objet, soit l'expérience sont neufs ; les jeux de manipulation où l'objet est connu ; les jeux d'exercice où l'on observe les changements dans l'activité mais pas dans l'objet (faire tout ce qui est possible avec le même objet) et les jeux répétitifs dont le rôle est d'enregistrer ou de codifier l'expérience avec le plaisir que représente la prévisibilité de l'action[6].

Jean Château décrit d'abord les jeux de la première enfance (entre zéro et deux ans) comprenant les jeux hédonistiques, qui visent à procurer un plaisir et restent très autocentrés, et les jeux fonctionnels, de manipulations d'objets, qui se poursuivent de la première à la troisième année environ et dont les ressorts principaux sont le plaisir et l'activité fonctionnelle[7]. Viennent ensuite les jeux de la seconde enfance (entre deux et six ans), jeux d'imitation, jeux de construction, jeux de destruction (par taquinerie, dit l'auteur, pour semer le désordre), jeux d'ordre enfin à règles arbitraires qui voient leur apogée entre quatre et six ans. Les trois grands thèmes de ces jeux sont l'imitation, la construction, l'ordre. Dans la troisième enfance (entre six et dix ans), ce sont les jeux sociaux, jeux d'imitation des activités sociales traditionnelles (jeux d'école, de papa-maman, de guerre, d'accidents, d'événements divers) et les jeux d'emportement, héritiers directs des jeux de destruction qui dominent la scène. La description de Château s'inspire des données piagétiennes mais tente aussi de prendre en compte une dimension sociale et pédagogique souvent méconnue.

Roger Caillois, dans son ouvrage magistral sur « les jeux et les hommes »[8], est probablement l'auteur qui a proposé le système de classification, de description et d'analyse le plus complet. Sa classification comprend deux axes :

— le premier est représenté par un facteur d'ordre, de codification allant du jeu d'improvisation libre, d'épanouissement insouciant qu'il dénomme *paidia*, au jeu réglé, rigoureux qui demande patience, effort ou adresse et qu'il nomme *ludus*. Il n'est pas loin ici de l'opposition anglo-saxonne entre le *play* et le *game* que le français traduit par le même substantif « jeu » ;

— le second axe s'attache à décrire la structure même des jeux selon quatre composantes fondamentales : l'*agôn*, jeu où domine la compétition ; l'aléa, où le ressort ludique est le hasard ; le *mimicry*, domaine de l'illusion, du fictif et du « comme si » ; l'*ilinx* enfin, où le vertige, la transe, le spasme nourrissent le jeu. Chacune de ces quatre composantes peut s'associer aux autres de façon non arbitraire puisqu'il existe des conjonctions fondamentales (*agôn* et aléa, *mimicry* et *ilinx*), contingentes (aléa et *ilinx*, *agôn* et *mimicry*), voire selon l'auteur impossibles (*agôn* et *ilinx*).

LE JEU SOLITAIRE OU LE JEU À DEUX : JEU ET PSYCHANALYSE

De leur côté, sans chercher à classer les divers types de jeux, les psychanalystes se sont très tôt intéressés aux productions ludiques des enfants pour tenter d'en cerner la signification inconsciente. Il faut dire que Freud avait ouvert la voie avec sa description du jeu de la bobine (voir p. 20). Anna Freud, prolongeant les descriptions de son père, souligne le rôle fondamental du jeu dans le processus de socialisation de l'enfant, allant même jusqu'à en faire un des facteurs de l'aptitude au travail du futur adulte[9]. Elle décrit un mécanisme de défense qu'elle dénomme l'« identification à l'agresseur », où s'observe précisément un renversement de l'attitude passive en attitude active, avec l'appropriation de la maîtrise.

Mais c'est Melanie Klein qui donnera toute sa place au jeu dans l'analyse des enfants[10]. Elle pose une double équivalence entre la situation psychanalytique de l'adulte et celle de l'enfant qui « joue » pendant la séance de psychanalyse : le jeu est chez l'enfant un équivalent de l'association libre de l'adulte (dire tout ce qui vient à l'esprit sans retenir ni dissimuler quoi que ce soit : objectif théorique dont on sait que l'application réelle est tout sauf évidente). Le jeu est aussi un équivalent du rêve, sa « lecture » pouvant se faire au niveau manifeste mais aussi au niveau latent, de sa signification inconsciente dans ce qu'il exprime de la pulsionnalité de l'enfant. Le jeu fonctionne comme un écran de projection des conflits inconscients auxquels l'enfant est confronté, permettant à celui-ci d'être en situation de maîtrise là où dans la vie quotidienne il est en situation de passivité ou de soumission. Ainsi « le jeu transforme l'angoisse de l'enfant normal en plaisir[11] ». Bien sûr il s'agit ici d'un jeu particulier, jeu libre, où l'enfant « imagine tout ce qu'il veut » avec la possibilité de mettre en jeu ses fantaisies (et non pas comme on le dit parfois : « l'enfant fait tout ce qu'il veut »), mais où, en outre, il joue *en présence d'un adulte*, ce qui d'une certaine manière est très inhabituel pour lui. Quoi qu'il en soit, le jeu devint rapidement une technique privilégiée dans l'approche thérapeutique des enfants, technique qui s'est rapidement diversifiée (petits jouets, pâte à modeler, marionnettes, dessin, etc.) puis qui s'est étendue à des prises en charge très différentes ; encore de nos jours dans l'imaginaire du grand public, cette place du jeu dans le soin donné à leur enfant reste ambiguë puisque nombre de parents récriminent parfois en déclarant : « Il passe son temps à jouer ! » là où dans leur esprit il devrait plutôt « travailler » avec tel ou tel consultant. C'est particulièrement vrai lorsque l'échec ou la difficulté scolaire est le symptôme qui a amené à consulter.

De tous les psychanalystes d'enfants, Winnicott est assurément celui qui a donné au jeu de l'enfant la place la plus remarquable, car au centre de ce que l'individu possède de plus précieux et de plus original : la créativité. Dès 1951, dans ce remarquable article intitulé « Objets transitionnels et phénomènes transitionnels », Winnicott pose les bases d'une conception très originale du jeu et de l'espace du jeu chez l'enfant. Comme un fil rouge, le jeu éclaire cette œuvre qui, à bien des égards, ressemble souvent à un jeu elle-même : « Des personnes responsables doivent être disponibles quand les enfants jouent, mais cela ne signifie pas qu'il leur faut entrer dans le jeu des enfants. [...] Ce qui importe avant tout, c'est de montrer que jouer, c'est une expérience : toujours une expérience qui se situe dans le continuum espace-temps, une forme fondamentale de la vie. [...] La précarité du jeu vient de ce qu'il se situe toujours sur une ligne théorique entre le subjectif et l'objectivement perçu[12]. » Les consultations thérapeutiques, les psychothérapies sont les lieux où se déploie pleinement cette possibilité pour l'enfant de jouer *en présence d'un adulte bienveillant.* Objet et espace transitionnels sont des notions passées dans le grand public mais avec le risque d'en voir le sens profond dénaturé ; en effet, pour Winnicott, l'objet transitionnel est porteur de paradoxe puisqu'il est à la fois comme une partie de la mère et comme le représentant de la « non-mère » ou de la mère absente. Ce petit bout de tissu, ce nin-nin, cette peluche qui accompagne partout le jeune enfant entre six/huit mois et deux/trois ans ou plus, a été adopté comme tel par l'enfant qui l'a « élu » dans ce rôle sans que ni les parents ni les autres proches en aient véritablement décidé ainsi. Cet objet, pour remplir sa fonction, doit être une création de l'enfant et non pas le choix d'un parent. Alors seulement, il pourra représenter à la fois une partie de la mère, celle qui apaise, console, soulage et accompagne, tout en étant une création propre de l'enfant qui, d'une certaine façon, s'invente une mère mi-intérieure, mi-extérieure (d'où la notion d'espace transitionnel) pour remplacer transitoirement celle qui, physiquement, n'est pas là. L'objet transitionnel témoigne ainsi du « délaissement » de la mère. Elle doit, en effet, accepter de temps en temps de laisser son enfant seul ; il y a nécessairement un moment où elle doit s'éloigner pour que son bébé puisse s'endormir paisiblement, *convaincue que rien de catastrophique ne peut arriver à celui-ci,* et lui accorder un espace de créativité qui peut suppléer à l'absence de la mère, le bébé y trouvant même le bénéfice de pouvoir désormais se passer d'elle temporairement. Cet espace ambigu à la limite de soi et d'autrui témoigne tout autant de la réalité intérieure que du monde extérieur ; l'illusion, la rêverie, la créativité, la poésie, l'imaginaire s'y déploient, espace où le « self », la part la plus intime et la plus secrète de soi, peut rencontrer le monde externe. Dans cette perspective, le jeu occupe une place privilégiée puisqu'il est au centre de ce que Winnicott appelle les *phénomènes transitionnels.* Il définit ainsi la notion d'espace de jeu : « Cette aire où l'on joue n'est pas la réalité psychique interne. Elle est en dehors de l'individu, mais elle n'appartient pas non plus au monde extérieur[13]. » C'est l'aire de l'illusion, intermédiaire entre le dedans et le dehors. Jouer est un processus universel, caractéristique de la santé, grâce auquel dès les premiers mois le bébé fait l'expérience de son omnipotence dans un champ aménagé au préalable par sa mère. Le jeu doit être distingué des instincts, en particulier des pulsions sexuelles ou agressives, dont l'activation constitue une menace réelle : « L'élément agréable que comporte le jeu implique que l'éveil pulsionnel n'est pas excessif. [...] Le jeu est en lui-même excitant et précaire[14]. » Winnicott définit ainsi une troisième aire entre le monde interne et la réalité externe, aire qui au départ est la propriété commune de la mère et du bébé. Peu à peu le bébé, puis le jeune enfant prend une certaine autonomie dans cette aire intermédiaire, en particulier grâce à son *objet transitionnel*.

Lorsqu'il parle du jeu, Winnicott décrit presque toujours un jeune enfant en présence d'un adulte ou plus encore un bébé avec sa mère ; en ce sens, il donne au jeu un rôle très différent de ce que beaucoup d'autres auteurs décrivent, auteurs pour lesquels le jeu consiste surtout en une activité solitaire où la maîtrise occupe une place centrale, qu'il s'agisse de maîtriser l'angoisse (Freud, Anna Freud) ou de maîtriser et assimiler une connaissance (Piaget). Pour Winnicott, le jeu est d'abord un partage et si l'enfant joue, c'est pour partager quelque chose. Ce partage, on peut très simplement le définir comme « le plaisir d'être avec quelqu'un », le plaisir à partager une émotion, un sentiment, un affect. Le jeu de la spatule (voir p. 22) en est un exemple typique. Comment parvenir à ce partage d'une part et, au-delà des émotions, qu'est-ce qui est partagé d'autre part ? C'est ce que nous allons voir avec les jeux mère-bébé au cours des toutes premières années de la vie du bébé (à partir de trois/quatre mois jusqu'à dix-huit mois/deux ans).

Pour conclure cette brève introduction aux jeux chez l'enfant, une remarque : le jeu de l'enfant a été l'objet de très nombreux travaux au début de ce siècle et jusque dans les années soixante, puis peu à peu l'intérêt semble s'être estompé au point même de voir disparaître la notion de jeu dans les manuels de psychologie de l'enfant. De même que la surprise, le jeu n'aurait-il plus aucune place dans la psychologie actuelle ? À titre d'exemple, le mot « jeu » apparaissait encore dans l'index de la troisième édition du *Manuel de psychologie de l'enfant* de Hurtig et Rondal[15], renvoyant à de nombreuses références principales et secondaires (jeu, mais aussi : jeu et animal, fonctions et caractéristiques du jeu ; jeu de construction ; jeu d'exercice ; jeu de fiction ; jeu symbolique ; jeu de règle ; jeu et société ; jeu et psychothérapies...). On y trouve également référencé le mot « jouet ». En revanche dans la récente édition refondue[16], le terme « jeu » ne se trouve même pas référencé dans l'index ; en outre, la lecture des têtes de chapitre ne laisse pas penser que le jeu soit l'objet d'une quelconque analyse particulière. Il est pour le moins paradoxal que, dans un manuel de psychologie de l'enfant, la notion même de jeu ait disparu en 1999 ! S'agit-il encore d'une psychologie de l'enfant ou bien plutôt d'une psychologie *sur* l'enfant, où celui-ci est regardé comme un objet scientifique à la manière dont les éthologistes observent un animal ? Il ne s'agit pas là d'une exception puisque *Psychologie*, l'ouvrage très diffusé de D.G. Myers[17], ne comporte lui non plus, dans son index, aucune référence au mot « jeu », alors même que la psychologie du développement occupe une place très importante dans ce livre. Pourquoi cela ? Cet oubli nous paraît constituer un symptôme : il témoigne du besoin d'évacuer quelque chose de difficile à cerner, échappant à l'emprise du scientifique, laissant au « sujet » une part d'ombre ou de mystère qui ne convient plus à la « science » moderne.

Revenons un instant à Winnicott évoquant les psychothérapies et la valeur pour le jeune patient des interprétations du psychanalyste. Il écrit : « Au cours de ce que j'appelle les "consultations thérapeutiques", j'ai observé que le moment clé est celui où *l'enfant se surprend lui-même* et non celui où je fais une brillante interprétation. L'interprétation donnée quand le matériel n'est pas mûr, c'est de l'endoctrinement qui engendre la soumission. [...] Quand le patient n'a pas la capacité de jouer, l'interprétation donnée est simplement inutile ou suscite la confusion. [...] *Jouer doit être un acte spontané, et non l'expression d'une soumission ou d'un acquiescement*[18]. » On comprend que rien ne soit plus difficile à codifier, classer, répertorier que le jeu ainsi défini : comment en faire un objet d'expérience avec ce qui caractérise la dimension scientifique, c'est-à-dire la possible répétition, la reproduction dans des conditions dites contrôlées où les divers paramètres peuvent être strictement définis. Le jeu échappe à cette emprise, précisément parce que l'effet de surprise en constitue le ressort essentiel, surprise qui selon Winnicott préside à sa valeur créatrice.

Pour appréhender cette dimension, penchons-nous sur les jeux mère-bébé au cours desquels les effets de surprise abondent.

LES JEUX INTERACTIFS MÈRE-BÉBÉ : JEUX DE SURPRISE ET DE TROMPERIE

« Il ne faut pas trop mignarder les jeunes enfants », disait Soranus d'Éphèse, qui vécut à Rome sous le règne d'Hadrien au premier siècle de notre ère, dans son ouvrage édictant des règles de puériculture qui connurent un immense succès et qui traversèrent les siècles[19].

S'il éprouvait le besoin d'énoncer ce relatif interdit, c'est bien parce que les mères mignardaient leur bébé. Sinon pourquoi interdire quelque chose qui n'existe pas ? Toutes les mères sans exception jouent avec leur bébé dès le plus jeune âge. Quand et à quoi jouent-elles ? En général quand elles sont seules avec lui, souvent juste avant ou juste après s'en être occupées pour ses soins ou ses besoins fondamentaux comme l'alimentation : elles jouent après le bain, sur la table à langer quand le bébé est tout nu ; juste avant le repas ; au moment du lever, après que le cérémonial d'accueil eut permis aux deux partenaires de se reconnaître et surtout de se retrouver, qu'il s'agisse du lever du matin ou de celui de la sieste ; quand elles habillent le bébé avant une promenade ; parfois elles jouent tout simplement pour le plaisir de jouer, s'offrant des moments de pauses dans la journée... Ces jeux sont toujours assez brefs : une ou deux minutes, parfois un peu plus mais jamais au-delà de cinq à six minutes. Il s'agit donc d'un temps plutôt limité, entre deux activités « sérieuses » comme le bain d'avant et le repas d'après. Quand elle joue ainsi avec son bébé entre deux moments de soin, la maman est le plus souvent seule ; en revanche, quand elle « s'offre » un moment de jeu au milieu de la journée ou à distance des activités de soin, il n'est pas rare que le père y participe lui aussi, mais ce jeu à trois n'a pas tout à fait la même signification (voir chapitre X).

Quant à la nature des jeux, elle est très simple et univoque : jeux de chatouilles ou de caresses sous forme de petites chatouilles, à partir d'un mois, un mois et demi de vie du bébé ; jeux de coucou qui apparaissent légèrement plus tard vers la fin du premier trimestre. À partir de ces deux types de jeux, il y a de nombreuses variantes : jeu de petites bêtes qui montent (associant coucou et chatouilles), jeu de marionnettes... Ces jeux impliquent le corps du bébé dans son entier, surtout au sortir du bain après la toilette mais aussi lors de l'habillage, ou se limitent à une partie du corps, en particulier le visage, le cou, les mains lorsque le bébé est habillé, avant le repas, dans la journée.

Comment le jeu se déroule-t-il ? Prenons comme exemple le jeu de chatouille[20]. Il s'agit là d'une séquence comportementale très spéciale qui, *a priori*, ne sert à rien (ni aux soins corporels du nourrisson, ni à la satisfaction d'un besoin physiologique tel que la faim). C'est souvent après le bain ou la toilette, avant l'habillage, que mère et bébé s'accordent quelques minutes pour ce jeu, le bébé étant sur la table à langer. La répétition est constante : plusieurs séquences de chatouilles se succèdent pendant les quelques minutes que dure le jeu. Sur ce fond rythmique, les divers paramètres peuvent être variables d'un couple mère-bébé à l'autre et, dans le même couple, d'une séquence à l'autre. Le lieu des chatouilles varie : visage, cou, poitrine, ventre, fesses, membres, extrémités (pieds). L'instrument de la chatouille change d'une mère à l'autre : les doigts, la bouche (langue ou lèvres), les cheveux, un objet (bout de serviette). Ces variations s'observent plutôt d'un couple mère-bébé à l'autre, car chaque couple a tendance à reproduire les chatouilles au même endroit, selon le même mode et au même moment de la journée. En revanche, dans le couple mère-bébé, la séquence de jeu présente des modifications dans l'intensité, le temps, la durée, les stimulations sonores associées. En ce qui concerne l'intensité, la mère fait varier la vigueur des chatouilles oscillant entre de légers effleurements et des stimulations plus vigoureuses. Au niveau du temps, la mère varie dans la rapidité ou la lenteur de l'approche, moment d'attente hautement investi, semble-t-il, les chatouilles se déclenchant brusquement ou au contraire étant annoncées par une approche plus lente de la main et du visage. La durée de la chatouille elle-même varie, avec des ébauches de retrait ou de reprise. La voix maternelle, enfin, accompagne la chatouille avec une montée progressive de la prosodie souvent accompagnée d'un rapprochement du visage de la mère vers son bébé. Ces bruits émis par la mère varient en intensité et en rythme, s'accordant en particulier avec les mouvements d'approche et de retrait dans la phase précédant le déclenchement des chatouilles.

La réaction de l'enfant comprend de son côté trois temps marqués d'abord par l'engagement, auquel succède une phase de montée tensionnelle, puis enfin une phase de « libération tensionnelle » marquée par le rire. La phase de montée tensionnelle apparaît peu à peu dans le courant du deuxième/troisième mois. Le bébé traverse un moment paradoxal, fait à la fois d'attirance et de refus craintif : il semble en même temps désirer que vienne la stimulation tactile et la redouter. Les enregistrements de films réalisés par Julian de Ajuriaguerra visualisent clairement cette conduite paradoxale du bébé. Le troisième moment correspond à la chatouille, puis au déclenchement du rire proprement dit.

Au cours du premier mois, l'excitation du bébé apparaît quand les chatouilles se produisent. L'intensité de cette excitation est proportionnelle à l'intensité et à la durée des chatouilles, le rire surgissant à leur acmé, au moment où la mère va s'arrêter. Ce moment de rire, pour Sroufe et Waters, correspond chez le bébé à une « fluctuation de tension » brusque[21]. Bien qu'ils aient étudié le déclenchement du rire provoqué par un son d'intensité variable émis par la mère, on peut raisonnablement extrapoler les conclusions de leurs recherches au rire déclenché par la chatouille : il survient après une montée de tension suivie d'une résolution brusque de cette tension.

Cependant, lorsque le nourrisson est âgé de deux/ trois mois, une modification essentielle surgit. La séquence telle que nous l'avons décrite s'observe chez les bébés avant deux mois. Mais, à partir du troisième mois, la chatouille, c'est-à-dire la stimulation tactile, n'est plus le facteur unique qui provoque l'excitation et déclenche le rire. La phase intermédiaire où se trouvent mêlés attirance et retrait semble, du fait même de cette disposition paradoxale, susciter une excitation croissante. Un changement fondamental s'est opéré dans les processus de motivation intrapsychique du nourrisson quand s'installe cette phase d'attente intermédiaire, car, à ce stade du développement, l'excitation ne relève plus du seul domaine sensoriel. En effet elle provient maintenant de l'attente du chatouillement et de l'incertitude. Cela évolue en un jeu complet avec beaucoup de variantes et où deux stimuli différents opèrent en même temps pour augmenter l'excitation provoquée par la stimulation cognitive, c'est-à-dire la création d'attentes et la « violation » de celles-ci (ce qui procure un effet de surprise). Le changement est essentiel, car la montée de l'excitation correspond autant à cette phase d'expectative paradoxale, mélangeant chez le bébé attirance et répulsion, qu'à la stimulation tactile proprement dite. L'attente et les fluctuations dans l'attente (modification de temps, de durée, de mouvement d'approche, de sons émis par la mère) constituent un facteur de stimulation et d'excitation aussi puissant que la chatouille elle-même. On est même en droit de se demander si « la chatouille » ne sert pas uniquement à cela : l'investissement du temps d'attente la précédant et son anticipation. Ainsi observe-t-on un déplacement dans la zone élective de l'excitation qui passe d'une zone purement sensorielle à une zone surtout cognitive : l'attente et les variations de son rythme, la création d'une règle de jeu suivie par les violations de cette règle.

Ces jeux commencent après que les deux partenaires se sont « reconnus » à travers ce que Ajuriaguerra a décrit comme un « cérémonial d'accueil » qui inaugure les retrouvailles de l'enfant et de la mère après une séparation (en particulier la séparation de la nuit). Il s'y joue « tout un répertoire de conduites d'ordre émotionnel, verbal et manipulatoire, très ritualisé, où la mère se sent obligée et éprouve un grand plaisir à répéter un manège qui provoque chez le nourrisson des réactions prévisibles, lequel encourage à son tour la mère à continuer[22] ». Ce cérémonial d'accueil baigne dans une jouissance interactive intense, il est hautement spécifique de la mère et du nourrisson. Il participe probablement à la reconnaissance et aux identifications réciproques ; évident le matin au réveil, il survient également dans le cours de la journée, en particulier quand mère et enfant viennent à traverser une période de frustration et de montée d'excitation : après avoir fait attendre son bébé, avoir eu conscience de le frustrer, la mère éprouve un plaisir encore plus vif à cet accueil réciproque. Pendant cette interaction circulaire, la mère « cueille » certaines conduites du nourrisson en les répétant tandis que, de son côté, le nourrisson répète, lui aussi, les attitudes suscitant l'intérêt maternel. Ce cérémonial d'accueil, par sa répétition, donne sens aux processus identificatoires en les saturant d'un élément essentiel : un rythme qui lui est propre.

En 1998, Daniel Stern décrit lui aussi le jeu mère-bébé en ces termes : « Le plus frappant à propos du jeu, c'est que, durant les cinq premières années de la vie, il n'y a pratiquement aucun but. Il n'y a pas de lait à boire. Il n'y a pas de langes à changer. Le seul but excitant est celui de s'amuser et d'improviser. [...] À cause de son absence de but concret, le jeu est l'activité la plus inhabituelle. C'est la chose la plus facile à faire au monde et en même temps l'une des plus difficiles[23]. » Après la phase de reconnaissance, mère et bébé s'engagent réciproquement dans cette activité de jeu dont Stern nous dit qu'elle doit obéir à certaines contraintes pour fonctionner. Ces contraintes sont liées à la nécessaire répétition des stimulations pour que le bébé « apprenne » ce qui va arriver, mais aussi l'exigence contradictoire d'introduire de légères variations pour que son intérêt se maintienne. Chaque stimulation ne doit donc pas être trop différente de la précédente pour que le sentiment de continuité ne soit pas perdu, mais s'en distinguer légèrement : le jeu consiste à créer un thème et à proposer de légères variations sur le thème. Ainsi, saluant son bébé d'un : « Bonjour, choupette ! » la maman répète cette salutation à quatre ou cinq reprises variant sur la prosodie, l'intonation, des mots ajoutés, du style : « Bonjour, choupette... » (visage neutre de la mère) ; « Boooonjouur, choupette » (visage ouvert, yeux grands ouverts) ; « Bonjour, ma petite choupette » (froncements des sourcils et du front) ; « Choupette ! » (de nouveau visage ouvert) ; « Oh ! ben... ma choupette... » (plis du front relevés, lèvres tendues)... Cette phase de « salutation » inaugure parfois une séquence de jeu, dont Stern nous donne un exemple à travers le jeu de « je vais t'attraper », mélange de jeu de chatouilles et de jeu de coucou. Il décrit ce jeu de la manière suivante :

« Le bébé est couché sur le dos, la mère présente le thème principal. Elle s'accoude au-dessus du bébé en faisant monter ses doigts sur le ventre et la poitrine de ce dernier, jusqu'à son cou et lorsqu'elle commence à faire monter ses doigts, elle dit : "Je vais t'attraper" ("t'attraper" signifie bien sûr te chatouiller dans le cou sous le menton). Le bébé s'éveille immédiatement avec plaisir, la mère répète alors le thème une seconde plus tard, le bébé est très doué pour estimer les courts intervalles du temps, donc après la deuxième fois, il sait que la troisième montée des doigts de sa mère va avoir lieu environ une seconde plus tard (il regarde la préparation de sa mère pour la prochaine montée des doigts). C'est alors que la mère opère un premier changement. Elle retarde d'une demi-seconde la marche des doigts et rallonge la phrase : "Jee vaiaiais t'aaattttraaper." L'attente du bébé est augmentée ainsi que le suspense et l'excitation ; le bébé s'attend maintenant à ce que la prochaine marche des doigts ait lieu une seconde et demie après la dernière ; alors la mère ajoute une autre variation. Elle attend, retarde à nouveau la quatrième marche des doigts de quelques secondes encore, le bébé doit donc attendre deux secondes avant que la mère ne dise : "Jeeeee vaiaiaiais t'aaaattttrrrraaaaper" avec une voix plus aiguë qu'auparavant et également plus emplie de suspense. Le bébé se tortille maintenant avec délice dans une attente animée. À ce stade, il se figure que sa mère va augmenter le délai un tout petit peu plus à chaque fois, comme une espèce de jeu d'augmentation progressive des variations temporelles. On peut se demander comment un bébé est capable de faire tout cela, mais c'est remarquablement simple. En réalité, il s'agit de garder le rythme. Nous sommes à tout âge extrêmement sensibles aux changements dans le battement, à son accélération et à sa décélération (ce qui est le cas ici). Donc pour la cinquième marche des doigts, le bébé estime qu'elle va démarrer environ deux ou trois secondes après la dernière et il commence à se préparer. C'est alors que la mère engage la dernière ligne droite dans les variations, avant même que le bébé ne soit totalement prêt. Elle déclenche soudain cette dernière marche des doigts une seconde seulement après la précédente, avant même que le bébé ne se l'imagine. Le jeu se termine alors par des chatouilles dans le cou et la mère dit : "Je t'ai eu." Cette variation brouille l'attente du bébé par une fin écourtée, au lieu d'un fin longue, comme les autres. Le bébé, dont le système nerveux a été sollicité au maximum de son excitation positive, éclate de rire, alors qu'il s'était retenu jusqu'à présent. Et ils rient ensemble. (Si la pointe de vitesse s'était faite beaucoup plus tôt, le bébé aurait probablement été effrayé et aurait pleuré. Si elle était intervenue plus tard, il aurait perdu ses forces.) L'énigme – le jeu de variations temporelles qui contrôle l'état du bébé – a été résolue, et la mère et l'enfant ont partagé un moment merveilleux. Ici l'improvisation se déroule au sein d'une structure connue et attendue, à l'intérieur de laquelle une place importante est faite pour jouer sur la marche inexorable vers une culmination anticipée[24]. »

L'effet de surprise accompagne l'éclat de rire et le moment d'intense partage émotionnel entre mère et bébé. Stern ne semble pas prendre en compte cet effet de surprise qui nous paraît essentiel.

Ces jeux de chatouilles mêlés de surprise prédominent dans les premiers mois de la vie du bébé. Par la suite le jeu se modifie, s'orientant vers des jeux à base de coucou qui vont prédominer dans les deux années suivantes. Ce sont d'abord les jeux de marionnettes et toutes leurs variantes, impliquant soit les mains et les doigts du parent (la mère mais aussi souvent le père, qui se met à jouer volontiers à ces jeux de coucou), soit les extrémités des membres du bébé (ses mains, ses pieds), ses doigts (de main, de pied), soit un objet (hochet, peluche, ninnin) quand le bébé est un peu plus âgé. Si le jeu change, en revanche les principes de variation restent identiques : il s'agit de créer des règles, des régularités, de changer de façon prévisible un paramètre (l'endroit où le doigt réapparaît), de faire varier le rythme sur les mêmes bases que ce qui a été décrit ci-dessus, puis à un certain moment de surprendre le jeune enfant en faisant apparaître l'objet du jeu de coucou là où l'enfant ne s'y attend pas, de le surprendre et d'en rire ensemble.

Cette sensibilité au rythme, qu'il s'agisse de celui des gestes (la marionnette) ou de la prosodie du langage, semble caractériser le bébé entre trois et six mois : c'est l'âge où les mères commencent à chanter de petites comptines et ritournelles qui se caractérisent d'une culture à l'autre par une remarquable permanence de la mesure des variations de temps et des modulations vocaliques. Colwyn Trevarthen décrit ces jeux mère-bébé de la manière suivante : « Cet échange comporte une grande variété d'anticipations respectives et un jeu de rôles expressifs complémentaires [...] ; il y a une succession, nette et prévisible, de voyelles, en mettant la rime aux points essentiels dont la fin peut être *une apothéose dramatique*, avec un ton de *feinte agressivité* et de *feinte surprise* ; et la mère introduit fréquemment des variations de temps (rubato, accelerendo, sforzando, retordando) qui rendent la fin du couplet plus excitante[25]. »

Par la suite le jeu interactif se complexifie mais toujours la ligne mélodique de l'interaction reste l'élément essentiel : « Les modèles dramatiques et rythmiques de l'activité corporelle, le toucher, la vocalisation et l'expression du visage s'échangent avec le partenaire de jeu fiable. Nos vidéos des mères avec leurs bébés de six mois les montrent unis dans de nombreux jeux exubérants, répétant quelques fois sans fin la même formule, le bébé riant quand il en reconnaît dans la joie l'acmé et le dénouement[26]. » Cette acmé ou ce dénouement se ponctue le plus souvent d'une expression de fausse surprise, de tromperie ludique ou de farce. À partir d'un an environ, le jeune enfant peut s'approprier cette « comédie relationnelle » et jouer lui-même ces tours, ces poses, ces actes comiques dans un jeu de faire semblant au cours duquel il peut imiter l'attitude, la mimique, la prosodie de son partenaire relationnel habituel, en général l'un de ses parents. À partir de neuf/dix mois l'utilisation de jouets donne un support tiers à l'échange et « le bébé peut aussi émettre des sons conversationnels associés à des gestes ; les vocalisations, imitations approximatives des mots isolés peuvent comprendre des noms reconnaissables, des exclamations ou des verbes pour des actes uniques mais plus généralement ce sont des “protomots” à l'articulation et à l'intonation claires que l'enfant a inventés. [...] Ils constituent un vrai langage de bébé compris par la mini-société familiale [...] ce sont des “actes de sens” vocaux avec une fonction protolinguistique[27] ». Ainsi le langage s'inscrit dans ces échanges interactifs où la construction rythmique fait alterner subtilement la répétition et le changement, la mise en place d'un lien prévisible puis, quand celui-ci est bien établi, le surgissement de modifications sous formes d'expressions de « faux » affects (colère, étonnement, surprise, dégoût, agressivité...) qui préludent à une montée de tension elle-même annonçant, par le rire partagé, la fin de la séquence relationnelle. Notons que, lorsque mère et bébé jouent ainsi, la mère se soucie assez peu de l'approximation des phonèmes proposés par son bébé : elle prend les productions discursives de celui-ci comme elles viennent, donnant une signification quasi langagière aux protomots et aux actes de sens de son bébé, qu'elle répète ou commente dans un langage qui, pour n'être plus le langage bébé qu'elle utilisait dans les tous premiers mois, n'en continue pas moins de s'appuyer sur les productions sonores de l'enfant. En aucun cas elle ne cherche à « corriger » son partenaire, à dénommer mécaniquement les choses, à lui parler comme à un adulte.

Résumons-nous. Le jeu interactif mère-bébé comporte un certain nombre d'invariants : d'abord une procédure d'engagement relationnel où les deux partenaires semblent s'accorder sur une intention commune ; ensuite la répétition d'une séquence ludique trois/quatre fois de suite ; puis l'introduction de subtiles variations soit dans le rythme (prosodie, mouvement d'avancée ou de recul), soit dans la localisation (lieu de la chatouille, surgissement de la marionnette) ; une fréquente montée de tempo, une accélération des gestes, de la prosodie ; enfin un final où la mère provoque une rupture du rythme attendu, une sorte de tromperie aboutissant à un rire partagé entre les deux partenaires ; et souvent, après le rire, une embrassade ou un câlin qui aboutit à une diminution de l'excitation, à l'apaisement du bébé. Il n'est pas rare qu'au cours du final, au moment de la surprise, le visage maternel soit porteur d'une expression en totale contradiction avec l'atmosphère affective dans laquelle baigne présentement le jeu : faux affects de fâcherie, de gronderie, de malaise, etc. Le jeu se clôt par une surprise : celle-ci témoigne de l'écart entre ce qui est attendu et ce qui survient. Cet écart est le résultat perceptible de la tromperie maternelle : la maman induit chez son bébé des attentes et, quand elle a le sentiment qu'il a compris le rythme ou le lieu du surgissement, une tromperie vient le déstabiliser. L'arme de la maman est sa ruse car elle a bien l'intention de tromper son bébé : elle cherche à l'« avoir ». Quand elle y est parvenue, elle est contente, mais le bébé lui aussi semble ravi... Ruse, tromperie et surprise, pourquoi se jouer ainsi de ce bébé ?

JEUX DE COMPTINES, DE DEVINETTES ET AUTRES JEUX DE MOTS*

Avec l'apparition progressive du langage, les jeux sont de plus en plus bavards, même si quand le bébé n'avait que quelques mois la maman ne cessait de lui parler et de commenter ses expressions, ses mimiques, etc. Cependant les jeux de mots viendront rapidement prendre une place de choix dans les interactions ultérieures. Ainsi, les comptines populaires chantées aux très jeunes

* L'auteur remercie D. Réserbat-Plantey pour les informations qu'il lui a fournies.

enfants comportent-elles aussi un final qui tranche avec les séquences précédentes : elles se terminent souvent par une sorte de surprise laquelle mêle à la fois le langage, la motricité et le schéma corporel. C'est le cas pour les jeux avec les doigts ou les orteils, le cinquième doigt étant celui où le rythme se modifie.

Ainsi dans cette ritournelle du bas Berry avec des enfants de sept à neuf mois, la maman prend les doigts de son bébé en commençant par le pouce tout en racontant : le « beu » (le bœuf) (le pouce), la vache (l'index), celui qui les détache (le majeur), celui qui les mène loin (l'annulaire), le petit Riquiqui qui mange la bouillie dans son lit ! La maman replie alors le petit doigt dans le creux de la main et chatouille la paume de la main du bébé avec ce petit doigt, en souriant. Elle peut faire de même avec les orteils en commençant par le cinquième puis allant vers le gros orteil qu'elle saisit, fait plier la jambe de son bébé puis lui met en bouche ce gros orteil en disant : « Et, miam, miam, miam ! »

Autre exemple, toujours avec les doigts de la main : le premier l'a attrapé, ce petit oiseau, le deuxième l'a plumé, le troisième l'a fait cuire, le quatrième l'a mangé, et le tout petit petit, il n'a rien eu !

L'adulte tient le doigt nommé par la dernière phalange en le secouant légèrement puis arrivé à l'auriculaire, le cinquième doigt, il replie celui-ci dans la paume de la main du bébé qu'il chatouille ainsi quelques secondes, ce qui clôt le jeu. Si le rythme mélodique est assez semblable pour les quatre premiers doigts, il y a en revanche une nette accélération au moment où l'adulte prend le cinquième doigt, la prosodie devenant plus aiguë.

À côté de ces comptines, quand les enfants tiennent bien leur nuque à partir de cinq/six mois, apparaissent les jeux moteurs comme « à dada sur mon baudet » ou « bateau sur l'eau ». Pour le premier, le jeu consiste à faire sauter doucement l'enfant sur les genoux, puis à accélérer ou intensifier le mouvement de saut jusqu'au moment où survient soit une franche accélération d'allure débridée, soit une sorte de chute en écartant les genoux comme si l'enfant allait tomber et en le retenant par les mains. L'enfant et l'adulte rient puis se serrent très fort l'un contre l'autre comme s'il y avait eu un redoutable danger auquel le bébé venait d'échapper. Le jeu consiste à produire la « chute » au moment où l'enfant ne s'y attend pas nécessairement. Bien sûr, il sait que cette chute va se produire, puisque c'est la raison même du jeu, bien sûr il l'attend avec impatience, mais le plaisir sera d'autant plus important que l'attente aura été partiellement trompée, soit que la chute survienne plus tôt que prévu, soit au contraire après un long moment au cours duquel l'attention de l'enfant commence à se détourner.

Dans le jeu de « bateau sur l'eau », cela commence par des bercements soit latéraux soit plus encore d'avant en arrière en tenant le jeune enfant par les mains. Peu à peu les mouvements s'amplifient jusqu'au moment où l'adulte soit écarte ses genoux pour faire « couler » le bateau, soit laisse l'enfant basculer en arrière (parfois en l'allongeant ainsi sur les jambes qu'il vient de relever). La prosodie de la ritournelle s'accélère pour se terminer par une exclamation : « Coulé ! » ou « Au fond de l'eau ! » Ces jeux peuvent se poursuivre pendant la deuxième année mais ils sont ensuite remplacés par les jeux de cache-cache ou par les jeux de poursuite, variantes motrices de « je vais t'attraper ».

Dans tous ces jeux, on retrouve une part de plaisir, une part d'agressivité, une part de surprise. Le plaisir est évident lors de l'engagement dans le jeu, lors de la réunion des deux partenaires après le final. L'agressivité est implicite dans le thème du jeu : mordre, manger, couler, tomber, comme elle l'est aussi dans la mimique de l'adulte qui fronce les sourcils, paraît presque fâché, soucieux, en colère... faux affects très surprenants. Enfin la surprise couronne la séquence ludique : c'est quelque chose qui est attendu, mais qui ne se produit pas exactement au moment, à l'endroit, de la façon prévus, il y a toujours un subtil décalage entre la chose attendue et la chose qui advient. On peut se demander à quoi tout cela peut-il bien servir.

Pourquoi toutes les mères (et les pères également, mais souvent quand le bébé est un tout petit peu plus âgé) jouent-elles ainsi avec leur bébé à des choses qui en apparence ne servent absolument à rien ?

Nous avançons nos hypothèses : ces jeux interactifs donnent au bébé un élément essentiel à la constitution de sa personne, le rythme, ce qui définit le sujet dans sa singularité. La surprise donne à l'écoulement du temps et à la récurrence des événements la nécessaire ponctuation : sans surprise il n'y a pas de rythme possible. Mais la surprise est aussi un élément indispensable à la constitution du soi grâce à l'effet de différenciation qu'elle crée entre soi et autrui. Toutefois, paradoxe essentiel, cette différenciation ne peut advenir que par l'intrusion de l'autre en soi : c'est au moment où l'enfant est saisi par cette intrusion que la surprise lui donne pour un bref instant l'activité subjectivante qui lui permettra de se dégager de l'emprise relationnelle dans laquelle il pourrait s'engloutir, de percevoir confusément le scénario de la séduction dont il vient d'être la victime heureuse. Si les liens entre l'enfant et ses parents, sa mère au premier chef, sont au service des processus d'identification et de ressemblance, s'il est essentiel pour un enfant de s'établir dans ces liens identitaires, il apparaît non moins essentiel pour l'individu de pouvoir aussi, *et en même temps*, se vivre et se penser comme différent. La différenciation, prélude à la séparation, est un processus qui a peut-être moins attiré l'attention des cliniciens. Pourtant c'est bien ce qui nous semble être à l'œuvre dans ces jeux où la tromperie crée précisément un écart que le bébé peut d'abord éprouver avant un jour de le penser.

Multiple rôle que celui de la surprise, témoin et révélateur de l'emprise d'un adulte sur son enfant, séduction énigmatique d'un bébé livré à l'apparente rouerie maternelle, créateur d'un rythme nouveau où ce qui est attendu n'est pas ce qui arrive, facteur de différenciation entre soi et le monde extérieur... nous verrons aux chapitres suivants ces diverses fonctions.

CHAPITRE III

Une figure mythologique de la surprise

La surprise a-t-elle droit de cité dans le panthéon des divinités ? La description des jeux interactifs mère-bébé nous a permis de mieux cerner ce qu'elle signifie. Ces jeux commencent par la création d'une règle partagée entre les protagonistes que la surprise vient violer. La surprise s'accompagne très habituellement d'un climat de ruse et de tromperie qui participent d'un stratagème destiné visiblement à « avoir l'autre ». C'est très exactement ce que la mère déclare à son jeune enfant lorsque, riant de sa surprise, elle lui dit : « J' t'ai eu ! » La surprise consiste donc à « posséder l'autre », à le tenir « à sa merci », ce que savent intuitivement mère et bébé lorsqu'elle le serre contre elle après le rire dû à l'effet de surprise qu'elle vient de provoquer chez lui.

La surprise provient de l'écart entre ce que le sujet attend, ce qu'il a dans la tête, ses pensées, et ce qui se produit dans la réalité des événements, de la relation qui n'était pas exactement prévue de cette façon. La surprise correspond à un instant de déséquilibre, de fragilité, de vulnérabilité : surpris et trompé dans ses attentes, le sujet doute, s'inquiète, s'ouvre à cette intrusion. La surprise s'articule directement à la tromperie quand elle s'inscrit dans le domaine des relations, résulte le plus souvent d'une ruse, de l'intention de créer chez l'interlocuteur un écart susceptible de l'induire en erreur. La ruse consiste à provoquer chez l'autre une attente en lui donnant des indices, en lui faisant croire quelque chose, en l'égarant. Engagé sur une fausse piste, le sujet attend, s'imagine, espère une chose et c'en est une autre qui surgit : surprise ! *Il s'est fait avoir.*

Surprise, ruse et tromperie sont étroitement articulées les unes aux autres. Rencontre-t-on dans la mythologie une divinité qui serait porteuse de ces attributs ?

Oui, comme nous l'indiquent Marcel Detienne et Jean-Pierre Vernant dont les travaux nous ont été d'un précieux secours[1]. Ces auteurs révèlent en effet l'importance d'une divinité grecque longtemps passée sous silence et reléguée au second plan après le siècle de Platon : en nous imposant une radicale coupure entre le monde immatériel et pur des idées et le monde matériel et concret des sens, de la perception et de la réalité d'ici-bas, le philosophe fonde la pensée du monde occidental, mais il a peut-être enfermé cette pensée dans une alternative insoluble.

La déesse Métis est la divinité de la ruse et de la tromperie. Métis agit par déguisement, elle emprunte un masque ou se métamorphose pour duper sa victime qu'elle induit en erreur jusqu'à ce que la surprise de sa défaite révèle à celle-ci le leurre qui l'a égarée. L'irruption de Métis se marque toujours de surprise. Métis est la première femme de Zeus, qui, instruit par le funeste sort de ses ancêtres, Ouranos et Kronos, ne souhaite pas être la victime désignée d'une succession inéluctable. Zeus apparaît comme le dieu qui va instaurer l'ordre dans le désordre qui régnait jusque-là. Mais revenons un peu en arrière. Ouranos, le grand-père de Zeus, a eu de Gaia trois séries d'enfants : les Titans, les Cyclopes et les Cent-Bras, enfants tous terribles, que leur père hait et qui le lui rendent bien. Kronos, en particulier, ne supporte pas le côté florissant « plein de vitalité et de sève » de son père[2]. Ouranos a pour habitude d'enfouir sa progéniture dans la terre et de passer son temps à s'unir à Gaia, dans ce qui apparaît comme une interminable copulation. Gaia, la mère, et Kronos, le fils, outragés d'être ainsi traités, s'entendent pour se venger : au moment où Ouranos va s'accoupler à Gaia, Kronos tranche les parties sexuelles de son père d'un coup d'une serpe que lui a donnée sa mère. Ainsi, le ciel s'éloignant de la terre, se trouve débloquée la succession possible des générations. Detienne et Vernant soulignent deux caractéristiques de cette prise de pouvoir du fils sur le père : Kronos, avec l'aide de Gaia, a dressé une « embuscade secrète » qui prend Ouranos au dépourvu par surprise et ruse ; certes, cet exploit ouvre à sa fourberie le chemin du pouvoir, mais il inaugure en même temps les avatars et les risques de toute souveraineté. Kronos est à la merci d'une identique tromperie.

Marié à Rhéa, il ne cache pas ses enfants dans la terre comme le faisait son père, mais il s'en saisit et les avale pour un motif bien « politique » : il ne tient pas à ce que ses enfants, ou l'un d'eux, obtiennent l'honneur royal parmi les immortels. Il se méfie de ses descendants. Mais Rhéa va comploter avec ses beaux-parents, Ouranos et Gaia, afin de protéger son futur fils, Zeus. « À la guette vigilante de Kronos, échappe la manœuvre secrète de son épouse. Rhéa accouche *clandestinement* ; elle *cache* son fils en Crète ; elle *dissimule* sous des langes d'enfant une pierre ; elle l'offre, sous l'*apparence trompeuse* d'un nouveau-né, à la voracité de Kronos qui n'y voit que du feu[3]. » Ainsi, par cette succession de ruses et de tromperies, Kronos avale, sans s'en douter, une pierre à la place de son fils. Zeus ayant conservé la vie, invincible et impassible, pourra bientôt chasser son père de son trône. Mais il a besoin d'alliés pour vaincre ce père si méfiant et si rusé. Où les trouver ? Dans la tradition hésiodique, c'est en s'alliant d'abord avec Gaia (sa grand-mère paternelle) et sur ses conseils que Zeus prépare sa ruse. Dans le texte d'Apollodore, c'est directement avec Métis qu'il complote. Quoi qu'il en soit, Zeus fait boire à Kronos une drogue, une tromperie, c'est-à-dire un « pharmakon » qui le contraint à vomir la pierre d'abord, puis tous ses enfants avalés auparavant. Avec leur aide, Zeus engage la guerre contre son père et les Titans (ses oncles paternels, les frères de Kronos) qui eux aussi réclament leur part de pouvoir. Toutefois, comme l'écrit Eschyle, la victoire reviendra « à qui l'emporterait non par la force et la violence, mais par sa ruse[4]. » Et c'est avec l'aide de Prométhée, le fils du Titan Japet, que Zeus triomphera, même s'il commence par rester sourd aux conseils de ce dernier. Or Prométhée est décrit comme le « prodigieux malin », celui qui est capable « même à l'inextricable de trouver une issue[5] », c'est le maître des tours, des projets frauduleux, des pièges et des attrapes ! Par sa « prévoyance », il anticipe, il sait à l'avance et comme Métis « il en sait plus que nul au monde ». Prométhée commence par prodiguer ses conseils aux Titans, mais devant leur refus de l'entendre, il se tourne vers Zeus qui l'accueille et dont les plans lui donneront la victoire. Zeus libère les Cyclopes et les Cent-Bras qui, pour le remercier, lui procurent le tonnerre et façonnent la foudre qui lui donne un pouvoir magique de domination sur les immortels. L'ultime combat pour le pouvoir confronte Zeus et le Titan Typhon qui réussit à le capturer, l'enserrant dans ses anneaux de serpent, puis à lui couper les nerfs des mains et des pieds. Mais Zeus sera aidé par le rusé Hermès[6] qui, en cachette, lui restitue ses nerfs et lui permet de reprendre le combat. Les Moires viennent encore à la rescousse, faisant boire à Typhon une « nourriture de tromperie » en l'assurant grâce à celle-ci d'une puissance inégalable ; en réalité il s'agit d'un fruit éphémère, un autre « pharmakon » auquel on ne peut goûter sans désormais connaître l'usure et la mort. Ainsi la violence primordiale du monstre est-elle désarmée par l'astuce et la ruse.

Après les combats de Zeus pour assurer sa place sur le trône, Métis deviendra sa première femme. Quels sont les traits essentiels de Métis et par extension de la *métis* grecque ? Detienne et Vernant en proposent les caractéristiques suivantes : souplesse et polymorphie, duplicité et équivoque, inversion et retournement, toutes valeurs qui renvoient au souple, au tortueux, à la courbe, à l'oblique et plus encore à l'ambigu par opposition au droit, au direct, au rigide, à l'univoque. Douée de pouvoir de métamorphose, Métis apparaît multiple, bigarrée, ondoyante ; elle évolue dans le monde du mouvant, du multiple, de l'ambigu ; elle s'attache à des réalités fluides, changeantes, susceptibles de prendre des aspects contraires, de faire preuve de forces opposées et contradictoires. Puissance de ruse et de tromperie, Métis agit par déguisement, elle dupe ses victimes par le masque qu'elle emprunte. Métis permet ainsi au plus faible d'espérer l'emporter sur le plus fort à condition que ce plus faible sache précisément et au moment opportun recourir aux principes de métis. L'homme doué de métis est toujours sur ses gardes, aux aguets, sur le qui-vive, prêt à bondir, mais il n'est pas impulsif car il sait aussi faire preuve de patience, attendre que son heure vienne, ne pas agir dans la précipitation et l'empressement. Que fait Zeus avec Métis ? Il la subjugue « en retournant contre elle les armes mêmes de la déesse : la préméditation, la tromperie, l'attaque par surprise, la brusque saisie[7] ». « Quand Métis se trouva enceinte, Zeus l'avala, l'ayant devancée *par surprise*, car Gaia avait prédit qu'après la fille qu'elle portait en son sein, Métis donnerait naissance à un garçon qui deviendrait roi du Ciel[8]. » C'est donc Zeus qui cette fois retourne la ruse contre Métis en l'avalant par surprise : « Trompant ses esprits par une ruse grâce à des mots séducteurs, Zeus, l'ayant égarée et rendue petite, l'engloutit dans ses entrailles », écrit également Hésiode.

Dans le monde des mortels, pour faire face à ces menaces de tromperies, l'homme doué de métis se caractérise par sa prévoyance, sa capacité d'anticipation ; il fait constamment preuve de vigilance, il est attentif pour trouver le meilleur chemin, prévoir les embûches... Le pilote du navire doit être largement pourvu de métis pour conduire le navire à travers tous les aléas de la mer. Quant aux armes humaines de la métis, elles sont à l'image des qualités de Métis : filets, nasses, pièges, lacets, trappes, tout ce qui est tressé, tissé, ourdi, ajusté et machiné et qui reprend dans l'univers humain les caractéristiques de la Métis divine, laquelle ne cesse d'entraver ses victimes dans des liens magiques et invisibles mais à l'efficacité redoutable.

Pourquoi Zeus avale-t-il Métis ? Parce que « en l'avalant, Zeus boucle sur Métis le lien qui la retient pour toujours prisonnière ; il l'enclôt définitivement au-dedans de lui-même pour qu'incorporée à sa propre substance elle lui livre à tout instant cette connaissance des aléas de l'avenir qui va lui donner prise sur le cours mouvant et incertain des événements[9] ». D'une certaine façon, il se met à l'abri des mésaventures de ses ancêtres Ouranos et Kronos : la ruse est en lui, c'est de lui qu'elle peut venir, il ne risque plus d'être « pris par surprise ou tromperie » puisque c'est en lui que siègent cette ruse et cette tromperie. En outre par cette métis incorporée, le dieu souverain se maintient en constant état d'éveil et de vigilance : il ne peut plus être victime d'un « pharmakon », identique à ceux qu'il a utilisés pour endormir Kronos, lequel gît dans une profonde caverne car « c'est le sommeil que Zeus a machiné contre lui comme enchaînement[10] ».

Nous ne poursuivrons pas plus avant la passionnante lecture de l'ouvrage de Detienne et Vernant sur les ruses de l'intelligence et sur cette métis des Grecs. Simplement quelques remarques complémentaires nous paraissent pertinentes. D'abord, par contraste, il est intéressant de noter que la seconde femme de Zeus est comme l'image inversée de Métis. En effet, Thémis exprime dans le monde divin les aspects de stabilité, de continuité, de régularité ; ses valeurs sont celles de la permanence, de l'ordre, du retour régulier et cyclique des saisons, de la fixation du destin. Thémis marque les interdits, trace les frontières à ne pas franchir, détermine les préséances à respecter pour que chacun soit maintenu à sa place et à son rang. Elle annonce le futur non pas comme quelque chose d'incertain et d'aléatoire, mais comme s'il était déjà écrit, sur un mode assertif. Métis avance des hypothèses, Thémis énonce des certitudes. Avec ses deux premières épouses, Zeus tient le monde des aléas, de l'ouverture, de l'insaisissable et il tient aussi le monde de l'ordre, de la récurrence, du déterminisme. Le second ne peut plus lui échapper parce qu'il s'est rendu préalablement maître du premier. Désormais la violence fondatrice des premières divinités est muselée : l'ordre peut s'installer sur la terre.

Examinons brièvement la descendance de Métis. Elle est d'abord la mère d'Athéna, le premier enfant de Zeus, puis celle de Poros. *Poros* ne désigne pas seulement le chemin, c'est aussi la voie, l'issue, toute chose qui permet d'arriver à destination, de trouver les expédients, les astuces, les « combines » pour parvenir à son but ou à ses fins. L'art du pilote est de trouver le bon *poros,* le bon chemin, quitte à faire tous les détours nécessaires, à recourir aux expédients utiles pour permettre au navire d'atteindre le port : il s'agit de trouver sa route au milieu des flots, là où précisément il n'y a pas de trace balisée. Le *poros* par extension représente toutes les manœuvres, les « trucs » qui permettent d'atteindre le but. Poros s'unit à Pénia, la déesse du dénuement, de la privation de forme, de l'absence de détermination, pour donner naissance à Éros. Éros est donc le petit-fils de Métis. Métis, la divinité de la surprise, de la ruse et de la tromperie, Poros, son fils, la divinité du savoir-faire, savoir se diriger, Éros, le petit-fils, divinité de l'amour : étrange descendance en apparence !

Dans le monde des héros, et non pas dans le monde des dieux, Ulysse est celui qui a le plus de métis, c'est la ruse faite homme : « Regardons le plus subtil, le plus dangereux rhéteur de la Grèce s'apprêtant, devant les Troyens assemblés, à ourdir la trame chatoyante de son discours : il reste là, gauchement planté, les yeux fixés à terre, sans lever la tête ; il tient le sceptre immobile, comme s'il ne savait s'en servir ; on croirait voir un rustre figé dans sa bouderie ou même un homme qui a perdu l'esprit (*aphrona*). Le maître en duperie, le magicien des mots, au moment de prendre la parole, fait semblant d'être incapable d'ouvrir la bouche, faute de connaître les rudiments de l'art oratoire. Telle est la "duplicité" d'une métis qui, se donnant toujours pour autre que celle qu'elle est, s'apparente à ces réalités mensongères, ces puissances de tromperies qu'Homère désigne par le terme *dolos* : le cheval de Troie, le lit d'amour aux liens magiques, l'appât pour la pêche, tous pièges qui dissimulent, sous des dehors rassurants ou séducteurs, le traquenard qu'au-dedans d'eux-mêmes ils recèlent[11]. » Sans Métis, Ulysse n'aurait jamais pu parvenir au terme de son voyage. Accompagné d'Athéna, fille de Zeus et de Métis, sa protectrice, Ulysse rencontre des adversaires souvent sinon toujours plus forts que lui et dont pourtant il triomphe. On peut même dire qu'Ulysse est le représentant sur terre des qualités divines de Métis, exemple qui doit guider les autres humains et leur faire sentir ou comprendre que la force, l'affrontement, la loi du plus fort peuvent toujours céder devant une autre valeur. Detienne et Vernant commentent ainsi cette relation entre Ulysse et Athéna : « Ils s'entendent comme larrons en foire. C'est elle-même qui se plaît à le lui rappeler, au moment où, sans le savoir, Ulysse vient d'aborder aux rivages d'Ithaque. Athéna, qui veut éprouver la métis de son protégé, prend l'apparence d'un adolescent et lui révèle le nom du pays dans lequel il vient de se réveiller. Aussitôt, pour ne pas se trahir, Ulysse lui forge quelques belles menteries : "Jamais en son esprit les ruses ne manquaient." Athéna l'écoute en souriant : "Quel fourbe, quel larron, quand ce serait un dieu, pourrait te surpasser en ruses de tout genre !... Tu rentres au pays et ne penses encore qu'aux contes de brigands, aux mensonges chers à ton cœur depuis l'enfance... Trêve de ces histoires ! *Nous sommes deux au jeu* : si, de tous les mortels, je te sais le plus fort en calculs et discours, c'est l'esprit (métis) et les tours d'Athéna que vantent tous les dieux[12]." »

Les valeurs de Métis sont donc représentées par la ruse et la tromperie, les instruments de Métis, ce par quoi elle agit, sont essentiellement le déguisement, le masque, la métamorphose ; elle a pour armes tout ce qui enveloppe, contourne, se moule sur l'adversaire : le lacet, le filet, la nasse, mais aussi ce qui surprend : le piège, la trappe. Quand deux adversaires s'affrontent, celui qui est doué de métis finira par *surprendre* l'autre, cette surprise le déstabilisant et le poussant à faire preuve d'un surcroît de force aveugle qui en général accélère sa perte : face à la métis, le recours aux armes ordinaires ne fait que renforcer le probable triomphe de celui qui a Métis de son côté. L'esquive, la fuite, l'encerclement règlent la stratégie de combat de celui ou de ceux qui comptent sur leur métis et pas seulement sur le rapport de force. Métis vient à l'aide du plus faible en apparence. Elle trouble le rapport *logique* des forces, l'ordre *manifeste* de la hiérarchie, le cours *prévisible* des événements. Elle introduit une dimension aléatoire fondamentale dans l'univers, cette dimension stochastique du vivant, propice au désordre de premier abord, mais plus subtilement nécessaire au maintien de ce qui fait la vie, si on entend par là quelque chose qui bouge, qui n'est jamais totalement déterminé à l'avance, qui est ouvert sur l'avenir. Sans métis, l'univers est menacé soit d'une incessante récurrence de la vengeance ou de la violence, soit d'un retour à l'union d'Ouranos et de Gaia, c'est-à-dire une sorte de copulation incessante et mortifère d'où rien de différencié ne peut sortir. Métis est le principe de séparation puis de différenciation qui réglera un subtil rapport d'incertitude entre les dieux ou entre les humains : le plus fort n'est jamais sûr de l'emporter, le mieux pourvu en apparence peut toujours se « faire avoir ». Métis rétablit en quelque sorte un principe d'égalité entre les êtres, raison pour laquelle c'est une déesse féminine. Avec de la métis entre eux, l'homme et la femme peuvent se rencontrer sans trop de danger pour celle qui est en apparence la plus faible, et sans certitude de vaincre pour celui qui est en apparence le plus fort. Métis ouvre entre les deux sexes un « rapport » qui n'est plus de copulation mais de jouissance ; elle est la divinité du sexuel (ce qui ne se réduit pas à la sexualité), la grand-mère de l'amour (Éros) après que celui sur lequel elle a jeté son dévolu a trouvé le bon chemin (Poros). Par ruse, tromperie et surprise, Métis libère le sexe de Gaia qui était constamment occupé par Ouranos et donne à Rhéa la jouissance de ses enfants qui étaient auparavant dévorés par Kronos. Dans le champ de l'intelligence, elle représente l'intelligence pratique et rusée, celle qui procure les habiletés, les savoir-faire dans des domaines aussi pratiques que ceux du tissage, de la navigation ou de la médecine. Comment comprendre que cette forme d'intelligence aussi fondamentale dans la société de la Grèce antique soit restée à ce point méconnue ?

Comment comprendre que Métis ait quasiment disparu du paysage divin à partir du siècle de la Grèce classique ? À titre d'exemple, dans *La légende dorée des dieux et des héros*[13], un ouvrage très lu dans les années cinquante-soixante, on ne trouve aucun chapitre spécifique consacré à Métis et cette divinité n'est indexée qu'à deux reprises dans le chapitre sur Athéna. Et pour en dire quoi ? Qu'Athéna est la fille de Zeus et de Métis « *la souveraine Sagesse* » ! Voilà Métis transformée en sagesse, véritable contresens sur sa signification symbolique, comme le dégagent les travaux de Detienne et Vernant avec des arguments solides et étayés. L'histoire des dieux olympiens semble avoir gommé celle des dieux archaïques, les générations antérieures de Kronos et d'Ouranos. Comment a-t-on pu en arriver à de tels errements ? Incontestablement le siècle des philosophes, ce IVe siècle qui voit triompher la Grèce classique, apparaît comme le temps au cours duquel la figure de Métis va peu à peu s'estomper. Certes on en trouve des dérivés à travers certaines valeurs persistantes. Si la divinité en elle-même perd de sa superbe, Métis étant reléguée dans les oubliettes de la mythologie, on en débusque cependant la trace par l'intermédiaire des valeurs morales ou intellectuelles qu'elle peut représenter. Selon Detienne et Vernant, Métis continue d'exister aussi bien dans l'œuvre de Platon que dans celle d'Aristote par les qualités requises pour l'intelligence pratique, en particulier la finesse d'esprit et l'acuité de pensée d'une part, la sûreté du coup d'œil et une certaine capacité à viser juste d'autre part. « Être à l'affût de tout ce qui peut survenir, c'est se donner les moyens de prévenir les ruses de l'adversaire, et imaginer à l'avance les manières de le prendre dans son propre filet[14]. » La justesse du coup d'œil, qui permet d'atteindre le but visé quels que soient par ailleurs les pièges ou les embûches rencontrés pour y arriver, complète les qualités précédentes. Aristote et Platon rendent tous les deux hommage à cette intelligence pratique dont la nature stochastique donne tout son poids à l'art de la conjecture, cette capacité d'avancer à partir de probabilités en partie incertaines, reposant plus sur des intuitions que sur des certitudes, un savoir qui accepte l'à-peu-près, l'approximatif et le prend en compte dans son jugement. L'art de conjecturer appartient en propre à deux métiers, le médecin et le politique, où la connaissance conjecturale procède par le détour d'une comparaison qui permet de saisir un événement inconnu à l'aide d'une ressemblance avec un événement familier, où la justesse du coup d'œil permet de deviner une similitude entre des choses à première vue profondément différentes. Aristote laissera à cette intelligence toute sa place dans le monde des humains. Pour lui, la pensée ne saurait s'abstraire de l'ordre humain, du savoir approximatif, de l'intelligence par conjecture.

Platon, en revanche, introduira la coupure radicale conduisant à une rupture entre le monde des anciens et celui des « modernes ». Il condamne, sans ambiguïté, les savoirs et les techniques qui relèvent de l'intelligence stochastique, il disqualifie ce qui procède du coup d'œil et de l'intuition, il tranche définitivement parmi les productions humaines entre celles qui relèvent d'un savoir incertain, qui ressortissent de l'inexactitude potentielle, d'un côté, et les savoirs qui sont le produit du calcul, de la mesure, de la pesée, de l'autre : seul ce qui est mesurable peut faire partie de la science exacte, et appartenir au domaine de la vérité ! Entre le monde intelligible, là-haut, celui de la Vérité, et le monde perceptible, ici-bas, celui de l'approximation, des cheminements détournés, des procédures obliques, la rupture est totale, absolue, définitive. Avec ces conceptions, l'Être accède à son universalité, à sa valeur symbolique, à sa définition abstraite sur laquelle la pensée pourra exercer à l'infini son « logos » ; les êtres en revanche sont rejetés du côté de l'impur, de l'à-peu-près, du réel avec ses incessants changements, sa pluralité insaisissable, son inquiétante inconstance. L'ambivalence devient une scorie impure, marque évidente de l'imperfection de l'être dans la nature ici-bas, par rapport aux valeurs de l'Être dans le monde des Idées, lequel dans sa perfection cohésive ne peut qu'ignorer une telle caractéristique de l'humain. Il faudra bien des siècles pour réintroduire Métis dans la pensée humaine.

Avançons quelques hypothèses sur l'assassinat de Métis par le siècle des philosophes et sur le succès qu'il a rencontré. En extirpant la métis de la pensée, en lui offrant comme visée des objets absolus, Platon donne à cette pensée les conditions d'une maîtrise et d'une emprise sur les Idées : il promet au philosophe, celui qui a été instruit par le maître et a de ce fait pu accéder à la sagesse, un pouvoir proche de celui des dieux. Il permet à l'être humain de côtoyer les immortels et de se dégager de la douloureuse et approximative dépendance corporelle : le corps, avec tout ce qui s'y rattache, sensations, perceptions, émotions, etc., devient un « accident » singulier sans valeur véritable. D'une certaine manière Platon « dénature » la pensée, la retire au sens propre de la nature. Ce faisant, il en exclut tout ce qui est de l'ordre du rapport entre les humains, tout ce que précisément Métis représentait et valorisait ; en un mot Platon extrait le sexuel de la pensée, c'est-à-dire tout ce qui caractérise le lien entre les êtres humains, il « désexualise » la pensée et permet ainsi aux citoyens du monde occidental d'exercer leur pensée (sans ambivalence ni crainte) pour mieux parvenir à la maîtrise de l'univers. Penser, ce n'est plus chercher des combines pour parvenir à ses fins ou pour circonvenir celui ou celle qu'on désire ou dont on veut triompher, ces pensées-là sont celles des esclaves, des manants, des laquais, celles de l'humanité inférieure en quelque sorte, elles ne sont pas dignes d'être admises dans le panthéon de la Pensée. Penser, c'est au plus fort de son sens voyager dans le logos, le monde de la raison qui n'a rien à voir avec le monde ici-bas. Ce monde est réservé aux philosophes, à ceux qui ont accédé aux secrets de l'initiation, à cette pensée donnant accès aux vraies valeurs, qui permet de côtoyer le monde des immortels, d'espérer pour un instant quitter la condition humaine et pénétrer dans l'absolu, dans l'infini du Vrai. Alors le philosophe peut espérer toucher le territoire hors temps des choses en soi, des Vérités dénuées d'approximation, d'incertitude. L'objet, les objets de la pensée sont des objets désincarnés, désexualisés, déshumanisés, dérelativisés. Ils deviennent des entités discrètes, distinctes les unes des autres, des catégories comptables, mesurables, calculables, quantifiables, comparables, classables sur lesquelles le philosophe peut à loisir exercer la maîtrise d'une pensée « supérieure » qui se situe au-dessus du monde matériel. Il n'est plus question de « jouer » avec sa pensée, c'est devenu quelque chose de trop sérieux pour être livré à l'approximation de l'incertitude. De cette forme de pensée la surprise est définitivement évacuée au profit de la maîtrise et même de l'emprise, car le surgissement de la surprise au sein de la raison devient dangereux : sa seule existence potentielle est une menace pour le système, une menace pour l'énonciation d'un absolu de la pensée. Ce n'est pas un hasard si les traités de philosophie ignorent superbement le concept de surprise jusqu'à ne même pas indexer le mot dans la plupart des traités actuels. Vingt-trois siècles après Platon, la philosophie reste fidèle à son « inventeur » : nulle surprise !

Désexualisant la pensée ou en d'autres termes extirpant l'« autre » de la pensée, retirant ce qui fait lien, Platon ouvre les catégories du possible. Il autorise l'homme à penser tout ce qu'il veut : dans l'ordre du logos tout est pensable. La pensée n'est plus un enjeu, elle ne cherche plus à séduire l'autre, le tromper, à ruser, à se servir d'expédient, tout ce qui permettait au plus faible de rivaliser avec le plus fort et même de pouvoir gagner, tout ce qui liait les êtres humains entre eux et réglait leurs rapports subtils et complexes ; la pensée ne s'exerce plus au sein de l'interaction des humains ou des dieux, elle s'exerce dans un enclos solitaire, un rapport de l'homme avec le cosmos. Métis est exclue de la pensée de l'homme et seule sa forme purifiée, intellectuelle aura droit de cité : c'est l'étonnement. Si l'étonnement avait jadis le sens fort d'« être étourdi, frappé de stupeur », le terme prendra avec le temps le sens beaucoup plus atténué qu'on lui connaît aujourd'hui. L'étonnement est la disposition intellectuelle du philosophe qui accepte de laisser en suspens, pour un temps, ses certitudes devant un fait susceptible de les contredire. L'étonnement est une Métis dépouillée de ses ondoyances, de ses nasses, de ses filets, de ses coups retors : c'est devenu une catégorie acceptable et respectable. Il porte sur les particules du monde et non sur les aléas des relations humaines. Le philosophe s'étonne, le rustre est surpris. D'une certaine manière il faudra attendre le XIXe siècle pour que Freud redonne aux objets de la pensée leur valeur de lien avec les autres et avec l'autre, c'est-à-dire leur valeur sexuelle, et réintroduise l'ambivalence au cœur même de cette pensée. Un siècle de plus sera nécessaire pour que la relativité se réinscrive dans le processus de pensée lui-même. En refoulant de la pensée tout ce qui était du domaine du lien entre les individus, du sexuel au sens large, Platon permet au philosophe de voir au-delà des rapports humains, de pénétrer le monde de la connaissance, celui des concepts et des abstractions. Mais il « déshumanise » cette même pensée, au sens où désormais tout ce qui caractérise l'immédiateté des relations humaines, tout ce qui fait l'incertitude des émotions et des sentiments, tout ce qui habite le cœur des humains, sera ravalé au rang inférieur de ce dont l'homme doit se détacher pour parvenir à la vérité. À partir de Platon, il y aura le monde impur et approximatif des choses de la vie, et le monde purifié de la connaissance, de l'absolu, de la perfection. Rien de sexuel dans ce monde-là, mais au prix d'une amputation de la pensée bien caractéristique du monde occidental, c'est un homme écartelé qui « pense », pendant qu'un autre agit, rêve ou jouit des odeurs, des couleurs, des émotions, des délices de la chair, sans penser. Les émotions, les sensations seraient-elles la part animale dont nous devons nous défaire ? N'y aurait-il aucune vérité humaine dans une connaissance qui ne procède pas seulement du savoir mais qui accepte aussi sa part d'intuition, en particulier dans le domaine des relations humaines toujours changeantes, incertaines, insaisissables, fluctuantes, volontiers trompeuses ? Et si la surprise, la ruse, en un mot la métis, étaient ce qui permet de trouver le bon chemin ?

Pour conclure, revenons un instant à Métis et à ses ruses. Detienne et Vernant citent les deux premiers livres des *Dionysiaques* de Nonnos où Zeus combat le Titan Typhon et où l'on voit pleinement se déployer la ruse, la séduction, les tromperies : « Tout occupé de ses amours, Zeus laisse traîner ses foudres dans un recoin du ciel. La fumée trahit leur présence. Conseillé par Gaia, Typhon étend la main jusque vers le sommet de l'éther et dérobe l'arme souveraine. Dans sa brutalité présomptueuse, le monstre polymorphe fait figure de contre-Zeus, de souverain du désordre ; il est à la royauté véritable ce que le bâtard, le *nothos*, est à la descendance légitime. Il incarne la revanche des Titans et de Kronos qu'il prétend réinstaller avec lui dans le ciel. Tous les dieux olympiens se sont enfuis de leur demeure céleste. Zeus, pour réaliser le plan artificieux qu'il a médité de concert avec Éros, demande à Cadmos de l'assister. *Subtil et ingénieux*, le roi Cadmos, avec l'aide de Pan, *se déguise* en berger. Affublé de ce *costume menteur* il s'arme, pour affronter le jeune Titan qui a déjà jeté la confusion dans le cosmos, d'une simple flûte dont il tire des *accents séducteurs*. Sa violence furieuse assoupie sous l'effet de la musique, Typhon s'approche sans méfiance, oubliant dans sa grotte l'arme qu'il vient de dérober. Cadmos *simule* la terreur. Typhon le rassure et lui propose de l'enlever jusqu'au ciel où il résiderait avec lui pour y chanter la gloire du nouveau monarque. Cadmos réclame alors un instrument plus digne que la flûte de célébrer la victoire remportée contre Zeus. Il lui faut une lyre, mais il n'a pas de corde. *Ignorant la ruse*, aveugle à la trame machinée pour préparer sa perte, Typhon apporte les nerfs que Zeus a perdus au cours d'un premier combat. Cadmos continue à jouer ; profitant de ce que la vigilance de son adversaire est endormie, Zeus se glisse sans se faire voir dans la grotte, y reprend ses armes et s'éclipse. Cadmos disparaît à son tour, escamoté par Zeus dans un nuage. La musique se tait. Typhon retrouve, avec ses esprits, son humeur de rage ordinaire. Il cherche la foudre et comprend, trop tard, qu'il a été joué. Déjà la nuit est venue. Le sommeil enveloppe tout ce qui, dans la nature, est animé. Typhon lui-même gît, étendu sur le sein de sa mère Gaia ; ses têtes de serpent reposent enroulées au creux des cavernes. Seul Zeus veille. Au matin, le monstre provoque l'Olympien au combat ; il l'attaque avec la multitude de ses bras, ses gueules de bêtes féroces, ses chevelures de serpent, les rocs, les montagnes, les eaux mêmes qu'il projette contre le ciel. Mais Zeus l'enveloppe tout entier, en dépit des mille formes que revêt le monstre du trait incandescent de sa foudre[15]. » La ruse, la métis est au centre du pouvoir et sans elle nulle possibilité de le conserver !

Ruse, tromperie et surprise semblent nécessaires à la bonne marche du monde : sans surprise, le monde est livré au seul principe de la force, de la violence. Le chaos risque d'engloutir ce monde car il y aura toujours un plus fort, un plus rapide, un plus violent, et la loi du talion qui est celle du plus fort s'imposera dangereusement. Ceux qui sont moins bien pourvus de cette force brutale, bestiale devront-ils constamment se soumettre, en particulier les enfants, les femmes, lesquelles, à l'évidence, risquent de toujours perdre dans un tel combat ? L'emprise de cette violence fondamentale connaît-elle une limite ? La limite se trouve du côté de Métis : par son intervention dans les relations divines, dans les relations humaines ensuite, elle donne une borne possible au rapport d'emprise, au rapport de violence. L'usage aveugle de la force est aussi ce qui peut la perdre. À trop vouloir compter sur elle, et uniquement sur elle, la force risque de se retourner contre celui qui en ferait un usage exclusif, elle le perdra. Métis donne aux dieux, aux humains, *à tous les humains*, une chance possible, une égalité potentielle. Facteur apparent de désordre, elle est l'arme de la sauvegarde quand l'emprise menace de ne pas offrir d'autre issue possible.

CHAPITRE IV

Surprise, emprise et manquement maternel

Lorsque la mère jouant avec son bébé le surprend et lui dit : « J' t'ai eu ! », ou lorsqu'elle lui mordille doucement un doigt, un orteil tout en ayant une mimique presque agressive en lui déclarant : « J' te mange, j' te dévore ! », que se passe-t-il ? Le bébé est à la merci de sa mère et celle-ci lui en administre la preuve. Il est sous l'emprise de cette mère, réduit à l'état de passivité, totalement dépendant, livré corps et âme à son bon vouloir.

LES JEUX DE SURPRISE : LE TÉMOIGNAGE D'UNE EMPRISE

La relation mère-bébé illustre parfaitement ce que peut être la relation d'emprise entre deux personnes dont l'une dépend absolument de l'autre. Apparemment c'est le bébé qui subit cette relation d'emprise, et les surprises, les tromperies, les expressions de faux affects (fausse colère, faux étonnement, faux dégoût, etc.) sont là comme autant de balises pour révéler la fréquence et l'importance de cette emprise. À la merci de sa mère, il guette sur son visage les expressions mimiques, le mouvement des lèvres, tend l'oreille pour saisir la musique des mots, le rythme de la prosodie, offre son corps aux mains de sa mère, règle son tonus musculaire selon les manipulations maternelles : il est l'image même de ce que peut être le renoncement à la différence, de ce que peut être la soumission la plus absolue. Il est apparemment réduit à une sorte de pâte malléable, « médium malléable[1] », que la mère prend plaisir à malaxer, tripoter, embrasser, caresser, palper, en toute innocence et impunité. Image de la faiblesse et de la vulnérabilité, le bébé est livré aux soins maternels mais peut-être plus encore au bon vouloir maternel : il en est l'« objet » au sens le plus concret de ce terme. Les jeux de surprise et de tromperie apparaissent bien dans un tel cadre comme représentant le symbole même de cette dépendance, de cette soumission. La relation mère-enfant baigne dans l'emprise potentielle, emprise de la mère sur son bébé. Inversement, le bébé exerce-t-il une emprise sur sa mère ?

Winnicott a été un des premiers à décrire cet état très particulier chez la mère survenant juste après la naissance et qu'il a appelé la « préoccupation maternelle primaire[2] ». De quoi s'agit-il ? Cet état peut être comparé à un état de repli, un état de dissociation, voire à un état schizoïde, c'est-à-dire un état qui serait pathologique si sa caractéristique n'était pas de survenir peu après la naissance du bébé, durant les premières semaines de vie. Pendant que dure cette préoccupation maternelle primaire, la mère est littéralement habitée par son bébé et d'une certaine manière elle ne s'appartient plus : elle est « possédée » par lui. Grâce à cet état, elle est capable de ressentir ce dont il a besoin avant même que ce dernier ne le ressente lui-même et elle peut satisfaire ses besoins à l'instant, avant qu'il n'ait eu le temps d'éprouver un manque, une défaillance, une désorganisation. D'un point de vue finaliste, cet état lui permet de s'adapter aussi parfaitement que possible aux besoins de son bébé et à ce dernier de faire l'expérience d'une possibilité de satisfaction quasi absolue et magique, ce qui constituera ultérieurement la base d'un narcissisme précoce assuré. Pour Winnicott, la préoccupation maternelle primaire représente une véritable maladie physiologique dont la mère guérit peu à peu dans le courant des deuxième et troisième trimestres de vie du bébé, quand elle accepte de ne plus être totalement gratifiante pour lui et qu'elle accepte l'idée de pouvoir, ne serait-ce que très brièvement ou épisodiquement, lui manquer. Peu à peu cette préoccupation maternelle primaire est oubliée et la mère devient, comme le dit Winnicott, « suffisamment bonne ». Quoi qu'il en soit, au moment où se déploie cette préoccupation maternelle primaire, la mère est littéralement possédée par son bébé, peut-être même bien plus qu'elle ne possède celui-ci. Qui a l'emprise sur l'autre ?

Des années plus tard et dans un tout autre registre, les cognitivistes vont décrire minutieusement la manière dont la mère s'accorde à son bébé, dont elle reprend comme en miroir une grande partie de ses gestes, mimiques, lallations, etc. Trevarthen parle ainsi du « *parental miroring* » ou du « *parental echoing* » pour décrire ce comportement typique : dans les enregistrements magnétoscopiques des interactions mère-bébé, on observe en effet que la mère reproduit de façon très fidèle une grande partie, si ce n'est la totalité, des expressions et des gestes de son bébé. Elle répète les sons qu'il émet et ce quelques secondes plus tard, elle présente sur son visage les mêmes expressions avec un décalage d'à peine une seconde. Par exemple quand le bébé sourit, la mère sourit à son tour une demi-seconde après, quand il ouvre la bouche, fronce les sourcils ou cligne des yeux, elle reproduit très fidèlement ces expressions sur son propre visage quelques fractions de seconde après. Là encore, comme l'avait remarquablement pressenti Winnicott, le visage de la mère apparaît être un véritable miroir pour les expressions du bébé : celui-ci peut y lire quelque chose d'un reflet de ses propres mimiques avant même que celles-ci ne deviennent des émotions mentalisées. Stern a lui aussi décrit ces imitations maternelles en ajoutant cependant une dimension essentielle : la mère n'imite pas simplement son bébé comme le ferait un miroir, elle apporte quelque chose d'elle-même en transformant subtilement cette imitation. Elle introduit souvent un effet de décalage, un anamorphisme dirons-nous, ce que Stern décrit sous le terme plus complexe d'« imitations transmodales » : par exemple, tout en imitant la mimique du bébé, elle commente cette expression avec une prosodie dont le rythme est très finement calé sur celui de la gestualité/mimique de son bébé. Ainsi quand le bébé fronce les sourcils, tout en faisant de même avec cet imperceptible décalage temporel, la mère commente ces froncements : « Oh ! il a du souci, oh ! il est pas content ! il est fâché ! oh ! là ! là !... » Nous reviendrons ultérieurement sur le sens qu'on peut donner à ce décalage dans le cadre de l'accordage affectif (voir ci-après p. 86). Pour le moment il nous suffit de remarquer combien la mère, souvent de façon totalement automatique, sans s'en rendre compte consciemment, est « prise » dans ses gestes, ses expressions, ses mimiques par le comportement de son bébé comme si elle en était le prolongement. Dans ces conditions, la mère n'est-elle pas elle aussi sous l'emprise de son bébé qui, d'une certaine façon, la « possède » autant qu'elle le possède ?

L'emprise mère-bébé est réciproque. La relation d'emprise semble s'installer sans contrepartie dans la dyade. Comment alors ces deux partenaires pourront-ils se dégager de cette fusion possessive où l'un comme l'autre semblent prendre un grand plaisir ? Quelle peut être la place de ces jeux de surprise dont on a dit qu'ils étaient un révélateur de cette emprise ? Quand la mère surprend son bébé, celui-ci est à sa merci, elle lui montre l'emprise qu'elle exerce sur lui. Mais par les émotions qui l'envahissent alors, ce jeune enfant n'a-t-il pas paradoxalement les moyens d'en prendre conscience et par conséquent de commencer à s'en dégager ? Si la surprise est la manifestation la plus évidente de l'emprise d'un sujet sur un autre, n'est-elle pas aussi l'occasion unique, inespérée de s'en sortir ? Examinons ce qu'il en est de l'emprise et comment la surprise vient peut-être en briser la coquille.

L'EMPRISE

Dans son acception actuelle, l'usage du mot emprise qui dérive du latin *imprendere*, lui-même venant de *prehendere*, « prendre », n'est pas très ancien ; il remonte au XIXe siècle avec un sens moral d'un côté, administratif de l'autre. Au plan moral, c'est l'ascendant qu'un sujet peut prendre sur un autre. Au sens du droit administratif, l'emprise désigne l'action qui permet à l'Administration d'effectuer une « main mise » sur une propriété privée. Il en dérive une autre utilisation dans le domaine des travaux publics pour définir la surface au sol, l'« emprise au sol », occupée par une route ou une voie ferrée et ses dépendances qui sont par le fait de cette emprise assimilées au domaine de la collectivité publique. Ainsi l'emprise revient à aliéner un bien privé pour le mettre au service de la collectivité, à retirer au sujet la jouissance possessive de ce bien. Revenons au plan moral, celui qui nous concerne au premier chef. L'emprise est bien ce qui définit l'ascendant de quelqu'un sur autrui, l'influence que peut avoir une personne ou une chose sur une autre. Le sujet sous emprise perd tout ou partie de sa liberté, de son autonomie : il dépend d'un « objet » extérieur.

C'est avec la psychanalyse que le concept d'emprise connaîtra son succès le plus important. Peu présente dans l'œuvre de Freud, la notion d'emprise a été d'une certaine façon dévoilée grâce aux travaux de Laplanche et Pontalis dès la première édition du *Vocabulaire de la psychanalyse*[3]. Le concept d'emprise, ou plutôt de pulsion d'emprise, y est défini comme une pulsion non sexuelle dont le but est de dominer l'objet par la force. Cependant le statut de la pulsion d'emprise reste ambigu. Cela est probablement dû à la rareté relative avec laquelle Freud lui-même se réfère à ce concept mais aussi au fait que la pulsion d'emprise trouve une place incertaine et fluctuante au sein des deux principales théories des pulsions.

Dans la première théorie, qui oppose les pulsions sexuelles aux pulsions d'autoconservation, la pulsion d'emprise témoigne de la cruauté originaire de l'enfant, cruauté qui n'a rien de sexuel. Au sein du couple activité/passivité, la pulsion d'emprise se situe du côté de l'activité, la musculature apparaissant comme l'organe source permettant l'expression de cette pulsion. Le but de la pulsion d'emprise serait d'abaisser et de dominer l'objet par la violence. Le sadisme ne dérive de la pulsion d'emprise que secondairement lorsque la pulsion sexuelle s'unit à celle-ci. C'est la raison pour laquelle faire souffrir l'objet n'est pas la finalité première de la pulsion d'emprise qui apparaît située tantôt du côté des pulsions d'autoconservation (une sorte de violence fondamentale destinée à assurer la domination de l'individu sur autrui), tantôt du côté des pulsions sexuelles (une violence plus « sexualisée » destinée à assouvir un plaisir sadique).

Dans la seconde théorie des pulsions, qui oppose pulsion de vie et pulsion de mort, la pulsion d'emprise semble hériter d'un statut encore plus incertain. Le sadisme y est rattaché à la pulsion de mort et l'accent est mis plus sur la destruction de l'objet que sur sa domination. Le destin de la pulsion d'emprise semble flotter entre, d'un côté, le rattachement au sadisme et à la pulsion de mort et, de l'autre, la liaison avec la pulsion sexuelle au travers de l'emprise dans l'amour dont le rôle est de parvenir à une maîtrise sur l'objet sexuel permettant l'accomplissement de l'acte. L'emprise apparaît clairement tournée vers l'activité, dirigée sur l'objet là où la maîtrise semble concerner l'excitation pulsionnelle interne au sujet : ainsi dans le jeu de la bobine (voir chapitre I), l'enfant assure son emprise sur l'« objet » (la bobine comme objet externe qui représente l'image de la mère comme objet interne) pour mieux maîtriser ses émotions, en particulier les affects de tristesse dus à l'absence de la mère mais aussi les affects de colère suscités par cette même absence.

Le statut de cette pulsion d'emprise semble manquer de rigueur peut-être parce que Freud ne s'y est pas suffisamment appesanti. Aussi, pendant de nombreuses années, les psychanalystes laisseront dans l'ombre ce concept qui, en revanche, apparaît de toute évidence tenir une place de choix dans les relations humaines.

L'emprise : du côté de l'instinct

Déjà Imre Hermann en décrivant l'« instinct de cramponnement[4] » avait singulièrement compliqué les choses : selon lui, il existe chez le bébé un instinct à prendre, saisir et garder en main. Cet instinct dérive du réflexe de *grasping* (ce comportement automatique de la main du bébé qui serre immédiatement le doigt de l'adulte ou tout objet qui stimule la paume ouverte de sa main), lui-même compris comme le reste phylogénétique du réflexe archaïque correspondant au besoin vital du petit primate de se cramponner aux poils du thorax de sa mère pour être transporté par elle. L'instinct de cramponnement dériverait donc de cette trace phylogénétique et se transformerait peu à peu en « besoin de prendre », besoin d'avoir quelque chose en main*. De là, ce besoin de prendre, de saisir représenterait la base physiologique sur laquelle s'étayerait la « pulsion d'emprise ». Hermann construira à partir de cet instinct puis de cette pulsion de cramponnement une paire pulsionnelle théorique opposant le cramponnement au besoin contraire de « partir à la recherche » donc de s'éloigner, c'est-à-dire tout ce qui est tourné vers l'acquisition de connaissance, de nouveauté, la recherche de l'« objet nouveau ». On discerne aisément dans cette construction ce qui sera décrit ultérieurement avec les travaux de John Bowlby comme « instinct d'attachement ». Mais nous n'en sommes pas là en 1935, et les théories de Hermann trop éloignées des conceptions freudiennes furent quelque peu délaissées. Sans se référer aux travaux d'Hermann, un autre auteur, I. Hendrick, décrit l'« instinct de maîtrise » comme « une pulsion innée de faire et d'apprendre à faire » où domine le plaisir pris à la motricité, à l'activité conduisant à la réussite de l'acte, réussite qui apporte une satisfaction dénuée de toute connotation sexuelle[5]. Agir, produire un acte et le réussir est pour Hendrick source d'un plaisir qu'il rattache directement à la satisfaction de cet « instinct de maîtrise ».

Chez ces premiers auteurs, Hermann et Hendrick, on voit clairement une double opposition sémantique

---

* Voir sur ce thème la discussion concernant le geste de « saisir l'objet » ci-dessous, p. 136.

(renforcée par les effets de traduction) entre instinct et pulsion d'une part, et entre emprise et maîtrise d'autre part, opposition qui laisse de nombreuses zones d'ombre sur ces notions. De l'instinct de maîtrise à la pulsion d'emprise parle-t-on de la même chose ?

Une pulsion d'emprise ?

Le mérite du *Vocabulaire de la psychanalyse* a été sinon de clarifier ce concept, du moins d'apporter des précisions quant à l'usage souvent incertain qu'en fait Freud. En effet, celui-ci réintroduit le sexuel dans les objets sacrés de la pensée, là où Platon plus de vingt siècles auparavant les en avait chassés*. Mais il ne peut le faire qu'en exerçant sur cette pensée une emprise difficilement « pensable » car la surprise du sexuel menace toujours d'effondrement ou de bouleversement ses constructions théoriques. Pour faire du sexuel un objet de pensée Freud recourt à l'emprise, mais de façon récurrente le sexuel cherche à y échapper : cours toujours, tu ne m'attraperas pas ! Le concept dont il a besoin résiste à son emprise. Ce n'est pas tout à fait un hasard si le mot surprise se retrouve dans l'œuvre de Freud essentiellement quand il est question de la relation clinique avec les patientes hystériques et du surgissement de quelque chose de sexuel.

C'est probablement pour sortir d'un tel dilemme que Roger Dorey va disjoindre les termes de pulsion et d'emprise pour décrire la « relation d'emprise », se situant résolument du côté du relationnel. Après en avoir rappelé la place incertaine dans l'œuvre de Freud, « cette pulsion d'emprise, écrit-il, est une notion très ambiguë qui rend compte de l'impasse dans laquelle

* Voir ci-dessous, chap. III.

nous nous trouvons sur le plan conceptuel ». Ainsi « l'emprise est un mode très singulier d'interaction entre deux sujets » dont la spécificité se marque par les trois sens principaux du mot « emprise » : l'appropriation par dépossession de l'autre (le sens administratif de l'emprise), la domination (le sens moral), l'empreinte ou la marque (la trace sur le corps de l'appropriation : mettre la main sur...) qui résulte de la conjonction des deux sens précédents. À quoi sert cette emprise ? Pour celui qui en est l'acteur, cette relation d'emprise consiste essentiellement à assigner à l'objet la place qui lui permet « d'occulter le manque, c'est-à-dire de réduire toute différence ». Et ce qui est d'abord nié, c'est la fonction désirante de l'autre : « Dans la relation d'emprise, il s'agit toujours et très électivement d'une atteinte portée à l'autre en tant que sujet désirant qui, comme tel, est caractérisé par sa singularité, par sa spécificité propre. [...] L'emprise traduit donc une tendance très fondamentale à la neutralisation du désir d'autrui, c'est-à-dire à la réduction de toute altérité, de toute différence, à l'abolition de toute spécificité, la visée étant de ramener l'autre à la fonction et au statut d'objet entièrement assimilable[6]. » Dans le registre pervers, cette relation d'emprise, sous le sceau de la séduction, cherche à marquer le corps de l'autre comme pour nier l'altérité de ce corps étranger, l'empreinte physique sur le corps étant la trace de cette tentative d'appropriation : marque des liens, trace des balafres, tatouage de désignation... Dans la relation d'emprise de type obsessionnel, l'objectif est de détruire l'autre comme objet désirant ; il « doit être impérativement gommé, annulé, néantisé ». Dorey oppose emprise et maîtrise, la première résultant de la volonté d'ignorer ou de dénier le manque, tandis que la maîtrise résulte de sa reconnaissance et d'une tentative pour le surmonter. La relation d'emprise apparaît comme un des aménagements relationnels les plus fréquents et, d'une certaine façon, il y a de l'emprise dans toute relation, finit par reconnaître Dorey. Si le renoncement à la composante pulsionnelle (la « pulsion d'emprise ») facilite la description phénoménologique de l'« emprise », le risque est d'en faire un concept si diffus qu'on se demande où il peut s'arrêter. On est aussi en droit de se poser la même question que pour la relation mère-bébé : qu'est-ce qui peut permettre aux deux partenaires de se dégager de ce type de relation ?

L'emprise : une composante de la pulsion ?

Plus récemment, laissant quelque peu de côté le second dualisme pulsionnel (pulsion de vie/pulsion de mort), Pierre Denis commence d'abord par décomposer la pulsion (essentiellement libidinale) en ce qu'il appelle deux « formants » : un formant d'emprise et un formant de satisfaction. La « pulsion » libidinale serait composée de ces deux formants (ou vecteurs) dont le premier, l'emprise, a pour objectif les conditions d'actualisation et de réalisation de la pulsion, et l'autre, la satisfaction, de répondre plus simplement au but de la pulsion. La pulsion est ainsi comprise comme un vecteur composite, sorte de « diagonale d'un parallélogramme dont les deux côtés, issus de l'angle d'où part cette diagonale, figurent les forces qui le constituent[7] ». L'importance relative de chacun de ces formants ou vecteurs dépendrait de la quantité d'investissements consacrés à l'un ou à l'autre, la pulsion qui résulte de cet assemblage pouvant se désunir en ses composants constitutifs pour n'être qu'emprise (une pensée de type opératoire, suggère Denis) ou recherche absolue de satisfaction (l'hallucination ou l'expérience extatique). D'où proviennent ces « investissements » qui, dans ce modèle, précèdent nécessairement l'émergence de la pulsion elle-même ? Denis ne le précise pas très clairement. En revanche il s'attache à décrire le formant ou le vecteur d'emprise de la pulsion, à travers ce qu'il nomme l'« appareil d'emprise ». De quoi est fait cet appareil d'emprise ? C'est d'abord l'appareil corporel d'emprise, tout ce qui concerne les organes sensorimoteurs, la vision, le toucher mais aussi la motricité ; la main qui conjugue le toucher et la motricité étant l'organe typique par lequel l'appareil d'emprise s'exprime. Par déplacement métaphorique, ne sont plus seulement concernés les organes du corps, mais aussi l'appareil du moi, en particulier la pulsion de savoir. Il n'y a là rien de très nouveau puisque Freud avait déjà décrit la pulsion de savoir comme n'étant « au fond qu'un rejeton sublimé, intellectualisé de la pulsion d'emprise ». Si l'activité, physique ou intellectuelle, reste très naturellement la principale caractéristique de l'emprise, il importe cependant de ne pas méconnaître la valeur de la passivité : à l'emprise agie, Denis oppose en effet l'« emprise en réception », soit la capacité d'être en position de subir l'emprise avec le plaisir à être l'objet d'emprise. Une telle position se rapproche de celle de l'enfant dont Freud souligne le plaisir à être lancé en l'air et rattrapé[8]. Se laisser passivement manipuler par l'autre peut permettre d'avoir indirectement l'emprise sur l'excitation de l'autre, de le regarder s'exciter tout en contenant ainsi sa propre excitation. Avoir l'emprise sur l'excitation de l'objet en feignant de ne rien faire est une des figures les plus puissantes de l'emprise !

Cela conduit directement à une remarque très pertinente de Denis pour lequel le formant d'emprise n'a pas pour seul objectif d'assurer la maîtrise sur l'objet, mais aussi de parvenir à une maîtrise des excitations. Ainsi la composante d'emprise dans la pulsion correspondrait à la recherche de tout ce qui peut faire que l'excitation se maintienne, ne cesse pas, perdure interminablement. Nous rapprocherons cette remarque des conceptions de Laplanche sur les différences existant entre l'instinct et la pulsion[9]. L'instinct, étant au plus proche du somatique et du physiologique, est à la recherche, d'abord et avant tout, de son apaisement, de son assouvissement : son but est d'évacuer la tension. En revanche la pulsion se caractérise par la recherche prioritaire de l'excitation et la poursuite de cette excitation : son but est de conserver la tension, l'excitation. Il y a dans le pulsionnel quelque chose de conservatoire. C'est la différence entre la pulsion sexuelle qui est à la recherche de l'excitation et ce qu'on pourrait appeler l'« instinct sexuel » qui est à la recherche de l'assouvissement (ou encore ce qui oppose l'amour et le coït). Le drame du pulsionnel quand il se conjugue à l'instinctuel est de porter en lui-même sa propre fin puisque l'évacuation de la tension, la satisfaction avec l'assouvissement du besoin menace de faire taire la pulsion, laissant alors l'individu face à un dangereux vide. Si du côté du corporel, de la mise en acte, l'emprise sert à la réalisation de la pulsion, du côté du fonctionnement psychique, la composante d'emprise cherche à contenir la tension, à maintenir l'excitation pour la conserver inchangée, pour la faire interminablement durer et pour n'avoir pas à affronter l'épuisement de l'instinct, c'est-à-dire la menace d'une confrontation au vide, à l'absence, à la perte, au manque qui inéluctablement suivent l'orgasme, la résolution de la tension, l'expérience de satisfaction. Le maintien dans le corps d'une sensation maîtrisée telle que la faim, comme on l'observe chez de nombreuses patientes anorexiques mentales, est une des stratégies d'emprise sur son corps, moyen de garder intacte en soi cette excitation et de ne pas se trouver confronté au risque du vide ou de la dépression*.

---

* Voir ci-dessous, chap. VIII.

Si on distingue ainsi le pulsionnel, dont le but est de conserver la tension, et l'instinctuel, dont le but est d'évacuer la tension, comme le propose Laplanche, une première remarque s'impose : le pulsionnel porte en lui son propre ennemi puisque la pulsion cherche sa satisfaction mais en même temps la redoute comme menace potentielle d'anéantissement, de disparition. La pulsion comporte en son sein une dimension fondamentale d'emprise car « l'emprise ne se décharge pas[10] ». La question se pose alors de savoir comment l'individu peut se dégager d'une telle tendance à l'emprise et s'abandonner à la satisfaction. Ainsi que le souligne Paul Denis, la satisfaction est toujours passive : à l'instant de la satisfaction le sujet se laisse aller, s'abandonne à son objet, renonce à la maîtrise/emprise sur celui-ci. La satisfaction provient de ce moment de bascule où le sujet ne cherche plus activement à prendre son plaisir sur l'objet, mais s'abandonne à lui et laisse s'écouler la tension ; il se laisse prendre par le flot des émotions et des sensations qui l'envahissent. Le prélude à la satisfaction réside d'abord dans ce renoncement à l'emprise, emprise sur l'objet supposé du plaisir mais plus encore renoncement à l'emprise sur sa propre excitation. La satisfaction place le sujet dans un état de passivité et de dépendance où il se trouve en situation d'être le « jouet de l'autre », cet autre de lui-même qui surgit au moment précis de la résolution tensionnelle. Définir la pulsion par la recherche prioritaire de l'excitation et l'instinct par la recherche de l'évacuation de la tension conduit d'autre part à se pencher sur la situation de l'enfant qui n'a pas encore fait connaissance avec l'« instinct sexuel », du fait de son immaturité physiologique ; l'enfant est protégé de cette confrontation à la résolution de la tension sexuelle, à la menace de l'assouvissement orgasmique. Chez lui, le pulsionnel n'a pas à craindre la fin, car le pulsionnel sexuel n'est pas menacé par l'instinctuel. Chez l'enfant l'excitation n'a jamais de fin spontanée, le pulsionnel est souverain. « Il me pousse à bout », disent certains parents qui se trouvent littéralement prisonniers d'une relation de provocation avec leur enfant ; « il ne sait pas s'arrêter », répètent-ils en se sentant piégés dans une relation d'emprise dont seul un châtiment corporel (fessée, gifle...) leur permet de se dégager : l'emprise au corps apparaît alors comme la seule porte de sortie d'une relation d'emprise parent/enfant, la violence physique semblant être l'issue « naturelle » de cette impasse relationnelle où l'excitation croît sans issue apparente. La violence est le produit immédiat de l'emprise, sa face visible quand la face cachée, en amont, réside dans l'impossibilité de trouver une voie de décharge satisfaisante et partagée entre les deux protagonistes.

Emprise et violence

Tous ceux qui ont travaillé sur l'emprise ont bien sûr souligné les liens entre violence et emprise, qu'il s'agisse de la violence physique ou de la violence morale. De quelle nature sont ces liens ? Jean Bergeret parle de la violence fondamentale qu'il assimile à un instinct de survie proche des pulsions d'autoconservation et qui secondairement viendrait étayer la pulsion libidinale[11]. L'emprise dériverait directement de cette violence fondamentale que l'on pourrait rapprocher de l'instinct de conservation des animaux au travers, par exemple, de la défense du territoire : « Ne touche pas à ce sur quoi j'ai mis la main, ôte-toi de mon chemin... » Wolfgang Sofsky adopte un point de vue pas très différent lorsqu'il décrit les divers modes d'expression de la violence. Parlant du massacre, voici ce qu'il dit : « Dans le déroulement de la violence alternent les moments orgiastiques et les arrêts, le répit et l'ivresse. Il faut déguster le triomphe, vérifier le succès de la torture. On accorde une pause à l'agonisant, on reprend soi-même ses forces, avant de se jeter à nouveau sur le malheureux avec d'autant plus de brutalité. C'est ce va-et-vient entre soif de sang et satiété, dépense et satisfaction, qui détermine le rythme du massacre. L'action peut être interrompue arbitrairement, elle peut aussi être prolongée au-delà de la mort. Mais le tueur en éprouve toujours une orgueilleuse satisfaction. Il est tout d'un bloc. La cruauté lui procure une rare sensation de totalité. Il n'a nul besoin de se mettre hors de lui pour se trouver lui-même. Ses actes procèdent de son centre même, du milieu de son corps. Une fois toutes les barrières arrachées, la *conditio humana* est métamorphosée. La distance par rapport à soi-même – ce fardeau qui écrase l'homme – est supprimée[12]. »

Si on s'astreint à ne pas lire ce qui est immédiatement évident, la jouissance sadique de l'acteur du massacre, le second thème qui saute aux yeux concerne le rythme de ce massacre : de quoi s'agit-il alors ? Essentiellement de faire durer le plus longtemps possible, de maintenir l'excitation et par ce « jeu » de yo-yo, ces allers-retours, ces pauses et ces débordements, d'être le gardien de sa propre excitation avec le sentiment (fondé) que cela appartient au sujet, qu'il en est le maître et qu'il se sent enfin « unifié ». Garder l'emprise sur l'excitation, c'est aussi tenter de contrôler la détente, le moment de la satisfaction. La seconde remarque a trait à l'assomption de soi sur l'autre. En effet, l'autre, nié dans son existence, assigné à une place fragmentaire (on dira : celle d'un objet partiel), n'existe plus. Pour le barbare, l'autre n'est plus celui par lequel le plaisir doit passer et la satisfaction provenir. C'est avec sa propre excitation que le massacreur joue, il en est la source, l'origine, il l'entretient, et plus cela dure plus il a le sentiment d'une autocréation. D'où ce sentiment puissant et redoutable d'avoir supprimé la « distance par rapport à soi-même ».

Désormais, au cœur de la violence, l'excitation provient de soi et de soi seulement. L'excitation ne vient plus du dehors, la satisfaction n'est plus dépendante du bon vouloir de l'autre. Alors la « folie d'emprise » se déchaîne : « Si la pulsion se laissait aller à elle-même, elle ravagerait tout par emprise, et politiquement, massivement, elle normaliserait tout par emprise, aux dépens bien entendu de ce qui narcissiquement lui serait nécessaire : l'autre, le juif, le bourgeois, le communiste, la femme, l'homosexuel, etc.[13] »

L'emprise ne recherche pas la satisfaction, au contraire elle s'en méfie ; elle cherche à faire durer le spectacle, à faire durer l'excitation. Seul l'épuisement arrête l'emprise, et non pas le plaisir ou l'apaisement. Notons au passage que l'épuisement est du côté du somatique en miroir à l'emprise au corps du bourreau sur sa victime. À ce point on peut constater que la victime, bien que réduite à n'être qu'un objet fragmentaire et concret, tient aussi sous emprise quelque chose du physiologique de l'acteur : sa corporalité en action, le déchaînement de sa motricité. L'emprise estompe les limites entre sujet et objet, entre soi et autrui, tente de gommer la place de l'autre ; négation de l'altérité, l'emprise permet que s'affirme, tant que dure l'excitation, le triomphe du moi sur le reste du monde.

LA SURPRISE DANS L'EMPRISE

Revenons aux relations mère-bébé. De toute évidence ces relations sont constamment menacées d'emprise : s'il existe une « relation d'emprise », c'est bien celle qu'on peut voir entre une mère et son bébé. Qu'il s'agisse de l'appropriation du corps de l'autre ou de la négation de son altérité, l'emprise est à l'œuvre dans l'interaction mère-bébé ; la mère ressent le corps de son bébé comme le sien, les besoins de son bébé comme les siens. Nulle différence entre les deux partenaires, du moins au début de la vie du bébé. Quand Winnicott décrit cette « préoccupation maternelle primaire », c'est bien de cette emprise de l'un sur l'autre qu'il est question : la mère est possédée par le sentiment subjectif des besoins de son bébé et y répond par anticipation, comblant ces besoins avant même que le bébé n'ait pu faire l'expérience d'un manque. La mère s'abandonne à cette possession : elle accepte d'être « aliénée » par son bébé (au sens le plus étymologique du terme « aliénation » : ne plus s'appartenir mais devenir la possession d'un tiers, comme un « bien aliéné »). Cette période d'abandon de la propriété de soi succède à la brève période de doute qui caractérise le « baby-blues », la phase de dépression transitoire qui survient deux/trois jours après l'accouchement et ne dure que quarante-huit à soixante-douze heures. Ce « baby-blues » permet précisément à la mère, à travers le doute qui l'assaille alors sur ses compétences à être une bonne mère, de trouver les « réglages » lui permettant d'« être avec son bébé » et d'accéder assez rapidement au sentiment qu'elle va pouvoir y arriver. Dans cette adaptation au bébé, l'entourage joue un grand rôle, aussi bien les proches (le père de l'enfant, les parents de la mère et surtout sa propre mère, la famille élargie) que les professionnels tels que les sages-femmes, les puéricultrices, les médecins, gynécologue ou pédiatre, etc. Après cette phase de doute initial, la jeune mère « sait » désormais qu'elle est capable de s'adapter aux besoins de son bébé et elle tire de ce « savoir » une confiance suffisante qui lui permet d'être à peu près sûre d'elle-même devant les diverses manifestations de son bébé. La mère « sait[14] » et elle s'empresse de satisfaire ce besoin.

Les observations directes des interactions mère-bébé, en particulier toutes les données qui ont été obtenues grâce à l'utilisation des enregistrements magnétoscopiques, ont montré de leur côté combien les mères s'ajustaient de manière extrêmement fine et précise aux diverses conduites de leur bébé et combien les bébés étaient eux-mêmes doués d'une étonnante compétence pour imiter leur partenaire proximal, la mère le plus souvent puisque dans la grande majorité des cas c'est encore la mère qui est auprès du bébé pendant les toutes premières semaines de sa vie. Une remarque cependant s'impose. La mère ne fait pas qu'imiter son bébé comme le ferait un miroir ou l'écho sonore renvoyant très exactement les gestes, les mimiques, les bruits, les lallations du bébé. Elle imite certes mais elle commente, elle amplifie, elle complète, donnant à la fois un rythme et un sens à l'ensemble du comportement du bébé. En décrivant le phénomène de l'accordage affectif, Stern a montré que les mères transcrivent d'une certaine façon l'imitation du bébé en quelque chose qui est de l'ordre d'un « sixième sens », le sens commun d'Aristote, restituant au bébé une sorte de profil d'activité, de rythme de la gestualité, ce que Stern appelle les « affects de vitalité[15] ». Cet accordage affectif correspond à ce moment particulier pendant lequel la mère et le bébé exécutent de concert un comportement qui traduit le partage d'un état affectif sans pour autant qu'il s'agisse d'une imitation stricte. En effet l'imitation est « transmodale », c'est-à-dire que son canal utilisé pour traduire le comportement ou l'état affectif présumé de son nourrisson est différent de celui utilisé par ce dernier. Par exemple le bébé agite ses bras sur un certain rythme (canal moteur) et la mère, en accordage, module sa voix sur le même rythme que les mouvements des bras. Ou encore le bébé grimace et le bras de la mère se contracte au rythme des grimaces du bébé.

L'imitation traduit essentiellement la forme tandis que l'accordage traduit un équivalent de l'affect, de l'émotion à travers la reproduction par la mère des variations tensionnelles dans leur configuration cinétique (la vitesse des variations, c'est-à-dire la pente de la courbe) et dans leur aspect rythmique (la morphologie des oscillations, c'est-à-dire la forme de la courbe). La qualité d'un accordage se juge donc essentiellement sur des valeurs liées à la temporalité puisque Stern prend en compte le rythme absolu, le profil d'activité, la pulsation temporelle, le rythme lui-même, la durée et enfin la forme.

On remarquera que seule cette dernière catégorie, la forme, n'est pas directement liée au déroulement séquentiel, rythmique et temporel. Ces moments d'accordage, toujours relativement brefs, se produisent lors d'un rapproché physique mère-bébé et participent au développement de l'échange affectif, de la capacité d'empathie et finalement de l'identification et de la reconnaissance des affects au sein d'un profil d'activité et d'un échange interpersonnel. Dans leur aspect le plus typique, ces accordages apparaissent quand le bébé est âgé de trois/quatre mois et durent jusqu'à l'apparition du langage. Ils coïncident très exactement avec la période des jeux de chatouilles, de tromperie et de fausses expressions émotionnelles.

Cependant, en deçà de ce phénomène, l'imitation mère-bébé présente aussi très tôt des caractéristiques propres. On sait désormais que, dès la période néonatale, le bébé est pourvu d'une capacité précoce à produire des imitations de mimiques faciales[16], ce qui entraîne souvent un comportement d'imitations réciproques puisque, devant ce qu'elle perçoit à juste titre comme une reconnaissance d'elle-même en tant que mère, cette dernière produit à son tour une imitation des mimiques de son bébé, l'interaction conduisant non seulement à l'imitation croisée telle qu'on peut l'observer, mais plus encore à un sentiment *subjectif et puissant de reconnaissance mutuelle.*

Toutefois ces imitations sont complexes. Nous avons en effet procédé à un double enregistrement magnétoscopique de dyades mère-bébé en interaction réciproque face à face, les bébés étant âgés de deux mois (plus ou moins une semaine)[17]. Lorsqu'on regarde en concordance temporelle exacte le comportement des mères et celui de leur bébé, il arrive parfois de saisir la séquence complexe suivante : dans sa gestualité souvent un peu anarchique, le bébé lève un bras (par exemple le droit) ; quatre dixièmes de seconde après, la mère lève le bras qui est en vis-à-vis (c'est-à-dire son bras gauche) – donc la mère imite son bébé « comme un miroir » ; mais quatre dixièmes de seconde plus tard, la mère, le bras levé, fait un geste supplémentaire : elle produit de petits mouvements comme si elle faisait des marionnettes, mouvements dits de prono-supination ; elle n'imite donc pas simplement son bébé, elle « en rajoute » ; et chose très étonnante, quatre dixièmes de seconde plus tard, le bébé imite sa mère, c'est-à-dire qu'il ébauche un mouvement de prono-supination : cette fois c'est lui qui imite sa mère. On ne sait pas si ce mouvement est conscient chez le bébé, il ne nous le dit pas. Mais la mère elle-même n'est pas consciente de cette séquence ni de l'imitation qu'elle vient de produire ; c'est un peu comme si mère et bébé étaient tous les deux réglés sur un rhéostat commun et qu'il y avait entre eux une *emprise mutuelle inconsciente.* D'un point de vue finaliste et adaptatif, on peut comprendre cette séquence de la manière suivante : le bébé *ne sait pas* qu'il a levé un bras, il n'a pas conscience de ses gestes ; la mère lève le bras et le montre à son bébé (geste de prono-supination) ; on peut émettre l'idée qu'elle lui dit par ce geste supplémentaire : « Regarde, bébé, tu viens de lever ton bras ! » ; ce à quoi, par son imitation du geste de prono-supination de sa mère, il lui répond : « D'accord, maman, j'ai vu que tu as levé ton bras et je me rends compte que le mien aussi est levé. » Cette imitation complémentaire et croisée préparerait la prise de conscience de son geste par le bébé, et plus largement la prise de conscience de l'image de son corps.

Ce n'est pas parce qu'elle est apparemment silencieuse que cette emprise entre la mère et le bébé n'en est pas moins extrêmement puissante. Comment alors les deux partenaires peuvent-ils s'en dégager, et pourquoi faut-il s'en dégager ?

Revenons à Winnicott. Quand la mère a pu, le temps suffisant, se laisser prendre par cette préoccupation maternelle primaire, vient un moment où elle commence à désirer sortir de cet état d'aliénation relative. Elle passe alors de l'état de « préoccupation maternelle primaire » à l'état de « mère suffisamment bonne ». Que veut dire Winnicott par cette dernière expression ? Il signifie par là qu'après cette phase où la mère n'a d'autre visée que de satisfaire aussi exactement et aussi adéquatement que possible les besoins de son bébé, elle accepte peu à peu l'idée de ne pas pouvoir être en situation de toujours combler ce bébé ; elle accepte l'idée de lui faire défaut au moins de façon temporaire. Petit à petit d'ailleurs la mère va montrer à son bébé qu'elle n'est pas à son entier service et qu'il y a dans le monde d'autres personnes qui comptent aussi : ses frères et sœurs, son père, ses amis à elle, etc. Ce changement d'attitude survient en général quand le bébé est âgé de deux/trois mois, c'est-à-dire au moment où apparaissent ses premières conduites d'anticipation. C'est alors qu'elle va imposer à ce bébé des petites frustrations en lui demandant d'attendre (parce que le biberon n'est pas encore prêt, que le bain est trop chaud, etc.). Le bébé doit attendre et, à travers cette attente, il prend peu à peu conscience que son désir rencontre celui de l'autre, plus encore même que son désir dépend aussi du bon vouloir de l'autre. Un premier « tiers » s'interpose dans la dyade mère-enfant, la temporalité, et avec elle le rapport au monde, c'est-à-dire la contrainte de la réalité : il est parfois nécessaire d'attendre pour que les choses se réalisent. Toutefois quand les conditions sont satisfaisantes, ce temps d'attente n'excède pas les capacités de tolérance du bébé, car un tel excès pourrait provoquer chez celui-ci un état de désorganisation. D'une certaine façon, en imposant à son bébé ces petites frustrations, la mère se dégage elle-même partiellement de l'emprise qu'elle subit. En revanche on peut raisonnablement émettre l'hypothèse que cette attente ne fait qu'accroître l'emprise de la mère sur son enfant : tendu par son besoin/désir, l'enfant est tout entier sous l'emprise maternelle. Comment le bébé peut-il se dégager de cette emprise ?

Les jeux de surprise et de tromperie, les jeux de chatouilles, de petites bêtes qui montent, de coucou, de marionnettes, etc., apparaissent le plus souvent dans le cours du second trimestre de vie du bébé, quand les conduites anticipatrices de ce dernier se sont bien installées, et ces jeux durent jusque vers la fin de la deuxième année pour prendre ensuite d'autres formes avec l'apparition du langage. Ces jeux s'observent donc tout particulièrement pendant la période élective des accordages affectifs décrits par Stern. Dans les tout premiers mois de vie de son bébé, la jeune mère, prise par sa préoccupation maternelle primaire, ne joue pas avec lui, elle le comble, le nourrit, le soigne, le touche avec une relative prudence. Elle est habitée du sentiment de fragilité de son bébé et elle le « manipule » avec une extrême précaution. Puis peu à peu elle prend de l'assurance, son bébé lui répond par ses anticipations motrices, il devient un partenaire relationnel avec lequel on va pouvoir, aussi, s'amuser. C'est alors que les premiers jeux de coucou, de chatouilles surviennent, d'abord prudents, puis leur rythme va vite aller en s'accélérant, le plaisir jubilatoire des deux partenaires devenant de plus en plus manifeste. On a vu (p. 38) qu'au cours du deuxième trimestre une modification essentielle surgit : la chatouille, la stimulation tactile, n'est plus le facteur unique qui déclenche l'excitation et le rire. Désormais c'est dans la phase précédant la chatouille que l'excitation monte : la mère propose des règles, le bébé attend et anticipe quand il a compris la règle, puis la mère le surprend, le trompe et en rit. Le bébé s'est fait avoir ! Alors mère et bébé se regardent puis ils se serrent l'un contre l'autre en riant de la farce partagée. Nous nous sommes demandé si les jeux de chatouilles et les tromperies qui l'accompagnent ne servent pas surtout à ce que l'excitation liée au temps de l'attente soit investie d'une qualité rendue tolérable par la promesse de la surprise, l'anticipation de la résolution tensionnelle et les retrouvailles jubilatoires qui en résultent.

Quand la mère joue à la petite bête qui monte, qu'elle crée des règles, qu'elle stimule l'excitation et l'attente de son bébé, puis que, soudain, elle le « prend par surprise » en lui disant avec de la jubilation dans la voix : « J' t'ai eu ! », elle se laisse aller à la jouissance d'une totale possession : son bébé lui appartient, elle en fait « ce qu'elle veut ». Mais dans le mouvement même de cette surprise, elle montre à son bébé cette possession et quand elle le trompe elle lui donne les clefs pour mieux appréhender les enjeux de la relation. Que voulons-nous dire ?

Lorsque la mère surprend son bébé, elle crée un écart entre elle et lui. À travers ce « j' t'ai eu ! », elle possède son enfant qui subit de plein fouet l'apparente emprise de la relation. « Se faire avoir » représente de façon typique le risque encouru par celui qui subit l'emprise de l'autre. La surprise entre mère et bébé fonctionne ainsi comme un révélateur de l'emprise relationnelle entre les deux partenaires de la dyade. Mais à l'instant précis où la mère surprend son bébé, elle introduit par cet effet de surprise un facteur de *différenciation* entre eux. Surpris par sa mère, le bébé peut prendre conscience qu'il n'est pas elle, il s'en différencie. Lorsque la mère dit à son bébé : « J' t'ai eu ! », elle objective l'emprise qu'elle exerce sur lui et lui permet aussi par cette prise de conscience subjectivante transitoire de s'éprouver puis de se penser comme différent. Ainsi la surprise fonctionne comme le marqueur de l'emprise de l'autre sur soi, mais en même temps, en actualisant cette emprise à la conscience, en l'extirpant du non-pensé ou de l'impensé, la surprise représente la condition par laquelle le sujet peut commencer à penser cette emprise et par conséquent à développer les stratégies pour s'en dégager. Révélateur et témoin de l'emprise, la surprise libère la pensée de l'objet-cible et lui offre les moyens d'un dégagement de cette emprise. Par l'emprise éphémère qu'elle produit sur celui qui en est l'objet, la surprise permet un instant à cet objet de se dégager de l'emprise de l'autre.

Enfin, une dernière remarque. Le bébé est surpris, il regarde sa mère d'un air un peu perplexe. C'est alors qu'elle rit puis le serre contre elle en l'embrassant tout en riant et se moquant gentiment de lui. Ainsi la mère érotise ce paradoxe de la relation humaine : le plaisir vient le plus souvent de l'autre et il impose au sujet, en situation de passivité, d'accepter de « se faire avoir » d'une part ; d'autre part, c'est au moment où le sentiment d'unité entre soi et l'autre (l'excitation qui précède l'irruption de la surprise) est particulièrement intense que l'expérience de la différence (le surgissement de la surprise elle-même) entre soi et l'autre les rattrape et les surprend. Cette érotisation du lien ne préfigure-t-elle pas le lien d'amour ? Ce n'est pas un hasard si Éros est le petit-fils de Métis ! Il y a dans cette séquence comme une énigme sur laquelle nous reviendrons au chapitre V. Les jeux de surprise et de tromperie entre mère et bébé apparaissent comme une métaphore de scène sexuelle : deux partenaires très proches l'un de l'autre s'excitent ensemble, partagent intensément des émotions, puis soudain au paroxysme de l'excitation, au moment où celle-ci pourrait devenir insupportable, une surprise surgit qui « prend au dépourvu » le sujet, le place en situation de passivité par rapport à l'autre. Dans la même seconde, il éprouve à la fois une fondamentale altérité et une profonde communion. L'acmé du plaisir semble toujours venir de l'extérieur, ne pas dépendre de soi : le sujet n'en a pas la maîtrise. Il doit accepter l'idée (scandaleuse au fond) que la jouissance vient toujours de l'autre au moment précis où il prend le risque de « se laisser aller et se faire avoir ». La satisfaction est toujours affaire de passivité, la jouissance expérience d'altérité. Avec l'apparition du langage, les jeux de surprise et de tromperie changent, mais beaucoup d'auteurs ont mis en lumière la signification sexuelle plus ou moins masquée des nombreuses comptines, contes, chants ou récits proposés à l'enfant. Contentons-nous de citer à titre d'exemple, car ce n'est pas notre propos, l'histoire du Petit Chaperon rouge ou la chanson *Savez-vous planter les choux ?* La signification sexuelle « préconsciente » de ces « histoires », où surprises et tromperies font le piment du scénario, étaye l'hypothèse que les jeux de surprise entre la mère et son jeune bébé participent de cette même sexualisation préconsciente qui baigne toutes les relations du petit d'homme avec son entourage.

Pourquoi est-il souhaitable et même nécessaire que mère et enfant se dégagent de leur emprise réciproque ? La réponse tient dans la forme que prend l'emprise quand les deux partenaires ne peuvent ou ne souhaitent pas s'en dégager : la violence. Si la séduction allume le feu de l'emprise, la violence est le combustible qui l'entretient. Pour un enfant, ne pas pouvoir se dégager de l'emprise dans laquelle le tient l'un de ses parents le pousse nécessairement sur les voies de la violence, violence extériorisée ou retournée contre lui. Le maintien de l'emprise conduit à la haine, qui est une « colle » mille fois plus puissante que l'amour. Dans la haine il ne peut y avoir de renoncement car la haine résultant de l'emprise ne connaît ni la satisfaction ni la résolution de la tension. « Lorsque s'installe la haine, l'objet n'est plus qu'objet d'emprise et cesse d'être objet de satisfaction. L'homéostasie du moi se fonde alors uniquement sur la volonté de maîtrise de cet objet et non sur la satisfaction pulsionnelle », écrit Denis, qui ajoute un peu plus loin : « Lorsque devant la montée de l'excitation, l'expérience de satisfaction n'intervient pas, l'emprise et les investissements des éléments perceptifs et moteurs qui lui sont liés s'exacerbent ; la montée de l'excitation nécessite le redoublement de l'effort d'emprise car celle-ci n'a pas l'érogénéité qui suffirait à son propre apaisement ; l'emprise ne se suffit pas, ne se "déchargeant" pas ; au contraire les conduites d'emprises se "chargent" d'un investissement de plus en plus violent[18]. » L'emprise appelle l'emprise et l'excitation cumulée devient violence. La clinique nous montre les formes que peut prendre cette « violence d'emprise » chez l'enfant. Nombre de psychoses de l'enfant s'inscrivent dans un tel schéma, nous le reverrons ; nombre de conduites intrafamiliales de « provocation » entre enfant et parent(s) aussi. Ainsi, on l'a évoqué, de ces enfants « qui ne savent pas s'arrêter » ou qui « nous poussent à bout », disent les parents. Et quel est ce bout ? Habituellement un acte de violence parentale sur le corps de l'enfant dont l'intensité va dépendre de la violence des émotions contenues pendant la montée de l'excitation. En miroir d'ailleurs de cette violence extériorisée, l'un des parents (ou les deux) éprouve(nt) un vécu de contrainte interne qui lui (leur) fait perdre une partie de sa (leur) capacité de contrôle – « C'est un véritable harcèlement », disait un parent pris dans ce type de relation avec son fils. La surprise dans l'interaction vient comme un dissolvant de l'excitation interactive parent-enfant et son modèle est celui des jeux de surprise auxquels le petit enfant a pu jouer dans les premières années de sa vie. C'est aussi ce que font naturellement les parents et les enfants quand ils ne sont pas pris dans ces relations de provocation où l'affrontement et la mesure de l'emprise réciproque que chacun exerce sur l'autre semblent être le thermomètre de la relation : ils inventent quelque chose qui « distrait » l'autre, qui « détourne son attention », qui parfois même le « fait rire », en un mot qui *le trompe.* L'humour est ce qui, passé l'âge des premiers jeux interactifs, introduit le décalage et permet de se sortir d'une impasse relationnelle dans laquelle l'emprise risque d'enfermer les deux partenaires. Les chemins de Métis, bien que chemins de traverse, sont seuls à même de conduire à bon port.

Effet de bouclage et d'autorenforcement : pouvoir se désengager de la relation d'emprise conditionne le recours possible à ce jeu relationnel où une distance protectrice pour l'un comme pour l'autre peut être prise ; mais en même temps, ce recours au jeu dans la relation est ce qui permet le désengagement. Mais comment ?

SURPRISE, TROMPERIE ET MANQUEMENT MATERNEL

Nous avons attiré l'attention, dans la description des jeux de surprise entre la mère et son jeune enfant, sur la fréquence de la tromperie (créer une règle puis, quand celle-ci semble être acquise par le bébé, le « tromper » en violant la règle) et des expressions de faux affects : fausse gronderie, faux dégoût, fausse colère, fausse agressivité, faux étonnement, etc. Pourquoi les mères s'adonnent-elles toutes – sauf rares exceptions – à ce théâtre des émotions humaines avec leur bébé ? Pourquoi jouent-elles de cette palette d'émotions feintes ?

Pourquoi les mères aiment-elles tromper leur bébé ? Est-ce simplement pour lui apprendre ce que sont les émotions et la manière de les exprimer ? Mais alors pourquoi feindre celles-ci : le « mensonge » serait-il la forme privilégiée des affects et des émotions, et n'y aurait-il jamais de sincérité possible dans ce champ si fluctuant, variable, incertain ? Ne serait-ce pas plutôt que la surprise et la tromperie apportent une autre dimension car elles introduisent un effet de décalage dans la relation, décalage caractéristique de ce que nous avons appelé le manquement maternel.

Pour caractériser la relation mère-enfant et plus généralement les relations du petit d'homme avec son entourage, beaucoup de choses ont été écrites sur l'absence et sur le manque, généralement confondus. L'absence confronte le jeune enfant à une situation de manque, laquelle éveille en lui des affects divers : souffrance, colère, inquiétude, peur, désarroi... Pour tenter de maîtriser ces émotions douloureuses, le jeune enfant développe des stratégies mentales qui souvent tournent autour de la maîtrise et dont le jeu de la bobine représente l'illustration paradigmatique (dont on a parlé au chapitre I). D'où une conceptualisation très répandue qui veut que la pensée trouve son origine dans l'absence. Position éminemment paradoxale, une telle hypothèse ne tient pas devant les réalités cliniques : celles-ci nous montrent de façon répétitive et hélas inéluctable que les situations où le jeune enfant est confronté à un manque profond et durable aboutissent toujours à des états psychiques plus ou moins profondément déficitaires. Faire du manque et du manque seul l'origine de la pensée constitue une pirouette épistémique séduisante par son effet de paradoxalité (le paradoxe est une des figures de la rhétorique les plus prisées des intellectuels), mais qui conduit les conceptions psychodynamiques du développement psychique de l'enfant dans une impasse*.[19]

Revenons au manque et à l'absence : avec la notion de temps circulaire, nous montrerons que ce n'est pas sur l'absence mais sur l'alternance de la présence et de l'absence que les prémisses de la pensée peuvent s'étayer (voir chapitre VI). Cette alternance crée les conditions

* L'idée que la pensée trouve son origine dans le processus hallucinatoire, lui-même en lien avec l'« absence de l'objet du désir », est une idée fausse, nous l'avons critiquée à plusieurs reprises. Halluciner n'est pas penser, même si à l'évidence l'hallucination traduit bien une activité psychique, pour ne pas dire neuro-synaptique (l'efficacité des médicaments psychotropes dits « neuroleptiques » ou « antipsychotiques » en constitue la preuve indirecte). Mais penser est autre chose (et là encore l'effet des neuroleptiques ou des antipsychotiques est intéressant à prendre en compte puisqu'ils ne semblent pas avoir d'effet majeur sur la pensée, même s'ils en ralentissent quelque peu le débit : les patients continuent d'avoir une pensée, certains même exprimant ce fait essentiel qu'avec « le médicament ils se sentent un peu assommés mais qu'ils peuvent penser et non plus délirer »). En réalité la confusion provient de l'« hallucinatoire » dans le rêve : incontestablement le rêve réalise une activité hallucinatoire, que Freud décrira essentiellement comme une « réalisation hallucinatoire d'un désir ». Pour les psychanalystes s'intéressant au développement de l'enfant, cette réalisation hallucinatoire du désir au cours du rêve est devenue le *deus ex machina* rendant compte de toute la suite. Mais c'est oublier que le rêve repose d'une part sur des « traces diurnes » (qui certes sont vite oubliées par le théoricien car elles témoignent des restes de l'activité vigile consciente, c'est-à-dire de tout ce qui fait obstacle sur le chemin de l'inconscient) et que d'autre part le rêve répond à un travail de transformation, de déguisement, de masque, de tromperie, de faux-semblant, véritable travail de la Métis individuelle interne qui s'éveille quand le sujet dort. Les « restes diurnes » ne peuvent être gommés d'un coup rageur : la réalité est bien là. Le rêve serait-il possible s'il n'y avait pas une trace diurne ? Autrement formulé, pour rêver il faut d'abord avoir vécu, avoir éprouvé, vu, senti, touché, entendu, goûté une chose ou une autre. Peut-on rêver avant que notre cerveau, notre machine cérébrale se soit imprégnée de diverses perceptions ? Par ailleurs d'où vient ce travail de transformation, de dissimulation onirique ?

d'*une attente* qui est bien différente de l'absence : l'attente nécessite une présence préalable, une expérience antérieure sur lesquelles elle s'appuie. Sans cela, l'absence est vide, néant, non-pensée. L'attente est l'aiguillon de la pensée. Le temps circulaire inscrit la dimension de l'attente dans le fonctionnement psychique* et la trace comportementale de cette capacité émergente d'attente s'observe dans les gestes et attitudes d'anticipation qui apparaissent vers la fin du premier trimestre de vie du bébé. C'est la période où la mère se met à jouer de plus en plus avec son bébé à ces jeux de surprise et de tromperie.

À côté du manque et de l'absence, la surprise introduit un autre paramètre lié celui-ci à la présence, c'est celui du défaut ou du manquement. En surprenant son bébé, la mère introduit un écart entre les deux partenaires : la main qui chatouille, la main marionnette qui attire l'attention, le hochet qui surgit soudain ne viennent pas là où ils le faisaient auparavant. La main de la mère n'est pas exactement là où elle est attendue, *elle est juste à côté*, mais ce décalage est essentiel. Cette surprise créée par l'écart entre ce qui est attendu et ce qui advient provoque la première fois un effet de sidération, nous dirons un effet de séduction (voir p. 105), qui est aussitôt suivi par le rire et les embrassades maternelles. Le bébé se laisse alors aller à cette intrusion, cette captation par l'autre, cette mère si attirante, et il en redemande. Bientôt il dira : « Encore ! » C'est alors que le jeu recommence : la mère suscite des attentes puis, quand le bébé a compris le jeu, elle le surprend et le trompe. Désormais ce n'est plus la chatouille elle-même qui semble être le stimulant le plus important, c'est cet effet de décalage : le bébé s'excite à tenter de comprendre (penser) le rythme et l'espace du jeu dans un climat de partage affectif intense. La surprise ponctue la séquence avec pour

* On le verra au chapitre VI, p. 126.

final les retrouvailles au moment même où le bébé a été trompé. Grâce à la surprise, l'écart entre ce qui est attendu et ce qui advient est en lui-même investi d'une qualité positive et l'excitation peut conduire à la satisfaction, même si la réalité n'est pas rigoureusement analogue à ce qui était attendu. Cet écart n'est pas que déception, il peut aussi être source de plaisir. Ainsi il n'est pas seulement rassurant de penser pour combler le manque et l'absence dans l'entre-deux de l'attente – cette pensée tournée du côté des traces mnésiques, de la mémoire est au fond une pensée douloureuse et « déprimante » puisqu'elle est en lien avec la perte –, il peut aussi être jubilatoire de penser, car l'attente d'une surprise est excitante : la pensée n'est pas seulement douleur à penser, elle devient plaisir à penser quand elle se tourne du côté de l'excitation liée à l'attente de l'écart imposé par l'autre. L'écart ainsi investi ouvre la tenaille de l'emprise.

Mais pourquoi la mère prend-elle ce risque de surprendre et de tromper son bébé ? Pourquoi introduit-elle cet écart à penser et pour penser entre les deux partenaires d'une dyade qui en apparence ne demande qu'à continuer dans la voie de cette symbiose ? En surprenant son bébé la mère s'amuse (jouit ?) de voir dans le regard de celui-ci un moment fugace de *saisissement*, de perplexité au cours duquel elle lui « dit » : « Tu vois, l'autre n'est pas toujours là où on l'attend, il est souvent à côté, ailleurs, autrement... mais tu peux aussi y prendre plaisir et même en jouir car c'est de la perception de cette différence que peut surgir une rencontre... » Par la surprise, la mère introduit du tiers dans la relation mère-bébé, ce tiers qui vient d'ailleurs. En acceptant de prendre le risque de faire défaut à son enfant, la mère ouvre une brèche dans l'emprise dyadique. La mère ne peut s'autoriser ces manquements que si, elle-même, ne se sent pas totalement comblée par son bébé ; certes ce bébé lui apporte beaucoup, mais pas tout. Si dans les premières semaines de vie de son bébé, elle a vécu un intense sentiment de complétude, si elle a eu comme seule préoccupation de combler son bébé, en revanche vient un temps où la mère ne masque plus totalement la femme et où cette dernière réclame son dû. Désormais la femme/mère joue avec son bébé et en jouit avec en tête l'image d'un tiers : le géniteur, un de ses ascendants... Elle jouit de posséder fugacement cet autre, figuré par le bébé qu'elle tient entre ses mains. Dans l'interaction de jeu, cet autre, c'est l'« autre » de la mère, celui qu'elle attend, auquel elle pense en regardant son bébé, cet autre dont le bébé n'est qu'une incomplète reproduction : elle cherche dans les traits de ce bébé ce qui ressemble à l'« autre » mais aussi ce qui fait la différence. Il y a en elle place pour une autre attente, pour un autre : par ses propres manquements la mère montre à son bébé qu'elle peut aussi lui faire défaut. Elle joue de cette différence, elle séduit puis excite son bébé, et quand l'excitation menace d'être excessive, traumatique, alors elle ponctue la séquence par une dérobade, une surprise, une tromperie. Alors, la mère jouit d'« avoir » son bébé (le lecteur peut donner à cet « avoir » toutes les significations qui lui plairont) après lui avoir ainsi manqué. Quand la mère surprend et trompe son enfant, elle lui dévoile un coin de sa propre jouissance et elle prend le risque de voir un tiers s'installer entre eux, mais c'est ce tiers qui les libérera de la symbiose et de l'emprise. Si la surprise crée l'écart à penser, la montée préalable d'excitation avec la séduction qui l'accompagne placent l'enfant devant une énigme à résoudre.

L'EMPRISE DANS LA TRAGÉDIE, LA SURPRISE DANS LA COMÉDIE

La surprise est ce qui permet aux protagonistes de se dégager de l'emprise. Sans Métis, on se retrouve dans le domaine de l'affrontement, de la provocation. Métis permet de trouver la feinte, la ruse, le détour, la pirouette qui redonne à chacun sa liberté d'action. Par l'effet de saisissement qu'elle produit, la surprise offre l'occasion d'une prise de conscience, chez celui qui en est l'apparente victime, de l'écart existant entre lui-même et autrui. Si dans une première approximation le sujet a toutes les raisons de craindre l'irruption de la surprise, un examen plus attentif des conditions et des conséquences de la surprise montre l'ambiguïté profonde de cet instant. L'effet de saisissement provoque un vécu temporaire de subjectivation qui s'adosse à l'éprouvé de différenciation, car la surprise vient toujours du « dehors » ou plus exactement de l'altérité (la surprise pouvant ultérieurement provenir de ce qui est à l'intérieur de soi mais dont le sujet ne se savait pas ou ne se croyait pas le dépositaire : encore faut-il pour qu'il y ait surprise que le sujet accepte le risque de laisser aller ses états internes). Non seulement la surprise ouvre la circularité du temps (par opposition au temps circulaire des premières divinités Ouranos et Kronos – voir chapitre III), mais elle donne à l'humain les conditions de sa liberté : c'est toute la différence entre la tragédie et la comédie.

Dans la tragédie, les héros ne sont pas libres ; prisonniers de leur destin, ils s'y dirigent inéluctablement, ils sont les marionnettes d'un spectacle divin dont ils ignorent la scène. Que le tireur de fils soit un dieu ou un sentiment (par exemple l'amour) ne change rien à l'affaire. L'être humain ne s'appartient pas, il est sous emprise et rien ni personne ne peut l'en dégager : nulle surprise à attendre. La tragédie ne supporte pas la surprise, c'est même ce qui fait le ressort du tragique. Le héros, quoi qu'il fasse, avance inéluctablement vers l'échéance prévue dès l'ouverture du rideau. Dans l'*Andromaque* de Racine, si les héros ne sont pas entre les mains des dieux, ils sont cependant prisonniers de leur amour inflexible : Andromaque pour Hector, son mari mort, Pyrrhus pour Andromaque, Oreste pour Hermione – seule celle-ci hésite entre le devoir filial (épouser Pyrrhus comme son père le lui impose) et son attrait pour Oreste. Nulle tentative de ruse ou de tromperie, seule la supplication et, à défaut, l'affrontement constituent les ressorts du tragique. Seule la mort, et non la vie, apparaît comme l'issue inéluctable. « Racine restaure la tragédie pathétique et tragique des Grecs, mais le tragique moderne ne saurait avoir pour ressort la fatalité antique à laquelle ni Racine ni ses spectateurs ne pouvaient croire. Racine a besoin de mettre en œuvre une force irrésistible venue des profondeurs obscures de l'âme humaine et qui échappe au contrôle de la volonté et de la raison. Ainsi ni Pyrrhus, ni Hermione ne sont maîtres de leur sort, et leur condition est tragique[20]. » La tragédie meurt de la surprise car celle-ci donnerait aux héros la dimension subjectivante suffisante et nécessaire pour permettre la prise de conscience de leur état de possession, de dépendance. Ils risqueraient alors de se rebeller et de s'en dégager. Les héros pourraient échapper à leur destin : c'est la tragédie qui courrait à sa perte et non plus les héros. Glacés par ce destin, les spectateurs, sidérés ou fascinés, restent silencieux ; ils sont extérieurs à la scène, comme étrangers et les bruits venant des gradins semblent inconvenants.

Contrairement à la tragédie, la comédie se nourrit de surprises et de tromperies. « La farce y est représentée par le comique des gestes et le comique des mots [...], le comique de situation a aussi sa place : les quiproquos, les rencontres inattendues, les oppositions cocasses abondent ici et *par trois fois la même supercherie se répète, mais toujours de manière différente*[21]. » La structure de la surprise est bien là. Cette surprise donne aux personnages (et non plus aux héros) leur humanité, cette humanité dont les spectateurs peuvent rire car proche d'eux-mêmes. Les gradins sont bruyants, ils communient avec la scène et les acteurs : le comique se meurt du silence de la salle. Ce partage d'émotions permet non seulement de rire de soi-même, mais plus encore de prendre conscience de ce qu'on cherche à ignorer de soi : le rire et la surprise réintroduisent la relation humaine.

CHAPITRE V

Séduction, énigme et surprise

Si la violence est le combustible qui entretient l'emprise, la séduction est l'étincelle qui en allume le feu, comme nous l'avons vu au chapitre précédent. Séduire l'autre, c'est l'emmener dans des chemins de traverse, l'attirer à soi ; être séduit, c'est accepter de se laisser mener, conduire là où seul l'autre, pensons-nous, connaît le chemin. Pourquoi acceptons-nous de nous laisser ainsi « mener par le bout du nez » ? Quelle surprise nous attend au bout de ce chemin ? La séduction imprègne la relation amoureuse, même si le séducteur s'ignore parfois lui-même : on ne peut aimer que si l'on accepte d'être séduit, que si on en prend le risque. S'il y a une surprise dans les relations humaines, c'est souvent le surgissement imprévu de l'amour. Le scénario est-il écrit d'avance ? Trouver l'objet ne serait que le retrouver, nous dit Freud, mais quelle part de l'objet recherche-t-on, retrouve-t-on ? Dans ce scénario de la séduction, les jeux de chatouilles et de surprise de la petite enfance ont-ils leur mot à dire ?

La séduction originaire à laquelle nul n'échappe s'inscrit dans la relation entre l'adulte et l'enfant, la relation mère-bébé en étant le modèle. Nous envisagerons les conséquences de cette séduction, sachant qu'elle s'actualise grâce à l'énigme de la surprise. Mais nous verrons aussi que la surprise est l'« orgasme de l'enfant », qu'elle est pour le sujet impubère l'équivalent d'une expérience de satisfaction sexuelle. Chez le bébé et le très jeune enfant, seule la surprise est capable de mettre un terme à l'excitation pour lui donner une limite et un contenant. La surprise est un modèle pour les relations d'amour ultérieures.

LA SÉDUCTION ENTRE LA MÈRE ET SON ENFANT

Traditionnellement on fait dériver le terme « séduction » de *se ducere*, attirer à soi, s'opposant à *ex ducere*, conduire à l'extérieur, qui donne éducation. Au sens commun et actuel du terme, la séduction amoureuse définit le rapport entre deux individus dont l'un se sent attiré par l'autre (séduction passive : je me sens séduit par...) ou dont l'un cherche à attirer l'autre (séduction active : j'ai envie de séduire...), le « coup de foudre » pouvant se définir comme le moment où la séduction fonctionne en même temps dans les deux sens pour les deux personnes. Au sens plus spécifique de « séduction sexuelle », on décrit ordinairement la séduction de nature sexuelle qu'un adulte exerce sur un enfant à un âge où ce dernier n'est pas en mesure de comprendre le sens véritable de ce qui lui est proposé. La « séduction sexuelle » a primitivement été évoquée par Freud pour rendre compte de l'origine de la névrose d'un adulte, puis abandonnée au profit du fantasme et du refoulement originaire – nous y reviendrons. Récusée dans sa réalité pendant de nombreuses années, la « séduction sexuelle » a fait un retour bruyant dans l'actualité au travers des multiples affaires médico-légales concernant ce qu'on appelle de nos jours les « abus sexuels » d'un adulte sur un mineur. Toutefois, au-delà de cette douloureuse et incontestable réalité, il apparaît difficile pour de nombreux auteurs de revenir à une théorie purement traumatique, faisant du moment de séduction, au sens actuel d'abus sexuel, le ressort universel de l'origine des troubles psychopathologiques de nature névrotique. Si les cas d'abus sexuels sont fréquents et s'ils doivent faire l'objet d'un traitement approprié tant du côté de la victime que du côté de l'agresseur, les adultes seraient-ils tous pour autant des « abuseurs sexuels » ? Un autre sens du terme « séduction » émerge alors : celui d'un rapport d'attirance entre deux partenaires, pas nécessairement placés dans une position symétrique, cette séduction étant ce par quoi leur relation s'aimante. C'est ce qu'un auteur comme Laplanche nomme la « séduction originaire », au sein de la « théorie de la séduction généralisée ».

Dans sa première acception, celle que Freud lui donne avant 1897, la séduction sexuelle vise un enfant toujours prépubère, c'est-à-dire à un âge où il ne peut comprendre la signification de ce qu'il va subir : il s'agit pour cet enfant d'« expériences sexuelles prématurées » auxquelles il est confronté passivement et caractérisées par l'irruption de la sexualité adulte. Le séducteur est nécessairement un adulte pervers en ce sens que sa sexualité est déviante aussi bien dans son objet (un enfant en lieu et place d'un autre adulte) que dans ses buts (la jouissance par tous les moyens sans égard ni scrupule pour l'autre, réduit au rang d'objet partiel). L'enfant est toujours passif : l'adulte est le séducteur, l'enfant est séduit, et s'il semble quelquefois actif en paraissant rechercher lui-même les conditions de la séduction, c'est qu'il y a eu une scène antérieure, à un âge encore plus tendre, où il a subi cette séduction. La puissance traumatique de la « séduction sexuelle » provient d'ailleurs de sa répétition. Il faut toujours traquer la scène précédente : « Derrière une scène s'en profile donc une autre, qui en laisse pressentir une troisième, stimulant la "pulsion du chercheur" qui anime Freud. Le voilà renvoyé de scène en scène jusqu'à une improbable scène première, vraiment originaire[1]. » C'est en particulier la vaine recherche de cette scène première, primordiale, fondatrice qui conduira Freud au renoncement à la théorie de la « séduction sexuelle ». Mais l'autre facteur de renoncement concerne le poids de la réalité : s'il faut un adulte pervers, un homme, pour séduire un enfant et si de plus il faut que l'acte pervers se répète, soit par le même adulte, soit par un autre adulte, alors tous les adultes, tous les hommes plus précisément, se retrouvent dans le box des accusés et sont des pervers pas seulement potentiels mais effectifs. Remontant plus avant, Freud remplace alors la « séduction infantile », séduction venant de l'adulte pervers, par la « séduction précoce » où cette fois l'adulte séducteur est la mère ; mais la nature de la séduction change radicalement puisque désormais il s'agit des soins maternels précoces : « Ici la fantaisie touche au sol de la réalité effective, car ce fut effectivement la mère qui, dans l'accomplissement des soins corporels, nécessairement provoqua et peut-être même éveilla pour la première fois des sensations de plaisir dans l'organe génital[2*]. » La séduction précoce est donc inscrite dans la logique de la relation de soin

* Dans les commentaires de Laplanche à propos de cette citation, outre l'insistance sur la précocité de cette séduction, au cours des tout premiers mois de la vie du bébé, on relèvera ce qui suit : « Il ne s'agit plus exactement ici de *Realität*, terme qui désigne la réalité dans ses aspects les plus événementiels, mais d'effectivité (*Wirklichkeit)*, réalité effective, catégorie qui nous mène au-delà de la contingence et de la péripétie ; ce qu'atteste encore le terme *musste*, la mère *n'a pu qu*'éveiller, cet éveil par la mère est inéluctable, il est inscrit dans la situation même et ne dépend pas de telle ou telle contingence » (J. Laplanche, *op. cit.*, p. 119-120).

entre la mère et son bébé. Mais si le bébé est bien séduit par les soins maternels, Freud reste étrangement silencieux *sur l'éventuelle activité de la mère.* La mère, qui apparaît comme une technicienne du soin dénuée de désir et d'inconscient, ne chercherait pas à séduire son enfant. C'est, selon Laplanche, la limite de cette théorie remaniée de la séduction précoce chez Freud qui épargne soigneusement la figure de la mère. Cette dernière recouvre et masque totalement la figure de la femme et de son inconscient nécessairement sexuel.

Sur les bases de cette séduction précoce, Paul-Claude Racamier décrit la séduction narcissique entre une mère et son jeune enfant, évoquant « une fascination mutuelle foncièrement narcissique » où mère et enfant sont captés dans les rets d'une emprise réciproque ne laissant nul interstice : « Il faudra que son enfant la complète ou plus exactement qu'il demeure partie intégrante d'elle-même, au titre d'un organe vital. Cette mère entend donc inclure l'enfant en elle-même une fois pour toutes : cet enfant narcissiquement séduit doit être comme s'il n'était pas né. Il ne faut pas qu'il opère cette seconde naissance qu'est la naissance psychique ; il ne faut pas qu'il croisse ; qu'il pense ; qu'il désire ; qu'il rêve[3]. » On comprend qu'une telle relation, en s'inscrivant dans un lien fusionnel et pathologique, conduise à une emprise absolue et que son terme inéluctable en soit la psychose.

Mais revenons aux relations précoces mère-bébé et au développement dit normal. Laplanche décrit la séduction originaire, qui repose sur la dissymétrie fondamentale de l'activité/passivité des rapports entre un adulte qui en sait nécessairement plus et un jeune enfant qui en sait nécessairement moins. « La confrontation adulte-enfant enveloppe une essentielle relation d'activité-passivité, liée au fait inéluctable que le psychisme parental est plus "riche" que celui de l'enfant [...] cette richesse de l'adulte est aussi son infirmité : son clivage d'avec son inconscient. Par le terme de *séduction originaire* nous qualifions donc cette situation fondamentale où l'adulte propose à l'enfant des signifiants non verbaux aussi bien que verbaux, voire comportementaux, imprégnés de significations sexuelles inconscientes. Ce que je nomme *signifiants énigmatiques*[4]. » Dans la relation de la mère avec son bébé, un troisième larron s'introduit : l'inconscient maternel. Cet inconscient fait commettre à la mère, parfois à son insu sur le modèle des actes manqués ou des lapsus, des choses, paroles, actes ou simplement pensées/désirs, que le bébé ne peut comprendre. Ces choses sont directement issues du sexuel maternel inconscient et cela l'enfant ne peut l'intégrer parce qu'il ne dispose pas de l'appareil psychique nécessaire à une mise en représentation. Ce n'est pas tant son immaturité physiologique, toute relative d'ailleurs (nous nous référons ici à l'importante stimulation des hormones sexuelles en début de vie), qui le rend temporairement inaccessible à ces messages que l'absence de cet « organe psychique de réception ». Ces traces qui ne peuvent prendre sens s'inscrivent néanmoins sous forme de « messages énigmatiques ».

Laplanche décrit ainsi trois types de séduction : la séduction infantile, la séduction précoce et la séduction originaire. La première correspond à l'intrusion de la sexualité d'un adulte dans l'éprouvé d'un enfant, elle est en général du côté du pathologique : elle est événementielle. La séduction précoce correspond à la sexualisation « involontaire » du corps de l'enfant soumis aux soins maternels : elle est habituelle. La séduction originaire porte la trace de l'inconscient maternel qui imprègne toute la relation mère-bébé, elle est du côté de l'effectif auquel nul être humain ne peut échapper : elle est fondatrice. « La séduction originaire est l'essence ultime des deux autres, en ceci qu'elle seule y introduit la dissymétrie "activité-passivité". Les soins "maternels" ou l'attentat "paternel"* ne sont séducteurs que parce qu'ils ne sont pas transparents mais opaques, véhiculant l'énigmatique[5]. » Cet énigmatique de la séduction infantile ou précoce renvoie donc au modèle de la séduction originaire au temps où le bébé cherche à décrypter dans sa mère, sur son visage, à travers sa prosodie, ses mimiques, ses paroles, dans la cinétique de ses gestes et la fluidité de son tonus, ce que celle-ci peut bien lui vouloir. S'il en comprend une partie (une partie bien plus importante qu'on ne l'a longtemps cru), une autre partie lui échappe nécessairement comme d'ailleurs elle échappe aussi en grande partie au conscient maternel. Cependant, en dehors de l'acte d'allaitement lui-même, au cours duquel la jeune mère peut éprouver une jouissance consciente, la grande majorité des soins ne mobilise pas directement en elle ces affects de jouissance souvent recouverts par la sollicitude ou par l'inquiétude. S'il y a des messages énigmatiques dans l'ensemble du comportement maternel, c'est bien évidemment à l'insu de la mère elle-même, messages qui apparaissent comme des actes manqués, des lapsus relationnels, ce que Laplanche appelle précisément « un manquement », un raté véhiculant un sens refoulé[6]. Nous rapprocherons ce manquement provenant de l'inconscient maternel du manquement que nous avons précédemment décrit dans la structure du jeu de surprise.

Il est temps en effet d'en venir aux interactions de jeux. Où situons-nous ces jeux dans l'espace de séduction entre mère et bébé ? Certainement pas du côté de la séduction originaire puisque le jeu est intentionnel

* Par « attentat paternel », Laplanche désigne la scène de séduction, imaginaire ou réelle, entre un père et sa fille, avant que celle-ci ne soit en mesure d'en comprendre le sens, c'est-à-dire avant la puberté (voir ci-dessous, chap. VIII).

chez la mère ; pas non plus du côté de la séduction précoce dans la mesure où le jeu ne fait pas partie à proprement parler des soins du bébé ; pas plus enfin dans le cadre de la séduction infantile dont on perçoit la dimension pathologique bien différente du plaisir « innocent » du jeu. Alors doit-on passer ces séquences de jeux sous silence ? C'est d'ailleurs ce que fait la grande majorité des auteurs, à commencer par Laplanche qui dans ses ouvrages ne cite pas une seule fois de tels jeux et qui semble ignorer jusqu'à l'existence même des jeux de surprise et de tromperie entre mère et bébé. La relation mère-enfant se réduirait-elle, pour la mère, au fait de donner le sein ou le biberon, et le bébé n'existerait-il que par l'intermédiaire de son besoin alimentaire ? Certes, on concédera volontiers qu'il s'agit là d'un moment paradigmatique et que le sein est un symbole. Mais c'est assurément un symbole plutôt envahissant. Toutes les études récentes sur l'observation directe des interactions mère-bébé montrent la richesse de celles-ci, leur diversité et la précocité avec laquelle le bébé recherche *activement* son partenaire, sa mère le plus souvent, faisant preuve de capacités de discrimination (pas seulement gustatives, mais aussi visuelles, auditives, tactiles...) là aussi étonnamment précoces et efficientes. L'image d'un bébé passif, subissant les soins maternels et l'interaction, est en grande partie fausse. Mais nous ne récusons pas cette dimension de séduction, surtout telle que la définit Laplanche, celle d'une dissymétrie fondamentale et fondatrice dans la relation enfant-adulte, l'adulte en sachant plus que le bébé.

De ce point de vue, les jeux mère-bébé et tout particulièrement les jeux de surprise auraient dû attirer plus qu'ils ne l'ont fait l'attention de tous ceux qui s'intéressent aux conditions du développement psycho-affectif. Lorsque la mère a envie de jouer avec son bébé, elle sait qu'elle va y prendre plaisir : ce bébé est le sien, il est à elle, il est pour elle, elle souhaite, comme dirait le sens commun, « en profiter ». Elle le cherche du regard, est attentive à le savoir disponible, mais lui ne sait pas encore ce qui va lui arriver. Il y a dans cette séquence comme un parfum de séduction infantile, une préforme d'un abus sinon sexuel du moins de position dominante. Quand le jeu commence, la main de la mère stimule le corps de l'enfant et si ce jeu ne procède pas à proprement parler des soins du corps, il participe en revanche de façon patente à l'érogénéisation de ce corps sur le modèle proposé par Freud – certes ce n'est pas l'« organe génital » que la mère stimule à travers ses jeux, mais elle excite l'ensemble du corps et la peau en particulier puisque les premiers jeux de chatouilles, de bisous, de petites lécheries ou suçotements concernent cet organe au premier chef. Ces jeux-là apparaissent bien comme les prototypes d'une séduction précoce par les sensations de plaisir que la main ou la langue de la mère répand sur le corps de son bébé. Mais tout en jouant avec son bébé à ces jeux de surprise et de tromperie, la mère n'est absolument pas consciente d'une dimension sous-jacente très puissante. En effet, par le moment d'engagement puis de montée tensionnelle, par la période de relative incertitude sur le tempo ou le lieu du surgissement, par la surprise qui vient de l'autre et le sentiment de « s'être fait avoir », par l'embrassade heureuse qui clôt la séquence, la structure de ces jeux ressemble fortement à une sorte de « scène sexuelle » inconsciente, ce que la mère ne sait pas plus que son bébé. La séduction originaire n'est pas loin. Ces jeux de surprise nous paraissent donc figurer un condensé de séduction dans lequel on trouve de l'infantile, du précoce et de l'originaire : ne seraient-ils pas un point de passage obligé, non seulement pour que les deux partenaires puissent se dégager de l'emprise comme nous l'avons vu au chapitre précédent, mais comme préforme, comme trace scénarisée du rapport à l'autre ? Mais quel message la mère, à son corps défendant, livre-t-elle à son enfant ?

Dans le français du XIIe siècle, séduire (*soduire* puis *souduire*) signifiait : emmener à l'écart, mettre à part, le composant *se* marquant la séparation, l'éloignement, la privation. « Séduction », action de mettre à part, signifiait dans le langage ecclésiastique du XIIe siècle la « corruption ». Par la suite, à l'époque classique le mot équivaut à « tromperie par laquelle on fait tomber quelqu'un en erreur », « esprit de séduction » voulant dire « démon ». C'est dans le cours du XVIIIe siècle seulement que le terme « séduction » désignera l'action d'entraîner par un charme irrésistible, d'où le sens actuel « moyen de plaire ». Attirer à soi, c'est d'abord conduire à l'écart, détourner quelqu'un du bon chemin pour l'entraîner dans des voies douteuses, pour ne pas dire démoniaques[7]. Tromperie, démon, corruption : le sexuel a d'abord pris les habits du démoniaque avant de revêtir ceux de l'amour... mais la dimension de tromperie reste subrepticement présente. C'est bien sur ces chemins de traverse que la séduction narcissique mutuelle, telle que la décrit Racamier, entraîne les deux partenaires, le séducteur et le séduit, la mère et le bébé, chemins du « démon et de la tromperie ». Quand la mère tire son enfant « à l'écart », elle l'éloigne des chemins de la socialisation et l'enclôt avec elle dans un lien dyadique. Quelles armes utilise-t-elle pour réaliser cette séduction ?

L'ÉNIGME DANS LA SURPRISE

L'énigme partage avec le rêve un travail de traduction qui la rend partiellement hermétique aux oreilles de celui qui l'entend. Cet effet de décalage repose sur l'asymétrie entre celui qui dit l'énigme et celui à qui elle s'adresse. L'énigme chemine d'une bouche qui en sait plus à une oreille qui en sait moins. Ce décalage explique la puissance d'attraction de l'énigme : l'oreille se tend, est captée par la concentration nécessaire au décryptage. À la manière des hiéroglyphes, l'énigme nécessite des efforts traductifs procédant par comparaison ou analogie, dont les principales figures de la rhétorique, métaphores et métonymies. Par cette captation, par ce nécessaire effort traductif, l'énigme possède un grand pouvoir de séduction, tenant dans les rets de son filet celui à qui elle s'adresse.

« L'énigme, "paroles de crabes" parce qu'elles sont obliques et ne vont jamais droit au but [...], est un piège conçu et médité par des êtres rusés et intelligents, comme la Sphinge thébaine [...], monstre dont le savoir multiple répond à la triple apparence de femme, de lion, d'oiseau[8]. » Les Grecs appellent une énigme tantôt *ainigma*, tantôt *griphos*, du même nom qu'un filet de pêche d'une certaine espèce, car une énigme se tresse comme un panier ou une nasse. La figure de Métis, avec ses armes, en particulier ce qui est de l'ordre de l'enveloppement, du piège, de la nasse, du filet, se tient toujours à côté de l'énigme dont le pouvoir tient précisément à la séduction qu'elle exerce sur celui qui en est la victime. Il n'est pas sans intérêt de constater que, plus de vingt siècles après, c'est encore par les armes de Métis qu'on décrit naturellement la séduction. « L'ensemble des conduites de séduction utilisant les gestes, mimiques, conversation, parfum, vêtements et *autres mailles du filet de la séduction*, stimulant les composantes de l'appareil d'emprise fait partie des moyens de l'emprise amoureuse[9]. » Sophocle, dans *Œdipe roi*, décrit comme « bariolées, bigarrées, ondoyantes » les questions de la Sphinge ; l'enchevêtrement des formes et le mélange des couleurs leur donnant « la mobilité angoissante d'une parole comme animée d'une vibration incessante et qui ne reste jamais semblable à soi[10] ». Finalement comme ces auteurs le décrivent : « Les questions énigmatiques que Socrate adresse à ses interlocuteurs font naître *un sentiment de stupeur, une sorte d'éblouissement et de vertige, ils restent embarrassés, ne sachant que dire, réduits à l'aporie et jetés en cet état de l'âme résultant d'une égalité de raisonnements contraires*[11]. » Le passage que nous soulignons en italiques pourrait constituer une description de l'état de séduction. Résoudre l'énigme n'est possible que si la victime est capable de jouer avec cet enchevêtrement, ce bariolage, ces glissements de sens, ces vibrations... en un mot : ces tromperies. Il faut retrouver le jeu d'une langue mobile, incertaine et ondoyante dans ses définitions, glissant d'un signifiant à un autre, jouant sur les associations d'images ou de sonorité. L'énigme est une des armes préférées de la séduction.

En décrivant la séduction originaire, Laplanche décrit aussi les « signifiants énigmatiques » qui en sont partie prenante, ils représentent la part de la sexualité inconsciente ou préconsciente de la mère, part que le bébé ne peut ni comprendre ni assimiler du fait de son état d'*Hilflosigkeit,* de *désaide* (néologisme proposé par Laplanche), d'incapacité à s'aider lui-même. Cet état le rend à la fois hermétique au sens, à la signification de bien des messages de la mère, mais en même temps réceptif aux modalités de ces messages sous forme de traces qui s'inscriront dans les préformes de son inconscient comme autant de « signifiants-désignifiés », restes non symbolisés dont le dépôt progressif constituerait peu à peu l'inconscient individuel. Ces signifiants énigmatiques, « il n'est pas nécessaire de chercher loin pour en donner des exemples concrets ; le sein lui-même, organe apparemment naturel de la lactation, peut-on continuer de négliger dans la théorie analytique son investissement sexuel et inconscient majeur par la femme[12] ? ».

Le bébé que la mère tient dans les bras ne cesse d'être à la fois objet de soucis, de préoccupation pour celle-ci, mais aussi objet de plaisir et de jouissance plus ou moins tenue secrète. Incontestablement, passé le cap du baby-blues, et quand tout va bien, la situation de nourrissage, qu'il s'agisse du sein ou du biberon, est souvent chargée chez la jeune mère d'une intense émotion dominée par le plaisir. Ce faisant, la mère délivre à son enfant des messages énigmatiques, d'autant plus énigmatiques qu'une partie de ceux-ci restent étrangers au conscient maternel. Mais à côté de cette situation prototypique, c'est surtout dans les moments d'intimité où la mère se retrouve seule avec son enfant, les moments où elle n'est pas accaparée par une tâche liée aux soins du bébé, qu'elle se laisse aller à ces échanges riches en émotions, affects et plaisir : les phases de jeu, jeux de chatouilles et de caresses un peu plus appuyées que nécessaire, avec la main, la langue ou un bout de tissu, jeux de coucou, de marionnettes, de petites bêtes qui montent, tous ces jeux qui surviennent au cours de ce que nous avons appelé les microrythmes, interactions proximales durant au maximum une à deux minutes (voir chapitre VI), ne servant apparemment à rien, si ce n'est au plaisir pour la dyade d'« être ensemble », mais baignant dans un accordage affectif intense. Pendant ces jeux, non seulement la mère joue à créer des règles puis à les violer, mais en outre elle le fait en exprimant une mimique, une prosodie qui a tout de la feinte ou de la tromperie : expressions de faux étonnements ou de fausses surprises, froncements des sourcils faussement préoccupés, fausse voix inquiète, fausse colère, faux désirs de dévoration, fausses grossièretés, etc. Nous nous sommes déjà interrogé sur la signification possible de toutes ces expressions d'affects en grande partie fallacieuses. Ont-elles simplement un but « pédagogique » ? L'explication paraît un peu courte, d'autant que dans une telle perspective on ne perçoit pas très bien le rôle de ces faux-semblants. Parlant de « ces attaques de la mère » (la main chatouilleuse qui monte sur le ventre nu du bébé après le bain) et de « ce type de jeu où elle mime une agression féroce » (« j' vais t'avoir ! », « j' vais te manger, te dévorer ! ») Serge Lebovici les rattache d'abord au fait que la mère a perçu l'intérêt de son enfant pour ce type de jeu mais aussi à sa propre vie fantasmatique[13]. Cependant il ne prend en compte cet inconscient (ou plutôt dans cette situation le préconscient) maternel que comme moyen pour la mère d'être au plus près, en empathie avec son bébé : c'est pour mieux comprendre les fantasmes archaïques de dévoration et les angoisses primitives liées à la férocité orale de son nourrisson et pour mieux les « détoxiquer » que la mère jouerait cette « comédie » des émotions. Une telle interprétation semble ignorer toute la part de jouissance maternelle aisément perceptible dans ces jeux.

Lorsque la mère joue avec son enfant, elle sait, elle, qu'elle le fait pour son plaisir et *pour rien d'autre*. Elle ne peut alors justifier ni masquer son éventuelle jouissance avec ce bébé au nom des soins du corps. Par cette « activité », elle se découvre dans son plaisir, voire dans sa jouissance relationnelle, mais elle *se doit de le cacher à son bébé comme elle se le cache en partie à elle-même*. Cette dissimulation, marque de Métis, protège la mère comme le bébé d'un excès de jouissance qui pourrait devenir traumatique. Cette dissimulation transforme aussi les messages que la mère adresse au bébé, les rend énigmatiques pour l'enfant. « Mais que me veut-elle ? » semble dire le visage du bébé concentré sur les mimiques et la prosodie de sa mère. Rapidement il saura qu'elle veut jouer, même s'il ne sait pas encore ce que le jeu recèle. L'énigme dans les jeux interactifs mère-bébé permet donc à la mère de prendre du plaisir « sans en avoir l'air » et on peut penser que l'ambiguïté du message transmis à travers le bloc « mimiques-prosodie-mots-affects » caractéristique de l'interaction ludique permettra les jeux ultérieurs de glissements métaphoro-métonymiques si importants dans le domaine des émotions et des affects.

Enfin le jeu se termine souvent par une surprise qui prend l'enfant au dépourvu et dont la mère se réjouit ouvertement en lui déclarant : « J' t'ai eu ! » Décrivant minutieusement ce jeu de surprise (voir p. 42), Stern déclare : « L'énigme – le jeu de variations temporelles qui contrôlent l'état du bébé – a été résolue, et la mère et l'enfant ont partagé un moment merveilleux[14]. » Même si Stern semble considérer l'énigme d'un point de vue surtout cognitif (pour cela voir le chapitre suivant), nous considérons que rien n'a été vraiment résolu et que l'énigme reste entière pour le bébé. Certes il sait qu'il « s'est fait avoir », certes il « apprend » que l'excitation peut parvenir à sa résolution, certes il fait l'expérience qu'il peut être plaisant de se faire avoir, mais il continue d'ignorer la nature exacte de tout cela. Cependant en surprenant son enfant, la mère lui donne des clefs précieuses : elle lui montre *comment fonctionne l'énigme*, lui révèle ses ressorts à défaut de l'énigme elle-même. Ainsi grâce à la surprise, ce n'est pas l'énigme que l'enfant peut comprendre, mais *la structure de l'énigme* : le jeu de tromperies, de décalages, de manquements, ces jeux de glissades d'un point à un autre, ces effets de traduction toujours susceptibles de vous prendre au dépourvu, de vous avoir. En jouant ainsi avec son bébé, la mère lui ouvre le chemin (le *poros*) de la métis humaine, ce monde qui ouvre à la communauté des émotions et des affects, ce monde intermédiaire de la *doxa* platonicienne « qui participe à la fois de l'Être et du Non-Être, où l'obscur et le lumineux se mêlent et se confondent, où le vrai et le faux sont étroitement entrelacés[15] ».

Il y a nécessairement, effectivement (au sens de la catégorie de l'effectif : ce à quoi nul être humain n'échappe), de la séduction entre la mère et son enfant. Séduction précoce éprouvée par la mère dans les soins qu'elle procure au corps de son bébé mais dont elle se protège en justifiant de cette nécessité. Séduction inconsciente et originaire dans laquelle elle-même est prise « à son corps défendant » par les messages énigmatiques qu'elle adresse à son bébé mais qu'elle peut continuer d'ignorer quand son inconscient lui laisse la paix suffisante. Séduction infantile, enfin, dans le jeu érotisé auquel mère et bébé tacitement s'adonnent mais qui grâce au masque trompeur du jeu peut introduire la différenciation du sexuel dans la relation précoce. C'est cette différenciation qui permet aux deux partenaires de se dégager de la puissance attractive de la séduction originaire et de la séduction précoce : le jeu introduit la différence et fait prendre conscience du lien. Cette prise de conscience est salvatrice, elle rend aux deux protagonistes une part de liberté.

LA SURPRISE COMME SCÈNE SEXUELLE DE L'ENFANT

Deux personnes qui ensemble prennent plaisir à s'exciter en faisant des choses qui participent à cette excitation et la soutiennent, une tension qui monte peu à peu, puis soudain, comme venant par surprise, l'acmé d'un plaisir qui apporte la détente, résout la tension, suivi d'un bien-être au cours duquel ces deux personnes en profitent pour se serrer l'une contre l'autre et se détendre : tel est le tempo de la relation sexuelle, tel est le tempo de la relation de jeu entre la mère et son bébé au cours des premiers mois, en particulier avec les jeux de chatouilles et de tromperie. Cette analogie a-t-elle un sens ? Oui, comme nous allons maintenant le montrer.

Deux partenaires dont l'un, la mère, est apparemment plus actif que l'autre, le bébé, se stimulent et s'excitent. Si on est attentif aux regards de celui qui semble subir, on se rend vite compte qu'il est un partenaire plus actif qu'on ne le croit de prime abord. Ses regards, l'ouverture de son visage (les yeux grands ouverts, les sourcils relevés, la bouche entrouverte et la langue en légère protrusion : tous les signes d'un engagement relationnel intense), ses trémoussements, son excitation motrice relancent le plaisir pris par celui qui agit à maintenir ainsi l'excitation de l'autre. Un échange intense d'émotions et un climat de plaisir semblent baigner cette phase de montée tensionnelle que Stern a d'ailleurs décrite comme l'expression d'un « accordage affectif » : les deux partenaires sont très proches l'un de l'autre dans un état de communion d'émotions. L'excitation monte et pourrait devenir débordante ou traumatique si elle ne prenait fin bientôt. Alors un événement, sinon imprévu, du moins surprenant, semble venir de l'extérieur, créant une césure temporaire, un temps de suspens qui prend à l'improviste l'un d'eux. Ils se regardent dans les yeux, se mettent à rire, l'excitation décroît, ils s'embrassent et se détendent. Quelle expérience vient de faire le bébé ? Que l'excitation est quelque chose qui se partage ; que la résolution de l'excitation vient nécessairement de l'extérieur et pas de soi ; que « se faire avoir » n'est pas une catastrophe, au contraire, c'est même une des expériences fondamentales de l'être humain ; que, malgré l'intense communion des émotions, vient toujours un moment où cela cesse ; que cette fin prend souvent le sujet par surprise et qu'il a le sentiment de ne pas en être le maître, c'est l'« autre » qui en a les clefs ; que cet abandon de soi et cet appel à l'autre contiennent les éléments du paradoxe relationnel : nos émotions les plus intimes et les plus privées ne viennent pas de nous mais de l'autre, et cet état de dépendance il nous faut l'accepter ; que la dimension de la subjectivité se fonde au travers de la perception de cette altérité.

Les jeux de surprise représentent donc pour l'enfant une véritable mise en scène sexuelle, lui permettent de résoudre sa tension, son excitation. Ils sont en quelque sorte l'« orgasme » de l'enfant, qui, avant le langage, n'a guère que deux manières de faire cesser la tension ou l'excitation : la voie de l'apaisement et la voie de la surprise. L'apaisement est le moyen habituel de réduire la tension dans tout ce qui concerne les besoins physiologiques du jeune enfant : l'alimentation, le sommeil essentiellement mais aussi le besoin d'être changé, lavé, etc. Cet apaisement est en lien avec la satisfaction des besoins et leur assouvissement. Ce type de relation s'inscrit dans les macrorythmes, les anticipations confirmées, la répétition et la récurrence. La mère apaise les besoins de son bébé en y répondant favorablement, elle le calme avec le souci de réduire son état tensionnel ou d'excitation somatique pour qu'il puisse trouver peu à peu le repos puis le sommeil. Si elle berce son bébé, elle sait également qu'il faut le déposer tranquillement dans son berceau quand il est assoupi pour qu'il puisse ensuite dormir. À l'opposé, la surprise est le moyen de mettre un terme à l'excitation qui surgit dans les interactions proximales, les échanges affectifs intenses, ces séquences qui surviennent au cours des microrythmes et qui se produisent de plus en plus souvent à partir de la fin du premier trimestre de la vie du bébé. Après le bain, un peu avant le repas, la mère s'amuse à augmenter le niveau d'excitation de son bébé, à lui faire vivre et éprouver des émotions contrastées, mais elle est aussi vigilante à ne pas dépasser un seuil qui serait susceptible de désorganiser l'enfant : c'est pourquoi après l'avoir excité, il faut le calmer, et le meilleur moyen de suspendre la montée de l'excitation, c'est la surprise. L'apaisement conforte l'assise narcissique de l'individu grâce à la satisfaction de ses besoins physiologiques, l'excitation inscrit le même individu dans la relation à l'autre, et la surprise est ce qui permet de ponctuer cette relation. De ce point de vue, le scénario de la surprise peut être compris comme une sorte de formant, nous dirons de formatage, pour la pulsion sexuelle : cette surprise représente l'armature du scénario génital du futur adulte qui se met en place dès l'enfance. Elle n'est ni l'histoire ni le script qui sont inscrits dans les traces mnésiques mais l'armature de ce script, c'est-à-dire sa ponctuation, sa prosodie.

La clinique du nourrisson et du jeune enfant nous montre d'ailleurs les issues pathologiques des défaillances dans l'un ou l'autre domaine. À titre d'exemple, chez les enfants qui vivent des états de délaissement, voire d'abandon, il n'est pas rare de constater la pratique d'autostimulations telles que des bercements intempestifs, des conduites d'allures automutilatrices comme des cognements répétés du sommet de la tête contre un angle de mur, ou encore des pathologies dites psychosomatiques telles que le mérycisme (sorte de mâchonnement interminable d'une bouchée régurgitée puis avalée et de nouveau régurgitée, véritable rumination qu'on observe chez des bébés en situation de grave délaissement). C'est un peu comme si chez ces enfants l'excitation interminable du corps par des conduites autovulnérantes ou par des autostimulations venait se substituer à la défaillance qu'ils éprouvent dans l'apaisement satisfaisant de leurs besoins primaires et dans la qualité de la relation précoce avec l'« objet mère ». L'autostimulation de leur propre corps vient en lieu et place d'une défaillance relationnelle.

À l'opposé, certains bébés sont incapables de s'apaiser tout seuls et réclament interminablement les bras, un bercement permanent. Ils font preuve d'une voracité inextinguible : il faut apparemment les stimuler en permanence, ils ne peuvent s'endormir et dès qu'on arrête de les bercer, ils sursautent, se mettent à hurler. Ils épuisent littéralement leurs parents. Ces bébés sont toujours hyperéveillés, ils semblent très compétents, très toniques, et quand ils s'endorment, c'est en général dans la journée : ils « tombent brutalement dans le sommeil, comme une masse ». À peine réveillés, ils crient de nouveau pour être dans les bras. La mère apparaît souvent soit très anxieuse elle-même, soit très excitée par l'arrivée de ce bébé, et dans les deux cas elle est incapable de le laisser s'apaiser seul. Il se crée alors une relation d'excitation dont ni la mère ni l'enfant ne peuvent se dégager, la tension ne faisant que croître, et seul l'épuisement de l'un ou de l'autre est susceptible d'y mettre un terme. Bien sûr dans un tel climat, la mère ne peut pas « jouer » avec son bébé : elle passe son temps à tenter de le calmer mais ces tentatives sont par elles-mêmes excitantes. C'est un peu comme si aucune ponctuation spontanée ne pouvait être trouvée dans cette relation ; cela peut aisément se comprendre, car les mères ont en général peur d'exciter un bébé déjà perçu comme très excitable, si bien qu'elles évitent toute situation de jeu.

Une précision nous paraît utile pour finir : nous avons toujours utilisé l'expression « scène sexuelle de l'enfant » pour comparer le scénario du jeu de surprise et la séquence de la relation sexuelle entre adultes. Il convient de distinguer cette « scène sexuelle de l'enfant » représentée par le scénario de la surprise, de la « sexualité infantile » qui caractérise le plaisir que peut prendre un enfant avec diverses zones de son corps dites zones érogènes, cette sexualité infantile s'inscrivant très directement dans le cadre de la séduction précoce. Différentes également sont les « scènes sexuelles infantiles » qui caractérisent les fantasmes de l'enfant concernant la sexualité des adultes, de ses parents en particulier et tout ce qui a trait à leurs rapports intimes « dans la chambre parentale », ce qu'on appelle le « mythe des origines » (d'où venons-nous ?) et le « mythe de la scène primitive » (comment les parents font-ils les bébés ?) : cette dernière activité fantasmatique traduit la capacité de l'enfant, en général un peu plus grand, de jouer avec son imaginaire et d'inventer tout ce qui est possible pour répondre temporairement aux questions que tout être humain se pose un jour.

Dans le rapport entre un adulte et un enfant, la dimension de l'excitation est susceptible d'apparaître rapidement pour peu que cet adulte commence à jouer avec l'enfant ; alors la surprise est ce qui vient « couronner » la relation, lui donnant une limite et un terme heureux. Par sa structure et son tempo, ce type d'échange ressemble à une scène sexuelle, ce dont ni l'adulte ni l'enfant n'ont conscience. Mais au cours de ces séquences un script relationnel peut s'inscrire dans l'inconscient de l'enfant, le préparant en quelque sorte à vivre ultérieurement de façon satisfaisante une sexualité d'adulte où les surprises ne manqueront pas. En particulier celle-ci : l'éprouvé orgasmique survient très souvent comme une surprise au moment où le sujet accepte le risque de se « laisser aller » et ne cherche plus frénétiquement à provoquer des sensations. Pourquoi les enfants sont-ils si désireux de surprises et les adultes si réservés sur l'arrivée d'une surprise ? Pourquoi dans le monde de l'enfance le mot « surprise » est-il automatiquement connoté de façon positive, l'enfant s'attend à une « bonne surprise », alors que dans le monde adulte l'expression « surprise » prend vite une connotation inquiétante : « Quelle mauvaise surprise va encore me tomber dessus » ? L'efficience de la sexualité de l'adulte rend compte de ce changement : désormais la surprise du sexuel est en lui et la surprise qui surgit trop évidemment de l'extérieur devient une menace. Désormais « se faire prendre/avoir par surprise » est trop directement coloré par l'éprouvé sexuel pour être toléré. C'est au moment de l'adolescence que ce changement survient (voir le chapitre VIII) et c'est pourquoi les adolescents détestent être surpris (même si bien évidemment ils ne détestent pas surprendre les autres). Avec une bonne dose de masochisme et en ayant intégré la composante passive que chacun porte en soi, alors l'adulte pourra de nouveau se laisser surprendre sans craindre ce nécessaire moment de vulnérabilité transitoire : c'est dans et par cette surprise qu'une rencontre avec l'autre sera possible. Le scénario de la surprise que chacun porte en soi au travers du souvenir confus de ces jeux innocents, de ce plaisir à la surprise de l'enfance, permet à l'adulte de prendre le risque de « se faire avoir ». Il sait intuitivement que c'est souvent ce par quoi il faut passer pour rencontrer l'autre, une rencontre qui ne sera pas un affrontement mais d'abord un partage, une rencontre où il est possible de montrer sa vulnérabilité et pas simplement sa force... une rencontre où la partie peut être égale !

CHAPITRE VI

Répétition et nouveauté, la surprise dans le rythme

Depuis l'aube de l'humanité, la question du temps hante l'homme : comment le mesurer, le compter, le figurer ? Il n'y a pas de vécu subjectif plus complexe que le sentiment du temps qui passe : l'être humain tente désespérément de saisir ce temps pour mieux s'y inscrire mais celui-ci file toujours entre les doigts de l'audacieux qui veut s'en rendre maître. À la mesure objective du temps, les premiers calendriers, les cadrans solaires, les premières horloges, s'oppose constamment le sentiment individuel du temps vécu. Au temps de l'individu, le seul qui lui importe d'une certaine façon, répond le temps de la culture, de la société qui donne au premier son sens et sa valeur : de tout temps, l'être humain a sacrifié sans hésitation le premier au second, preuve que le temps n'appartient pas à l'homme isolé, solitaire, mais qu'il est la propriété du corps social.

La surprise joue-t-elle un rôle dans cet éprouvé du temps, en particulier dans cette opposition fondamentale entre le sentiment subjectif d'un temps récurrent et celui objectif d'un temps linéaire ? Dans les chapitres précédents, nous avons montré que la surprise permettait au sujet de se dégager de l'emprise que l'autre tente d'exercer sur lui, puis de mieux toucher du doigt le scénario de la séduction afin d'en saisir, sinon le sens énigmatique, du moins le script. Parlant de script, il est évident qu'on parle alors de l'histoire de ce scénario, donc de son déroulement temporel. La surprise appartient au temps : il n'y a pas de surprise sans investissement du temps, de la temporalité. Plus que cela, la surprise ouvrirait la boucle de temps circulaire pour livrer le sujet à la douloureuse perception du temps linéaire. Les premières datations humaines, avant même l'apparition des calendriers, reposaient toujours sur la survenue d'un événement suffisamment fortuit et surprenant pour marquer durablement la mémoire : c'est en remontant à cet événement et en tentant de compter les saisons qu'une histoire se racontait. Dans une histoire de vie relatée par les pictogrammes mayas, les trois quarts de ceux-ci ne sont consacrés qu'à des précisions temporelles. Comme pour les civilisations antiques, chaque être humain organise sa temporalité personnelle grâce aux événements qui ponctuent sa vie. Si tout événement n'a pas valeur de surprise, la surprise reste souvent de l'ordre de l'événementiel. Les jeux de surprise se construisent autour de l'attente, qui est la première marque du temps dans l'esprit de l'homme. Autour de cette attente, la représentation psychique du script se construit sur le rythme de la main ou de la prosodie qui vient chatouiller le corps avant d'exciter l'âme. Parler de surprise implique de faire un détour sur le temps et sa place dans les premiers processus de pensée.

LE RYTHME DANS LA TEMPORALITÉ

Qu'est-ce que le rythme ? C'est d'abord un flux, un écoulement : *penta rei*, disaient les anciens, « tout coule ». Rythme vient de *rei* qui traduit le fait de couler.

Primitivement assimilé à une répétition, une pulsation correspondant à l'ordre cosmique ou biologique, marqué par la récurrence, le rythme est donc ce qui revient ou fait retour. Il correspond à la temporalité cyclique, celle des saisons, des marées, de l'alternance des jours et des nuits. Inscrit dans cet ordre à la fois cosmique et biologique, l'être humain participe de cette répétition. Son ancrage biologique est incontestablement pris dans cette temporalité circulaire à laquelle participe le besoin dans son acception physiologique et biologique. La « pulsion », quand on la conceptualise comme s'étayant sur le besoin physiologique, est, elle aussi, inscrite dans la récurrence. La psychopathologie psychanalytique assimile ordinairement le rythme à une répétition et de nombreux auteurs le réduisent à cette définition[1] au sein de laquelle la pulsion trouve naturellement sa place.

De même, dans le champ cognitif, celui de la connaissance et non pas des affects et des émotions, Rosa Jaïtin parle des « protorythmes comme des formes de la représentation initiale de la relation d'apprentissage au sens large. Les protorythmes de la relation épistémique sont des formes de représentations archaïques répétitives et monotones de l'image du lien épistémique[2] » (lien épistémique = lien de connaissance). Le rythme reste essentiellement compris comme une répétition/cadence et « la stabilité de l'organisation des protorythmes permet de transformer le conteneur, créant ainsi des espaces psychiques différenciés » et par conséquent d'accéder par cette différenciation même à un début de connaissance, ce que l'auteur nomme le « lien épistémique » avec les « objets primaires », c'est-à-dire les premières relations que le nouveau-né va établir avec le monde extérieur. Relation est à comprendre ici comme la capacité naissante à « mettre en relation », à « créer des liens » de compréhension et de connaissance. En revanche, les ruptures de rythmes représentent une menace :

« Les arythmies produisent des mouvements qui déséquilibrent les rythmes d'échanges et ferment les ouvertures[3] », ce qui peut conduire à diverses formes de pathologies.

Nous contestons cette hypothèse binaire opposant un rythme répétitif organisateur et une arythmie désorganisatrice. En effet, à côté de ce temps et de ce rythme cyclique, un autre temps existe, qui court et ne revient pas, un temps fait d'un début, d'un instant et d'une fin. Cet autre temps, linéaire, n'a rien de naturel. Il est l'essence même du temps humain, une temporalité douloureusement dégagée du biologique pour s'inscrire dans l'ordre de la culture. Si le rythme est un flux, un écoulement, on ne peut le réduire cependant ni à la répétition ni à la cadence[4]. Répétition et cadence, période et mesure font certes partie du rythme, mais le rythme est plus que cela. Il n'est pas une simple succession, en quoi il se différencie de la cadence : le rythme est essentiellement un liant. Il relie ce qui est du registre de la continuité d'un côté et ce qui est du registre de la suspension, rupture, césure, coupure de l'autre. À l'instant de la coupure le rythme est dans la continuité d'avant et dans la continuité d'après, mais à l'instant de la continuité le rythme est aussi dans la césure d'avant et dans celle d'après. Il s'agit d'une temporalité faite non seulement de répétitions mais aussi de surprises, d'inattendus, de cadence et de rupture de cadence. L'essence du rythme est faite de cette tension indéfinissable entre un besoin de régularité/répétition et une attente de surprise/étonnement. Nous nous approchons ici de la définition du rythme d'Henri Morier : « 1) Au sens général du terme, retour, à intervalles sensiblement égaux, d'un repère constant (rythme des astres, du cœur, de la musique, de la poésie) ; 2) au sens étroit du terme, par opposition à mètre, *le rythme, rythme pur ou anarchique, tente de rompre une habitude*[5]. » Le rythme est ainsi inscrit dans une attente de rupture, dans une tension qui cherche à rompre une habitude.

La définition première du rythme, définition cosmique ou biologique, ne tient pas compte de l'humain et de ses particularités dont le langage est l'expression la plus achevée. Meschonnic définit « le rythme dans le langage comme l'organisation des marques par lesquelles les signifiants linguistiques et extralinguistiques (dans le cas de la communication orale surtout) produisent une sémantique spécifique, distincte du sens lexical, et que j'appelle la signifiance : c'est-à-dire les valeurs propres à un sujet et à un seul[6] ». C'est bien la raison pour laquelle « les rythmes sont la part la plus archaïque dans le langage. Ils sont dans le discours un mode linguistique pré-individuel, inconscient comme tout le fonctionnement du langage. Ils sont dans le discours un élément de l'histoire individuelle[7] ». « Le rythme est l'inscription d'un sujet dans son histoire[8] », ce qui fait du rythme une valeur ou plutôt une caractéristique idiosyncrasique de l'individu : « Si le sens est une activité du sujet, si le rythme est une organisation du sens dans le discours, le rythme est nécessairement une organisation ou une configuration du sujet dans son discours. Une théorie du rythme dans le discours est donc une théorie du sujet dans le langage[9]. » Ainsi le rythme est-il au cœur du sujet et de son discours, il en est l'essence. En est-il aussi l'origine ? Et d'abord, d'où vient-il ?

LE TEMPS DE LA RÉPÉTITION : LE TEMPS CIRCULAIRE

L'être humain baigne dans le temps, il y est inscrit, il ne peut s'en dégager, il en éprouve chaque jour la douloureuse pesée. Mais en même temps, pourrait-on dire, le même être humain vit chacune de ses journées comme subtilement analogue aux précédentes, habité du sentiment que demain sera comme aujourd'hui et que, d'une certaine façon, cette récurrence le rassure et le met subrepticement à l'abri du temps qui passe. Étrange pouvoir du temps dont le vécu se dédouble en un temps qui file et un temps qui revient. L'opposition entre un temps circulaire et un temps linéaire n'est pas nouvelle mais elle continue de fonder nombre de nos perceptions.

Dans l'histoire ancienne, la notion du temps se confondait avec le récit des mythes*. Ainsi, chez Hésiode dominait un temps cyclique, les générations se succédant pour former un cycle complet. À l'achèvement de ce cycle, le « temps » recommençait soit dans le même sens, soit dans l'autre sens, le temps cosmique correspondant à l'alternance de cycles oscillant dans un sens puis dans l'autre. Ce temps ne correspond pas à une chronologie au sens où nous l'entendons communément : les points de repère temporels se répètent régulièrement chaque année sans qu'il soit possible de distinguer les années les unes des autres, sans système de datation. Cela s'étend aux rapports entre « générations » qui ne sont en rien semblables à une chronologie d'allure transgénérationnelle comme on pourrait s'y attendre et comme on le conçoit de nos jours. Ainsi les généalogies divines se juxtaposent-elles les unes à côté des autres, chacune incluant son propre cycle temporel ; mais parallèlement, d'autres généalogies parcourent un autre cercle, si bien qu'il peut se produire des chevauchements temporels entre ce qui, pour nos contemporains, serait la génération des pères, puis celle des fils et celle des petits-fils : le passé se stratifie ainsi en une succession de généalogies et de générations dont l'agrégation forme l'« ancien

* Comme le montrent en particulier les travaux de Jean-Pierre Vernant sur la mythologie grecque.

temps ». Dans cette perspective cyclique, la fin, le *telos*, n'est autre que la possibilité de parvenir à l'initiation au terme d'un cycle, d'une phase de vie à laquelle succède, grâce à cette initiation, une nouvelle forme d'existence. C'est seulement avec Platon que le temps linéaire commencera à être pensé, nous en avons parlé dans le chapitre consacré à la place de la surprise dans les mythes (voir chapitre III). Pendant de longues années, l'éprouvé d'un temps circulaire, celui d'un temps mythique où l'instant du vivant n'est qu'une (petite) partie d'une plus vaste continuité, l'a emporté largement sur la perception d'un temps linéaire, d'un temps ouvert.

Revenons brièvement aux relations mère-bébé et en particulier à tout ce qui concerne les soins nécessaires au bébé, tels que les repas, le bain et la toilette, le coucher et le sommeil, les sorties, etc. Fait essentiel, quand le maternage et les conditions d'environnement sont satisfaisants, il existe une rythmicité dans la survenue de ces expériences, avec une grande similitude d'un jour à l'autre et même d'une partie de la journée à l'autre.

La ritualisation des conduites maternelles est un des facteurs constitutifs d'un environnement structurant pour le bébé. Tous les auteurs s'accordent sur ce point : la régularité des échanges entre la mère et le bébé s'observe constamment dans leurs interactions et cette régularité est la base sur laquelle l'activité du bébé semble se construire. Ainsi Brinich écrit-il : « Je pense qu'un bébé peut et doit répondre effectivement à des stimuli externes dès la naissance (peut-être même avant). Je ne pense pas toutefois que le bébé puisse distinguer ces stimuli en tant que concepts sur la base de leurs origines internes ou externes, ni qu'il ait déjà conscience d'un lien de causalité entre les événements tels que crier puis être nourri. Cependant, cette situation change rapidement. D'abord la mère reconnaît la détresse du bébé et, par son identification narcissique à son enfant, “comprend” ce qu’il veut. En fait, elle va plus loin, parce qu’elle entend ses cris non seulement comme un signal de détresse, mais aussi comme une demande de nourriture. Et, quand elle prend le bébé contre son sein, elle découvre qu’elle avait “raison” : il tète, apaise sa faim puis s’endort satisfait. Des changements apparaissent maintenant chez le bébé. Il ne “sait” pas que ses cris apporteront un apaisement à sa faim bien que sa mère sache, elle, qu’il crie “parce qu’il a faim”. Il suffit de quelques jours toutefois pour que le bébé se familiarise avec le rituel du repas, le goût, le contact, le bruit, la vue, l’heure, l’endroit et diverses caractéristiques. Le bébé et la mère élaborent très vite les “règles” du repas : vers le dixième jour après la naissance, c’est une interaction souple avec des modèles de sensibilité réciproque à la fois de la part de la mère et du bébé. J’ai utilisé le terme “rituel” pour cette interaction pendant le repas. Mon choix de ce terme reflète la répétition impliquée, la coordination des participants et *l’augmentation de signification qui est une fonction de la répétition.* Ce qui, pour l’enfant, n’était initialement que diverses sensations sans lien devient un ensemble de conduites répétées dans le temps, qui s’associent à la satisfaction. [...] Les rituels ont acquis un sens. [...] Ce sens n’est pas abstrait, il ne va pas au-delà de l’association d’un ensemble, d’un rituel, avec un état interne. Mais c’est une signification *partagée* ; la mère et le bébé connaissent tous les deux ce rituel, son sens et leurs rôles respectifs au sein de ce rituel[10]. » De cette longue citation nous soulignerons les deux composantes essentielles qui permettent peu à peu le dégagement d’un sens : la répétition d’un ensemble de conduites et le partage progressif du sens de ces conduites. Ces deux composantes sont interdépendantes ainsi que le passage souligné par nous le formule : « L’augmentation de signification [...] est une fonction de la répétition. » Pour Brazelton, une des fonctions de la mère est d’apporter une régularité, une harmonisation et une amplification des divers rythmes sur lesquels s'organisent la vie interne et les échanges relationnels entre le bébé et son entourage. Alors que chez le bébé la courbe de l'attention dirigée vers un objet est brisée et irrégulière, la courbe de cette même attention dirigée vers la mère est continue et cyclique[11]. Cet auteur parle de « cycle d'attention », évoque en permanence la nature « rythmique » des échanges et des contacts entre le bébé et sa mère : celle-ci semble jouer le rôle d'une horloge régulatrice qui donne à l'enfant une énergie, une « impulsion » régulière et régularisante.

Cette régularité, cette répétition que tous les auteurs observant les nouveau-nés ont constatée, organise le temps. Chose surprenante, ce temps n'est pas réellement pris en compte dans les hypothèses d'inspiration psychanalytique cherchant à élaborer les bases de la fonction de penser. Entre le champ de l'inconscient hors de la temporalité et le domaine de la conscience pris dans la temporalité, les rapports pour la psychanalyse sont essentiellement de figurabilité, d'imagerie avec toutes ses substitutions métaphoriques ou métonymiques possibles. Mais il n'y a pas dans l'œuvre de Freud de place pour une théorie métapsychologique de la mémoire. La représentation symbolique serait-elle hors du temps ? Est-ce ce que suggèrent Jung avec les archétypes, ou Bion avec les préconceptions innées, ou Freud lui-même quand il évoque la régression phylogénétique, repoussant dans un passé toujours plus lointain et mythologique l'origine du symbolisme le plus primitif ?

L'ANTICIPATION

Revenons aux rituels dont parle Brinich, ou à ces « sous-routines élémentaires » selon une terminologie de Jérôme Bruner[12], ou encore à ce que nous avons nous-même appelé des « agglomérats primitifs d'expérience[13] ». Nous avons émis l'hypothèse que la première activité de « penser » qui ne dépende pas d'une activation perceptivo-sensorielle est une protopensée sur le temps, c'est-à-dire une activité neurocérébrale qui ne soit pas sous la dépendance totale des perceptions sensorielles du moment et qui porte sur les premières traces d'une « représentation » de quelque chose plus tout à fait ou pas encore présent. Elle pourrait se formuler ainsi : « ... après ça, il y aura autre chose... » Si ses conditions de vie sont satisfaisantes, si elles respectent le minimum de régularité et de répétition indispensable, quand un bébé éprouve un certain état affectif, on peut raisonnablement conjecturer que cette protopensée : « ... après ça, il y aura autre chose... », surgit en lui. La pensée sur le temps, la pensée sur la succession est ce qui permet au bébé d'accéder ensuite à la figurabilité des expériences qu'il éprouve, c'est-à-dire à une pensée réflexive qui ouvre à la possibilité de la conscience.

Après cette constatation primordiale que « l'un succède à l'autre », pensée qui porte uniquement sur le facteur temps, le bébé pourra se dégager peu à peu de sa seule activité perceptivo-sensorielle : il pourra développer la pensée d'une succession, d'un autre état qui adviendra. Pour que cette pensée surgisse, il faut bien évidemment que le temps dans lequel la vie du nourrisson est immergée soit organisé de manière circulaire, c'est-à-dire de manière prévisible. La prévisibilité, par-delà les rituels et la ritualisation, reste le facteur essentiel de l'organisation de la psyché. Cette première mise en correspondance de deux états affectifs primitifs, l'actuel et celui qui peut advenir dans le futur immédiat, est rendue possible grâce à la capacité d'attention qu'on pourrait assimiler à la première ébauche du moi : la pensée

« l'un succède à l'autre » va apparaître, puis vont se créer des pontages entre les diverses expériences affectives aboutissant à des séquences d'expériences et de conduites de plus en plus complexes. Au départ, effectivement, le bébé ne sait pas qu'il crie parce qu'il a faim, mais bientôt, parce qu'il sait qu'après l'état affectif de tension associé à la faim viendra un état affectif de détente et de satisfaction, il se met à chercher activement les indices qui lui permettent d'anticiper ce second état. Ce n'est pas l'absence elle-même qui permet de « penser », c'est la succession régulière de l'absence et de la présence qui permet au nourrisson de croire à, puis de chercher à rétablir une situation agréable au moment même où il éprouve un état de tension déplaisant ou douloureux. Certes, ainsi que le précise Bion, on ne peut pas penser une présence, mais selon nous on ne peut pas non plus penser une absence avant d'avoir éprouvé puis pensé une succession. L'activité de penser apparaît dans l'« entre-deux » des stimulations perceptivo-sensorielles et ne prendra son sens que dans l'« après-coup » de la réélaboration, comme nous le verrons un peu plus loin. L'état d'anticipation représente probablement la disposition psychique la plus propice au surgissement et à la confirmation de l'activité de penser. La capacité d'anticipation, d'abord présente chez la mère qui interprète les besoins de son bébé, est rapidement présente chez ce dernier : il quête dans son environnement sonore, visuel, olfactif, affectif, probablement aussi viscéral interne, les indices annonciateurs de l'expérience à venir.

L'importance de cette capacité anticipatrice a été mise en évidence dans le domaine cognitif, en particulier dans l'étude du développement de diverses praxies*. Ainsi Bruner note-t-il : « Nous en arrivons maintenant à une

* Praxies : systèmes de mouvements coordonnés en fonction d'un résultat ou d'une attention.

énigme. Une fois l'acte accompli avec succès et répété avec succès et, donc, une fois les constituants organisés de manière stable dans l'ordre sériel adéquat, il se produit souvent une modification brutale de la structure permettant d'atteindre un objectif souhaité[14]. » Il montre en effet qu'un jeune bébé, pour saisir un objet, commence à étendre la main vers celui-ci, mais au début cette main est fermée. Elle ne s'ouvrira qu'au contact de l'objet. Lors des premiers essais, le geste est le plus souvent infructueux car l'objet tombe souvent, du fait précisément que la main est fermée et ne s'ouvre qu'au contact. Mais quelques succès se produisent en particulier si l'expérimentateur ou, dans la vie quotidienne, la mère tient et présente l'objet de telle sorte qu'il ne tombe pas et ne disparaisse pas. Winnicott avait déjà évoqué ce rôle fondamental de la mère en parlant de la fonction d'« *object-presenting* », c'est-à-dire la capacité à présenter/offrir à son bébé un objet d'une manière telle qu'il puisse en faire quelque chose : le saisir, le regarder, l'explorer, le lâcher et le reprendre, etc. Survient alors un brusque changement dans la séquence gestuelle : le bébé dirige sa main vers l'objet en la gardant ouverte au maximum jusqu'à ce qu'elle touche l'objet-cible. Et Bruner note qu'il semble se produire une réorganisation soudaine des composants de la gestualité avec passage d'une conduite associant une fermeture du poing et une extension du bras à une conduite où l'ouverture de la main accompagne une extension du bras. Réfutant la théorie d'une sélection progressive des éléments gestuels les plus pertinents, théorie qui ne peut expliquer ce soudain remaniement et l'apparition d'un composant jusque-là inexistant, Bruner évoque « un accroissement de l'organisation anticipatrice de l'acte ». La capacité d'anticipation ou en d'autres termes l'« intention » gestuelle existe dès le plus jeune âge : « Le comportement structuré, d'abord produit de manière "réflexe" ou "instinctive", se trouve converti en actions intentionnelles dès que l'enfant a eu l'occasion d'observer les conséquences de ses propres actes[15]. »

Cette modification du geste de préhension, une fois que les sous-systèmes du savoir-faire se sont modularisés pour permettre le déroulement de l'ensemble de la séquence gestuelle, peut être comprise, selon nous, de la manière suivante : après une série d'expériences, le nourrisson sait soudain qu'après la lancée du bras et de l'épaule surviendra la préhension ; il n'a plus besoin du contact cutané, de l'activation perceptivo-sensorielle pour déclencher le schème moteur d'ouverture de la main ; désormais il anticipe la préhension parce qu'il sait qu'elle succédera à la lancée de l'épaule. En quelque sorte la « fonction de penser » libère le nourrisson de la dépendance perceptivo-sensorielle, de la nécessité d'un contact tactile pour que la main s'ouvre. Cette « fonction de penser » se résume initialement à : « ... après la lancée de l'épaule et du bras en avant, viendra la préhension... » ou plus simplement « ... l'un succède à l'autre... ». Bien entendu, pour que ce geste de préhension survienne et se réorganise avec l'hyperextension précoce de la main, il ne faut pas oublier que deux « conditions » doivent encadrer un tel comportement moteur : que le bébé ait le désir de saisir l'objet et que l'objet soit saisissable, qu'il lui soit présenté de façon adéquate. Ces deux conditions sont étroitement liées l'une à l'autre, l'antériorité de l'une sur l'autre restant une question à débattre.

C'est la première condition – « que le bébé ait le désir de saisir l'objet » – qui a d'abord focalisé l'attention des cliniciens, mais en suscitant une ambiguïté. En effet l'attention ou la réflexion s'est portée tantôt sur le désir (l'intentionnalité), tantôt sur l'objet (la finalité), mais rarement sur l'acte de saisir (la stratégie). Seuls les psychologues expérimentalistes s'y étaient intéressés, mais avec la position réductrice de ne pas s'occuper de l'intentionnalité ou de la finalité de l'acte. Mais, après tout, pourquoi ne pourrait-on pas poser comme moteur de l'acte le désir de saisir ?

Si on accepte cette idée, la question essentielle est la suivante : quand le bébé ouvre la main en hyperextension pour saisir l'objet, est-ce parce qu'il a dans sa tête l'image de l'expérience qu'après la lancée de l'épaule surviendra la préhension ? Une préhension, pour quoi faire ? Pour agripper l'objet ? Bien sûr, se trouve posé ici le statut du « désir ». Hermann, on l'a vu, a décrit l'instinct de cramponnement. Le « désir de prendre » dérive-t-il de ce besoin de cramponnement ou le désir de saisir repose-t-il sur le désir d'« objet », le désir de mettre « main basse » sur quelque chose, ce qui pourrait se rapprocher d'une sorte de pulsion d'emprise (voir chapitre IV) ? La satisfaction d'un instinct de cramponnement, c'est-à-dire l'obtention d'un objet dans la main, ne pourrait-elle procurer une « prime de plaisir » de la même manière que la satisfaction de la faim donne une « prime de plaisir » qu'on retrouve ultérieurement à travers le désir de succion ? En d'autres termes, le désir de saisir l'objet s'étaye certainement sur le besoin de prendre : on observe ce « besoin de prendre » quand le bébé lance le bras en direction de l'objet, main fermée ; on voit la transformation de ce besoin en « désir de prendre » quand la main s'ouvre par anticipation. L'hypothèse d'un « désir primaire d'objet » sous-tend implicitement l'existence d'une image mentale de l'objet sur laquelle s'étaye ce désir : nous contestons cette conception classique de la psychanalyse génétique (psychanalyse du développement) pour laquelle l'objet est investi de façon hallucinatoire avant même d'être perçu. Le désir naît plutôt secondairement. Ne surgit-il pas au moment précis où le bébé ouvre la main en hyperextension, avant d'avoir touché l'objet, au moment où il anticipe cette préhension, parce que, désormais, il sait que la préhension succédera à la lancée en avant du bras et de l'épaule ? Désormais, il est libéré de la nécessité d'une activation sensorielle pour accomplir la totalité de son geste qui est représenté dans son psychisme avant même que d'être accompli.

À la lumière de ces constatations et de ces hypothèses, l'anticipation devient un facteur déterminant. Jean Sutter, dans l'ouvrage qu'il consacre précisément à l'anticipation[16], y discerne trois dispositifs qui alternent et se combinent : une « propulsion vers l'avenir », un « mouvement d'appropriation » et la « recherche de la domination », illustrés à travers l'exemple de la lancée en avant de la main.

De son côté, Stern utilise le concept de « forme de vitalité » (*vitality form*) pour définir cette capacité du nourrisson de transformer des séries discontinues et discrètes d'expériences affectives en un « accordage » affectif continu et durable avec une personne. Pour cet auteur, le problème est de conceptualiser ce passage d'un registre où est prise en compte la seule alternative activation/excitation (qui présente donc un aspect discontinu) à un registre où est pris en compte le rapport temps/intensité, passage qui permet précisément à l'individu, en particulier au bébé, de « transposer certaines catégories de qualités de perception en des qualités de sensation ». N'est-ce pas plutôt l'anticipation qui jouerait ici un rôle de premier plan ? En effet, on peut avancer l'idée que la fonction de l'anticipation est précisément de lier les catégories discontinues de l'activité perceptivo-sensorielle aux catégories continues du vécu affectif. Quand les qualités de la perception correspondent à ce qui était anticipé, il est probable que cela confirme l'attente du bébé et fournisse une « prime de plaisir » issue directement de cette fonction d'anticipation. Cette prime de plaisir pourrait être ce qui transforme les perceptions sensorielles en un certain vécu émotionnel.

Quoi qu'il en soit, les deux points à partir desquels l'activité de penser symbolique peut se développer sont, d'une part, la répétition et la régularité des expériences, d'autre part, la capacité très précoce du bébé à anticiper l'advenir immédiat. La pensée symbolique ne trouve pas plus son origine dans l'absence de l'objet que dans sa présence. C'est dans l'alternance des présences-absences, leurs répétitions régulières, dans leurs entre-deux qu'elle surgira. En cet instant privilégié où le bébé cherche activement à anticiper sur l'état futur, où il quête dans son environnement les indices de l'« expérience immédiate » qui va suivre, une pensée sur le temps, sur la succession, apparaît probablement. À partir de cette pensée, le bébé développera effectivement l'illusion qu'il a créé l'état affectif suivant, qu'il a la faculté d'influer sur le cours de ses perceptions, par conséquent son moi retire une gratification notable à anticiper, prévoir, planifier et créer les événements de son environnement. En d'autres termes, il commence à construire « sa » réalité, la seule qui lui importera toujours.

Ce temps des premières expériences, ou « temps primitif », se caractérise par la récurrence régulière des événements. Celle-ci permet probablement au bébé la première pensée sur le temps, sur la succession, établissant ainsi un lien de connaissance (ou lien épistémique) qui est d'abord et avant tout un lien temporel de répétition fiable : dans ces conditions l'anticipation peut émerger et sa pertinence est régulièrement confirmée. Nous retrouvons là les hypothèses de Jaïtin déjà évoquées (voir p. 128). Ce temps est par définition celui du retour des choses : c'est le temps cyclique, le temps circulaire. Il s'oppose au temps linéaire, le temps marqué par un début et une fin, par une direction. Pierre Chaunu oppose dans, *L'histoire humaine*, ces deux temps : le temps circulaire, le temps linéaire : « L'histoire du temps, ou mieux encore la perception du temps dans l'histoire, découle de ces deux expériences juxtaposées :

l'expérience existentielle, depuis la première tombe intentionnelle, de la vie qui s'écoule inexorablement de la béance du berceau à la béance du tombeau, et la multitude des repères naturels (physiques et biologiques) qui tous donnent l'image de la circularité, du perpétuel retour. [...] Aussi loin que remonte la mémoire historique humaine, si primitives que soient les sociétés de la pierre éclatée, toutes ont des calendriers. Les premières chronologies sont à base de lune. C'est un fait, la lune est et reste un guide fidèle de l'homme. Elle se laisse fixer sans péril pour les yeux. Elle change chaque jour. Son rythme court ne requiert pas de la mémoire un trop rude exercice. [...] Le premier calendrier perpétuel fut celui des premiers Égyptiens, grâce à un don infaillible de la nature, le retour annuel de la crue du Nil. Le temps circulaire, le temps naturel, le temps inusable à l'échelle de la vie humaine l'emporte[17]. » Et pourtant à quoi servent les calendriers, sinon à tenter de mesurer le temps linéaire ? Peut-on aller jusqu'à dire que le temps circulaire serait le temps archaïque de notre psyché, le temps qui conditionne l'émergence de notre pensée et en constitue l'armature, avant qu'ultérieurement le temps linéaire, le temps dirigé et fini, le temps de la coupure s'impose à la pensée comme une pénible évidence ?

Temps circulaire, temps linéaire : deux catégories du temps qu'on aurait intérêt à mieux distinguer. Si le temps linéaire appartient bien au registre d'une pensée consciente, marquée d'une direction, en revanche où le temps circulaire trouve-t-il sa place dans l'organisation de notre psyché ? L'inconscient est hors du temps, dit-on volontiers. Certes il n'est pas soumis au temps linéaire, au temps marqué d'un début, d'une direction et d'une fin. Mais est-il pour autant hors du temps ? Déclarer que la faculté de penser découle de l'investissement du temps est une idée ni très originale ni très nouvelle.

L'INVESTISSEMENT DE L'ATTENTE

Freud avait déjà souligné l'importance de l'attente comme moment particulier d'investissement de la pensée. On en retrouve plusieurs exemples qui corroborent ce qui vient d'être dit sur l'attention, l'anticipation, la répétition, en particulier dans *Esquisse d'une psychologie scientifique* : « Cet état [d'attention] a un prototype dans l'expérience de satisfaction si importante pour tout le processus de développement et dans ses répétitions, états de besoins qui se transforment en états de désir et en états d'attente » ; « L'éducation et le développement du moi originel prennent place à partir d'une répétition du besoin, dans *l'attente* » ; « L'état d'attente [...] est le point de départ de toute pensée[18]. »

Dans son commentaire sur l'*Esquisse,* Le Beuf n'hésite pas à déclarer que « tout l'exposé sur les processus psychiques normaux se construit sur la notion d'attente nécessaire pour que l'illusion ne dégénère pas en croyance dommageable par décharges motrices intempestives sans prise sur le monde extérieur ou en hallucinations non moins douloureuses[19]. »

Cependant si attente et pensée sont consubstantielles, il est habituel de reconnaître que la logique des pulsions est atemporelle ou plutôt de dire que les pulsions obéissent à un temps circulaire, le temps de l'éternel retour, du permanent recommencement, qui s'oppose au temps linéaire marqué d'un début, d'une direction et d'une fin. Celui-ci est le temps de la secondarisation des processus de pensée pris dans une logique spatio-temporelle, logique à laquelle échappe à l'évidence l'inconscient. Cela pose évidemment la question de savoir si on peut concevoir ou plus simplement penser l'inconscient. À la suite de

Cain[20], peut-on dire que les pulsions obéissent au temps circulaire plutôt que d'affirmer leur intemporalité, confondant le pulsionnel et l'instinctuel ? Le temps circulaire serait-il le temps dans lequel est pris l'inconscient ?

Posée en d'autres termes, la question pourrait être la suivante : comment la pensée consciente peut-elle se dégager de l'emprise de ce temps archaïque, celui de la récurrence, de la répétition, de la satisfaction des besoins, de l'apaisement des instincts ? C'est aussi, comme nous l'avons vu, le temps de l'immortalité, de la toute-puissance, celui de la mythologie et des dieux. Comment se dégager de la fascination de ce temps circulaire et accepter d'entrer dans la souffrance du temps linéaire ?

La récurrence rassure, elle promet l'immortalité, mais elle présente aussi de redoutables inconvénients. En effet si la prévisibilité tranquillise, si le fait que ce qui est attendu advient exactement comme cela est attendu réconforte et apaise, en revanche, rapidement, rien n'est plus ennuyeux que ces anticipations toujours confirmées. Trop de répétition devient vite monotone, pour ne pas dire mortifère, figeant l'être humain dans une minéralité qui pour être apaisante se confond bientôt avec l'immobilisme du monde inanimé. De ce point de vue, toutes les recherches cognitives actuelles montrent que la répétition inchangée d'un même stimulus entraîne chez l'être humain ce phénomène très justement appelé « extinction » (voir chapitre VII). Quand on administre à un sujet, quel que soit son âge, un stimulus toujours identique, ne variant par aucune de ses caractéristiques (qu'il s'agisse de forme, de couleur, de tonalité, d'intensité, de rythme, etc.), on observe constamment, après les premières réactions d'intérêt (dites d'ailleurs réactions d'éveil), une diminution progressive de cet éveil pour aboutir au phénomène d'extinction. À partir d'un certain nombre de répétitions, le sujet ne présente plus aucune réaction. Son intérêt s'est éteint. Si la répétition apaise, l'excès de répétition et la trop grande prévisibilité endorment : ils font disparaître deux des composantes essentielles de l'humain, l'attente et la curiosité. Comment cette attente qui fonde la pensée, une pensée réflexive capable de se « penser » elle-même, peut-elle rester en éveil ?

Le rythme, compris non pas comme une simple répétition ou récurrence, mais comme ce qui relie le moment de la suspension, de la coupure d'avant avec ce qui maintenant est de l'ordre de la répétition, de la continuité, peut représenter la clef qui permet de passer du temps circulaire au temps linéaire. Il sert à ouvrir la boucle du temps circulaire pour imposer l'existence de la chronologie, la marque de l'écoulement d'un temps devenu linéaire. Le rythme est une menace pour ce temps qui revient sur lui-même, le temps de l'inconscient, mais aussi le temps de l'univers marqué par la récurrence rassurante des événements. Ouvert, éventré, fendu, le temps linéaire devient un temps douloureusement humain, qui commence, file et ne revient pas, le temps des abstractions, de l'intelligence humaine, celui du big bang, un temps cosmique qui se répand et au sein duquel l'homme se sent menacé de finitude.

LA SURPRISE : OUVERTURE DU TEMPS CIRCULAIRE, FONDEMENT DU RYTHME

Reprenons brièvement les jeux interactifs mère-bébé évoqués au chapitre II, ces jeux de chatouilles, de petites bêtes qui montent, de marionnettes, de cache-cache auxquels mères et bébés jouent très souvent dans l'entre-deux des soins ou dans des moments de tranquillité.

Après avoir, par un code subtil, fait comprendre à son bébé qu'elle allait s'engager dans un tel jeu, après que le bébé a manifesté son attente, la mère l'excite en se rapprochant de lui, en le stimulant (par des caresses, des chatouilles, des mimiques, des mots ou des chants à la prosodie plaisante). Elle crée alors des attentes qui augmentent la stimulation du bébé et son état d'éveil. Celui-ci est tendu en totalité vers sa mère, littéralement capté par elle, témoignant par toutes les marques de son corps de cet engagement. Les membres sont en demi-flexion, avec de petits mouvements d'impatience, les mains se ferment et s'ouvrent en cadence, le visage montre toutes les expressions de l'engagement relationnel : bouche ouverte, langue en légère protrusion, sourcils relevés, yeux grands ouverts et pupilles brillantes. La mère apporte quelques modifications dans le jeu, variant le tempo, le lieu de la chatouille, la rapidité du geste ou de la prosodie. Le bébé identifie ces variations, cela semble l'exciter et augmenter son attente, son apparent plaisir : tous les petits gestes qu'on vient de décrire, les signes de l'engagement relationnel, sont de plus en plus intenses ou rapides. Au moment où l'excitation pourrait probablement devenir excessive, menaçant par cet excès même soit d'épuiser le bébé soit de le désorganiser, brusquement, la mère surprend son enfant : elle trompe son attente, fait survenir (variation temporelle) ou surgir (variation spatiale) la chatouille de façon inattendue. La surprise et la tromperie déstabilisent le bébé, le font vaciller une fraction de temps. Devant son regard surpris et légèrement inquiet, la mère sourit, se rapproche de lui, le serre dans ses bras, l'embrasse... et le bébé se détend, sourit à son tour puis, quand il est un peu plus âgé, rit franchement.

Un moment important survient dans le cours du deuxième trimestre de la vie du bébé, entre trois et six mois environ. En effet, au cours du premier mois l'excitation du bébé apparaît quand les chatouilles se produisent. L'intensité de cette excitation est proportionnelle à celle des chatouilles et à leur durée, le rire surgissant à l'acmé de ces chatouilles, au moment où la mère va s'arrêter. Le rire, chez le bébé, correspond à une « fluctuation de tension » brusque[21].

Cependant, à partir du troisième mois, une modification essentielle surgit. La chatouille, c'est-à-dire la stimulation tactile, n'est plus le facteur unique qui provoque l'excitation et déclenche le rire. La phase intermédiaire où se trouvent mêlés attirance et retrait semble, du fait même de cette disposition paradoxale, susciter une excitation croissante. Un changement fondamental s'est opéré dans les processus de motivation intrapsychique du nourrisson quand s'installe cette phase d'attente intermédiaire, car, à ce stade du développement, l'excitation ne relève plus du seul domaine sensoriel. En effet, maintenant, elle provient de l'attente du chatouillement et de l'incertitude. À partir de ce moment, c'est la modification du rythme qui « chatouille » la psyché, l'âme de l'enfant, provoquant ainsi le rire ; ce n'est plus la main de la mère sur le corps. Désormais les variations de rythme deviennent le principal facteur excitant. Cela évolue en un jeu complet avec beaucoup de variantes et où deux stimuli différents opèrent en même temps pour augmenter l'excitation provoquée par la stimulation cognitive, c'est-à-dire la création d'attentes et la « violation » de celles-ci (ce qui procure un effet de surprise). Le changement est essentiel, car la montée de l'excitation correspond autant à cette phase d'expectative paradoxale, mélangeant chez le bébé attirance et répulsion, qu'à la stimulation tactile proprement dite. L'attente et les fluctuations dans l'attente (modification de temps, de durée, de mouvement d'approche, de sons émis par la mère) constituent un facteur de stimulation aussi puissant que la chatouille elle-même. On est même en droit de se demander si la « chatouille » ne sert pas uniquement à cela : l'investissement du temps d'attente la précédant et son anticipation. Ainsi observe-t-on un déplacement de l'excitation qui passe d'une zone purement sensorielle à une zone surtout cognitive. L'attente et les variations de son rythme, la création d'une règle de jeu suivie par les violations de cette règle, le fait que l'incertitude peut désormais receler pour la pensée une dimension excitante et attirante : ce qui est attendu n'est pas nécessairement ce qui doit advenir (voir chap. VII) !

Peut-être comprend-on mieux ainsi pourquoi ce jeu de chatouilles, si inutile en apparence, est si répandu, car presque toutes les mères y jouent avec leur bébé. L'affect ou l'émotion, avec son sentiment subjectif de joie ou de plaisir, appartient à une classe conceptuelle différente de celle des stimulations sensorielles : affects et émotions s'inscrivent dans la continuité de l'investissement psychique du temps, perceptions et stimulations surgissent dans la discontinuité sensorielle de l'expérience somatique. Le jeu de chatouilles nous montre probablement un des modes de passage d'une stimulation-excitation purement sensorielle à une excitation surtout affective et cognitive où se trouvent conjuguées l'attente que quelque chose advienne et l'incertitude sur cet advenir, incertitude pouvant elle-même être source de plaisir. Ainsi sont liées l'attirance et la répulsion, qu'on peut assimiler à la présence concomitante et paradoxale d'une recherche de plaisir et d'un évitement du déplaisir. D'une certaine façon cette attente contradictoire peut aussi être considérée comme le premier investissement d'un « conflit psychique » entre le désir que « ça recommence » et le souhait que « ça change ».

Repas, cérémonial d'accueil, jeu de chatouilles, trois styles d'attente et d'anticipation dans les interactions entre mère et bébé. Le repas est le domaine des anticipations confirmées, surtout de la part de la mère. Le cérémonial d'accueil voit se déployer un jeu interactif fait de ces mêmes anticipations, chez la mère d'abord, puis très rapidement ensuite chez le bébé ; mais, fait important, chez la mère l'expression de son visage comme son « parler bébé » sont saturés de « fausses surprises », comme si elle faisait semblant d'être étonnée par les mimiques ou les ébauches de vocalises de son enfant, en amplifiant au maximum leur signification possible. Enfin, le jeu de chatouilles est le domaine des attentes trompées après que des règles de jeu eurent été établies entre mère et bébé : c'est le domaine de l'incertitude et de la surprise. L'attente repose sur la répétition préalable mais, en même temps, le nourrisson « sait » qu'elle peut être violée par une surprise qui en elle-même est un puissant facteur d'excitation supplémentaire. Répétition et rupture de répétition se mêlent étroitement.

Deux types d'anticipations se définissent ainsi : d'un côté, les anticipations confirmées telles qu'on les observe dans le rituel du repas, de l'autre, les attentes trompées comme on peut les voir dans les interactions ludiques : jeux de coucou, de chatouilles, de marionnettes. Le cérémonial d'accueil pourrait être à la jonction de ces deux types d'anticipation, les expressions de « fausses surprises » sur le visage de la mère faisant le lien entre les deux situations précédentes.

TROMPERIES ET MANQUEMENT MATERNEL

Pourquoi les mères aiment-elles ainsi « tromper » leur bébé ? Pour les faire rire, peut-on répondre d'abord. Certes le rire est une récompense et l'occasion d'un partage émotionnel. Mais avant le rire, il nous semble que la mère prend plaisir à surprendre son bébé, à lire dans son regard cet instant fugace de perplexité, ce moment paradoxal d'un conflit de désir entre l'engagement et le retrait, et la possibilité de lui « manquer », ne serait-ce que fugacement. Ce faisant, elle permet à son enfant d'investir l'attente, l'incertitude et le conflit psychique de désir.

La surprise, au sens d'une attente trompée, implique un manquement qui peut devenir source d'un certain plaisir ou être investi par la pensée comme le symbole d'une attente potentiellement jouissive, de même que la chatouille permet l'investissement libidinal diffus du corps par la main. Le manquement transforme le besoin en désir.

En outre, en surprenant son bébé, la mère lui montre aussi sa propre liberté et son attachement à un tiers. L'enfant y gagne la liberté de son désir, laquelle s'acquiert grâce aux tromperies ludiques de la mère. En effet, par sa capacité de lui faire défaut, de ne pas être là où elle est attendue, la mère ouvre une brèche dans la continuité des anticipations attendues du nourrisson, créant un flux particulier qui est l'essence même du rythme.

Mais que veut-on dire par « manquement » ? Si le manque est le symbole de l'absence, le manquement est le symbole du défaut : c'est le fait de manquer à ses obligations. C'est bien de cela dont il s'agit : la mère se doit d'accepter l'idée de faire défaut à son bébé. À l'instant même de ce défaut et grâce à la surprise qui en résulte, le vacillement de la relation donne à l'enfant, pour une fraction de seconde, l'activité subjectivante qui lui permettra de se dégager de la symbiose si douce et si heureuse d'avec sa mère que les psychanalystes dénomment « objet primaire ».

On a longtemps confondu le registre du manque et celui du manquement. La mère qui manque est absente, la mère qui fait défaut n'est pas là où son enfant l'attend, elle est juste à côté. Le manque aboutit à une anticipation vaine et vide, le défaut aboutit à une anticipation trompée. Le manquement introduit dans l'interaction mère-enfant une symbolique tierce. La mère n'est pas exactement là où l'enfant l'attend et ce décalage qui produit la surprise permet aussi à l'enfant de tolérer désormais l'écart entre ce qui est attendu et ce qui advient : c'est la place de l'« autre ». Dans cet écart, l'angoisse menace toujours de surgir parce que l'individu affronte la solitude potentielle et parce que le manque peut succéder au manquement : le défaut devient alors persécuteur parce qu'il annonce l'absence. Mais quand au défaut succèdent les retrouvailles, alors l'écart devient plaisir, jubilation, prélude au rire et à la détente. La répétition de ces jeux interactifs, tels les jeux de coucou ou de la petite bête, où alternent surprises et tromperies suivies de retrouvailles et de rires, permet que l'écart soit investi de plaisir (ce sont ces indices de divergence qui seront transformés ultérieurement en jeu des deux dessins : « Cherchez l'erreur »). Par ces jeux interactifs précoces, le bébé investit le temps d'attente d'une part et la surprise d'autre part d'une qualité affective positive : c'est de notre point de vue la matrice de la capacité à tolérer la frustration au plan pulsionnel et à tolérer l'incertitude au plan cognitif.

Au début, une partie seulement de la mère fait défaut : la main qui chatouille ne vient pas exactement à l'endroit attendu mais juste à côté, le doigt-marionnette surgit « par-derrière », là où il était attendu « pardevant », etc. Dans la chatouille, mère et bébé se regardent, le visage de la mère exprimant la surprise avant que le bébé ne l'exprime lui-même ; dans le jeu de coucou, le regard du bébé va du doigt-marionnette au regard de la mère dont le visage là encore exprime par anticipation la surprise : on peut considérer que ce jeu des regards représente un des précurseurs de l'attention partagée puis de l'attention conjointe. Enfin, l'éclat de rire qui ponctue ordinairement la séquence ludique au cours de laquelle la mère a trompé son bébé traduit la détente secondaire à la montée tensionnelle provoquée par l'attente mais il permet aussi que la « libido » marque de son sceau ce temps d'attente : désormais la réalité peut être légèrement différente de ce qu'on attend sans que cela soit une catastrophe. Le bébé peut même trouver un plaisir certain à cet écart.

Stern souligne que c'est pour partager leurs émotions que mère et bébé jouent ainsi. Certes, mais pourquoi ce partage doit-il se terminer par une séquence au cours de laquelle la mère, d'une certaine façon, trompe son bébé ? On peut même aller jusqu'à dire que l'ensemble du jeu paraît être organisé pour créer une règle que la mère va violer. Cette tromperie n'est-elle pas pour les deux partenaires le moyen de vérifier leur différence ? Ils ne sont pas confondus, les attentes de l'un ne rencontrent pas systématiquement les attentes de l'autre et vice versa. Toutefois, la mère ne peut s'autoriser ces manquements que si elle-même ne se sent pas totalement comblée par son bébé et si elle n'est pas convaincue d'être la seule et l'unique à pouvoir le satisfaire. En d'autres termes, dans ses représentations psychiques un tiers est investi et présent : le bébé ne la comble pas totalement. Par ses propres manquements elle lui montre qu'elle peut aussi lui faire défaut : elle en joue. Cet espace ludique, Winnicott l'a appelé « espace transitionnel », précurseur de la fonction tierce nécessairement incluse dans l'espace psychique maternel.

La surprise touche et affecte le sujet, le déconcerte et le « prend à l'improviste » comme s'il était attaqué et pris par un autre. C'est bien dans cette rupture, dans ce que nous avons appelé le « vacillement de la relation » que l'activité subjectivante de l'autre peut apparaître. Puget en retrouve la trace à travers cette réflexion : « Le plus problématique et qui devient source d'angoisse dans un lien est l'insaisissable de l'autre avec lequel, néanmoins, l'investissement est une condition nécessaire pour que le sujet advienne. Et comme au surplus l'autre doit être nécessairement différent, inconnu, insaisissable pour que le lien puisse s'établir, nous sommes en plein dans le paradoxe inhérent à la constitution du lien. La qualité de "différent" met l'autre non seulement à la place de ce que le sujet désire avoir ou être, mais aussi donne le désir de connaître l'inconnaissable et sauve ainsi de la fusion narcissique[22]. » Le jeu de surprise avec l'attente trompée puis ce qui en résulte, c'est-à-dire le manquement de la mère (elle n'est pas exactement là où son bébé l'attend, elle est juste à côté), ouvre précisément cette brèche, cet insaisissable de l'autre qui permet au lien de s'établir et par là même aux deux partenaires de se dégager de la fusion. Bien que Jaïtin développe une conception critiquable du rythme réduite à la seule cadence, elle note cependant : « Ces structures protorythmiques fonctionnent comme des espaces d'étayage quand elles gardent un rythme constant et comme des espaces de désétayage quand elles sont arythmiques[23]. » Si nous contestons la notion d'arythmie comprise comme une simple absence de rythme répétitif, en revanche le rôle de défusion, de désétayage que peut avoir la brisure de la répétition est tout à fait pertinent. Cette défusion est seule à même d'ouvrir l'espace de l'autre. Dans les interactions de jeu, cet autre ne peut être que l'« autre » de la mère, celui qu'elle attend, auquel elle pense en regardant son bébé, ce bébé qui n'en est qu'une incomplète reproduction. Pour la mère surprendre son bébé, c'est lui faire courir le risque d'être pris par un autre qu'elle-même, et c'est pour elle prendre le risque de voir cet autre s'installer entre eux deux. Quand la surprise survient entre deux personnes, c'est qu'il y a un espace potentiel entre elles.

La caractéristique des jeux interactifs précoces entre mère et bébé est d'installer la surprise entre ces deux partenaires ; cette surprise participe à l'investissement d'une temporalité particulière où les événements qui se répètent et ceux qui surprennent sont en même temps et de façon en apparence paradoxale investis. Ces jeux où alternent répétition et surprise constituent la trame même du rythme, et la surprise est l'instrument dont se sert le rythme pour parvenir à délier le temps circulaire et ouvrir l'être humain au temps linéaire.

RÉPÉTITION ET CHANGEMENT : MACRORYTHMES ET MICRORYTHMES

Tout au long de la journée, les activités de soin se répètent de façon régulière, prévisible. Le bébé peut anticiper leur advenir et prendre plaisir à ces anticipations : d'une certaine façon il peut développer l'illusion d'être le créateur de son propre environnement. Cette illusion est fondamentale car elle procure à l'individu qui a eu la chance de pouvoir en faire l'expérience un sentiment de sécurité et de sûreté qui fonde les bases de son narcissisme. Elle permet que les premières pensées sur une succession, « ... après cela, il y aura autre chose... », soient investies. Cependant si on en reste là, l'investissement de la pensée elle-même, c'est-à-dire le plaisir à penser, n'est pas assuré. Totalement tournée vers le concret, vers l'anticipation d'une réalisation de satisfactions appartenant au registre des besoins physiologiques, une telle pensée se résume vite à la vérification d'une récurrence ennuyeuse. Comment soutenir alors l'investissement d'une pensée qui ne répondrait pas uniquement à la satisfaction d'un besoin physiologique mais qui se prendrait elle-même comme objet d'investissement ? C'est ce que nous avons décrit à travers les jeux de surprise entre une mère et son bébé. Le bébé n'attend pas seulement pour être satisfait, il attend désormais parce que c'est excitant d'attendre, parce que peuvent surgir des surprises qui sont pour la psyché ce que les caresses et les chatouilles sont pour la peau : une source de plaisir et de stimulations. À partir du moment où on constate que répétition et changement sont deux choses indispensables pour qu'un individu puisse naître psychiquement, croître et se développer, on perçoit aussitôt que ces deux types de besoins ne se situent pas dans les mêmes domaines.

Chemin faisant nous définissons ainsi deux types d'organisations du temps, les « macrorythmes » et les « microrythmes », relatifs à deux domaines différents[24] :

— Le domaine des interactions de soin, celui des anticipations confirmées ; c'est tout ce qui concerne les relations de soin inscrites dans les macrorythmes du quotidien : le lever, le repas, la toilette, la promenade, le bain, le coucher... Toutes ces activités relativement fixes d'une journée à l'autre, nécessaires au bien-être du bébé, arrivent quand celui-ci les attend parce que très vite des « indices de qualité » lui permettent d'anticiper leur advenir immédiat. On appelle « indices de qualité » ce qui dans l'environnement est perçu comme identique à ce qui a été perçu dans le passé. Ainsi, lorsque le bébé attend, cela se réalise. Cela est d'autant plus vrai que la mère « ouvre » ou « ferme » ces activités par un indice facilement repérable par l'enfant, indice qui conjugue en général un affect de « vitalité » (sortir le bébé de son berceau, l'installer sur le siège du repas, le déposer sur la table à langer, le prendre dans ses bras...) et un commentaire de la mère sur ce qu'elle va entreprendre, formulé d'une voix douce, mélodieuse et aisément reconnaissable. Ces anticipations confirmées donnent peu à peu au bébé le sentiment qu'il est le créateur de son environnement d'où un sentiment de toute-puissance et l'illusion de créer le monde. Le narcissisme du bébé et celui « bien tempéré » du futur adulte reposent sur cette illusion. À travers ce temps répétitif et circulaire des interactions de soin se développe le sentiment de *sécurité narcissique.* Toutefois dans ce domaine, l'enjeu est de procurer l'apaisement : c'est le besoin corporel et physiologique du bébé que la mère doit « combler » sans défaut ni manquement majeur. Satisfait, le bébé se calme et s'endort. Dans cet apaisement du besoin, le bébé perd quelque chose : l'éveil de sa psyché (nous ne saurons jamais à quoi rêvent les bébés avant qu'ils ne puissent parler !). Ainsi sont liés rythme nycthéméral – relations de soin – anticipations confirmées – apaisement du besoin – capacité de mémorisation. Cet ensemble définit les *macrorythmes,* marqués par leur récurrence inscrite dans la circularité du temps.

— Le domaine des interactions ludiques, celui des surprises et tromperies : de temps en temps la mère s'offre avec son bébé des petits moments de surprise, de provocation, de tromperie. Elle joue à la petite bête qui monte, à la chatouille, au jeu de coucou, etc. Ses expressions de fausse surprise, de fausse gronderie s'accompagnent toujours d'un message parfaitement contradictoire entre le ton de la voix et l'expression du visage : quand la voix se fait grave, le visage sourit ; quand le visage se fait sévère, la voix est douce ; quand les mots sont négatifs (exemple : « oh ! petit cochon ! »), la prosodie et l'intonation sont chaleureuses. Pourquoi cela ? Surprise d'une mère incompréhensible et contradictoire ? Premières « leçons » sur l'ambivalence de toute relation humaine et sur l'incertitude liée à la polysémie de tout discours ? Quand la mère joue à la chatouille, elle joue à créer des règles, à susciter des attentes chez son bébé, puis dès que celles-ci sont établies, elle le surprend, le trompe et en rit. D'abord étonné, le bébé lit sur le visage maternel le plaisir et le rire, puis il en rit lui aussi. Ces jeux sont le domaine des microrythmes, interactions qui ne durent jamais plus d'une ou deux minutes, la plupart du temps en apparence parfaitement inutiles, mais auxquels une grande majorité de mères se livrent quand elles en ont la liberté. Ces interactions ne font pas partie des soins, ne sont pas nécessaires à la survie du bébé, elles sont du domaine de l'aléatoire, du gratuit, de l'inutile, du changement, de la surprise. Cependant, elles participent à l'excitation du bébé, provoquée par l'autre. Il ne s'agit pas d'apaiser un besoin, de le faire taire en quelque sorte, mais de créer les conditions d'une excitation. Nous ne sommes plus dans le registre du besoin. Nous sommes passés dans celui du pulsionnel : le plaisir à s'exciter ensemble. Ainsi sont liés : relation humaine proximale, interaction ludique, attente trompée, excitation pulsionnelle, échange d'affects. Cet ensemble définit les *microrythmes*, marqués par une survenue aléatoire inscrite dans la linéarité du temps.

C'est la conjonction de ces deux temps qui fonde le rythme dans lequel va s'installer le bébé. Inscrit dans un macrorythme suffisamment répétitif, stable et sûr, le bébé peut « construire » la continuité de son narcissisme, sa sécurité de base, où ce qui est attendu advient, où l'attente confirmée calme et apaise. Dans le monde qui l'entoure, il investit alors les « indices de qualité », c'est-à-dire tout ce qui est identique à son expérience passée et qui renforce sa capacité de mémorisation puis ultérieurement de rêverie. De même, marqué par des microrythmes aléatoires et incertains, le bébé peut « investir » l'incertitude où ce qui est attendu n'est jamais sûr, où l'attente est excitante. L'attente de cette surprise permet l'investissement libidinal de la tension par anticipation de la détente liée au rire des retrouvailles. Dans le monde qui l'entoure, le bébé investit alors les « indices de divergences », c'est-à-dire tout ce qui dans l'expérience actuelle est légèrement différent de l'expérience passée et qui renforce sa capacité d'attention puis ultérieurement d'apprentissage.

Au plus intime de son organisation psychique, l'individu est ainsi profondément marqué par ce subtil mélange entre répétitions et changements, entre attentes confirmées et attentes trompées, entre macrorythmes et microrythmes, ce mélange constituant le rythme idiosyncrasique individuel qui fonde la subjectivité et par lequel celle-ci s'exprime. Si incontestablement le temps circulaire, répétitif, peut être considéré comme le témoin de l'inconscient, ce serait celui d'un inconscient « collectif », sorte d'inconscient jungien. En revanche, nous pensons que l'inconscient individuel, plus proche de l'inconscient freudien, résulte de l'entrelacs des temps circulaire et linéaire formant un rythme subjectif et subjectivant.

Le rythme sert à ouvrir la boucle du temps, il permet à l'être humain de passer d'un temps circulaire à un temps linéaire, la surprise étant le couperet dont il se sert pour trancher la circularité du temps archaïque, cassant la répétition pour un instant, dénouant les liens protecteurs du temps circulaire pour projeter l'individu dans la course solitaire d'un temps linéaire angoissant. Mais il n'y a pas de surprise sans surgissement d'un autre et c'est par cet autre que l'ouverture du circulaire au linéaire s'opère.

Les montres fixées à nos poignets sont l'illustration de ce douloureux conflit temporel dans lequel nous sommes pris. Servent-elles à compter ou à mesurer le temps ? Pendant de très longues années, après l'invention de l'horlogerie, le cadran, celui des horloges puis des montres, servit à la mesure du temps. Puis sont arrivées les montres à quartz dont l'affichage digital permettait un comptage du temps par l'égrenage « visible » des secondes, des minutes et des heures. Les jeunes, et les moins jeunes, se sont précipités sur ces merveilleuses machines qui donnaient aussitôt, sans effort de lecture, l'heure, la minute et la seconde. Pourtant quelques années plus tard, tout en conservant la précision du quartz, ils sont revenus à des montres à cadran parce que ce comptage machinal devenait quelque peu obsédant et persécuteur tout en laissant le propriétaire de la montre à affichage digital vaguement égaré dans la représentation de son temps. Qu'en conclure ? Que le comptage du temps par des chiffres qui défilent sans aucun retour possible est pour l'être humain une confrontation trop douloureuse à un temps linéaire, un temps qui file et ne revient pas, un temps abstrait qui ne peut se figurer. Cette absence de représentation est par elle-même douloureuse. Lire le temps sur une montre à cadran procède d'une rassurante tromperie et d'une double pirouette : le cadran transforme le temps en espace et la linéarité en circularité. Les aiguilles de la montre ne comptent pas le temps, elles en donnent simplement une mesure ; elles font oublier la linéarité d'un temps ennemi de l'humain, pour donner une mesure sous une forme circulaire, le cadran, qui rassure et apaise les angoisses. Les aiguilles permettent de voir le temps comme on voit son chemin, elles le parcourent comme l'athlète parcourt le stade, elles donnent l'illusion que le temps fait un tour puis revient sur lui-même, nous garantissant que rien n'est totalement perdu, qu'au tour suivant cela sera peut-être possible. L'homme tient à son cadran car c'est un stratagème qui le rend doublement maître du temps : il peut le compter et continuer à croire qu'il en fait le tour, il peut le voir filer et peut, aussi, se rassurer par sa récurrence. Les montres à cadran ont l'avenir devant elles !

CHAPITRE VII

Incertitude, surprise et cognition

Dans ce chapitre, nous laisserons de côté la dimension affective et le point de vue essentiellement psychodynamique qui a été le nôtre jusqu'à présent pour décrire l'aspect plus strictement cognitif impliqué dans la relation mère-bébé au moment des jeux de surprise. Nous ne reviendrons donc pas sur la description de ces jeux, détaillée à plusieurs reprises dans les chapitres précédents. En revanche il est utile de préciser à nouveau qu'ils apparaissent vers la fin du premier trimestre de vie du bébé et se poursuivent pendant toute la première et la deuxième année ; puis ils disparaissent peu à peu en même temps que le langage de l'enfant apparaît. Au cours du premier semestre, ces jeux sont surtout centrés sur le corps du bébé lui-même (jeux de chatouilles, de petite bête qui monte), la mère utilisant son propre corps comme objet de jeu et d'excitation (sa mimique par les expressions de faux affects dans un climat de jubilation, ses mains-marionnettes, sa langue ou le bout de son nez). Par la suite, dans le cours du second semestre, puis de façon de plus en plus systématique dans la seconde année de vie, la mère va se mettre à utiliser un objet tiers, un hochet, le nin-nin, une peluche, tout ce qui est familier à son bébé et que celui-ci aime bien, pour organiser un jeu dont les règles sont globalement identiques : il s'agit de créer une règle, une habitude, puis quand celle-ci semble acquise, de « faire une surprise » en la violant, en trompant le jeune enfant essentiellement en faisant surgir l'objet en un lieu ou à un moment décalé par rapport aux apparitions antérieures. Ce passage du jeu « corps à corps » entre mère et bébé vers le troisième/quatrième mois à des jeux qui impliquent un objet tiers vers le douzième/quinzième mois illustre un des mouvements les plus habituels des dyades mère-bébé. Ce changement témoigne de l'évolution depuis l'attention partagée entre mère et bébé (le partage de regards entre les deux partenaires) jusqu'à l'attention conjointe entre deux partenaires qui se regardent mais qui aussi s'accordent ensemble pour investir d'intérêt un objet commun qu'ils regardent à tour de rôle dans un ballet subtil (mère et bébé se regardent puis la mère regarde l'objet pendant que le bébé regarde sa mère, puis mère et bébé regardent ensemble l'objet, puis la mère regarde son bébé qui regarde lui-même l'objet, etc.). Cette attention conjointe fait partie de ce qu'on appelle la communication référentielle et précède l'apparition du geste de désignation (pointage), lequel semble être un prérequis à l'acquisition du langage. Parallèlement le jeune enfant aime jouer à des jeux moteurs où la surprise survient, mais dans un autre contexte et avec un autre partenaire, le père en particulier : ce sont les jeux de « bateau sur l'eau », de « à dada sur mon baudet », tout jeu où le corps est impliqué dans son entier et où l'aspect de « vertige » (voir le chapitre II sur la classification des jeux) devient important. Il y aurait d'ailleurs beaucoup à dire sur ces liens entre jeux – affects de vitalité – vertige.

En dehors du partage affectif, de la régulation émotionnelle à travers l'organisation rythmique, du dégagement de l'emprise et des effets de séduction dont il a été longuement question dans les chapitres précédents, quelles sont les implications cognitives possibles de ces jeux sur le développement intellectuel du bébé ? Précisons tout de suite qu'en la matière la littérature scientifique actuelle est quasiment muette. Les psychologues du développement, qui travaillent tous de façon très majoritaire pour ne pas dire hégémonique dans le registre d'une conceptualisation « cognitiviste », semblent ignorer totalement cette dimension du jeu au point comme nous l'avons déjà signalé que l'item « jeu » ne se trouve même plus indexé dans les ouvrages les plus récents*. L'enfant de la fin du XXe siècle et du début du XXIe ne jouerait-il plus ? Nous avançons donc sur un terrain inconnu, ou plus précisément sur un terrain qui semble être laissé aux mères, peut-être jugé pas assez sérieux pour faire l'objet d'études « scientifiques », à moins qu'il ne s'agisse d'un terrain trop complexe où les paramètres ne peuvent pas être contrôlés comme l'exige le chercheur, de telle sorte que ce domaine n'est pas étudié et semble même supprimé, selon le principe que ce qui n'est pas décrit n'existe pas. Seul ce qui se compte et se mesure semble avoir droit de cité : nombre de mots prononcés en fonction de l'âge, calcul du quotient de développement, analyse des capacités de discrimination par la technique de l'habituation, etc. Les jeux précoces avec leurs fluctuations, leurs nombreux changements, les variations incessantes de tempo ou de rythme, leur

* Ainsi le *Manuel de psychologie de l'enfant* de J.A. Rondal et E. Espéret déjà cité ne mentionne pas l'item jeu dans l'index et, si on peut trouver à l'intérieur de cet ouvrage collectif quelques auteurs qui se réfèrent au jeu, il s'agit de citations plutôt isolées, et à aucun moment le jeu n'est étudié pour lui-même. Peut-être encore plus surprenant, le livre très documenté de R. Lécuyer, *Bébés astronomes, bébés psychologues* (Mardaga, Bruxelles, 1989), n'aborde absolument pas la question des jeux mère-bébé et *a fortiori* celle des jeux de surprise et de tromperie !

inventivité et l'introduction fréquente de nouveauté ou d'imprévu, tout cela semble décourager le chercheur.

Doit-on alors revenir aux descriptions des jeux qui abondaient vers le milieu du XXe siècle et aux hypothèses soulevées par des auteurs aussi divers que Huizinga, Erickson, Piaget, Millar, Château, Caillois, etc. ? (voir p. 25). Parler de jeux et de développement chez l'enfant doit-il nous faire renoncer aux acquisitions les plus récentes des sciences cognitives ? Nous ne pouvons accepter un tel point de vue et, dans ce chapitre, nous tenterons de rapprocher les acquis de ces sciences cognitives avec ce que raisonnablement nous pouvons déduire, parfois de façon analogique, de la structure des jeux interactifs entre la mère et son bébé, parmi lesquels les jeux de surprise, de tromperie, de faux affects et de fausses expressions abondent. Cette structure du jeu interactif a pu être décrite grâce à l'utilisation des enregistrements magnétoscopiques et à l'analyse image par image de l'attitude des partenaires l'un par rapport à l'autre. Cette quasi-dissection chirurgicale des séquences a montré au sein de la même dyade une relative similitude de la structure rythmique et temporelle d'une phase de jeu à une autre, mais aussi d'une dyade mère-bébé à une autre, alors qu'en revanche les variations sont infinies dans les autres domaines (lieu, objet utilisé, paroles prononcées, mouvements impliqués, etc.).

Cette remarquable constance de leur structure, l'universalité de ces jeux entre mère et bébé, aussi bien d'une culture à une autre qu'à travers les époques, ces jeux semblant remonter à la nuit des temps, nous font penser qu'ils ont probablement un rôle dans le développement de l'enfant, alors que de premier abord ils semblent ne servir à rien, ni aux soins du bébé ni à la satisfaction d'un besoin primaire. Nous avons déjà souligné l'impact de ces jeux dans le domaine affectif, en particulier la possibilité pour les deux partenaires de se désengager de la dyade dans laquelle ils risquent de se trouver engloutis et l'incontestable dimension de « séduction », avec ce qui en résulte pour l'inconscient du jeune enfant. Mais ces jeux servent-ils aussi à quelque chose du côté du développement cognitif ?

RÉACTION D'HABITUATION, RÉACTION À LA NOUVEAUTÉ : SURPRISE ET ATTENTION

L'habituation est un phénomène très général qui permet d'étudier les compétences cognitives des nourrissons ; cette réaction est présente dès la naissance et on peut la retrouver chez l'enfant âgé de huit/dix mois ou plus, mais c'est aux environs de quatre/cinq mois qu'elle s'exprime le plus nettement. Notons d'emblée que c'est précisément l'âge où les jeux de surprise prennent toute leur ampleur. De quoi s'agit-il ? La réaction d'habituation caractérise le fait qu'un stimulus présenté de manière répétée et identique à un bébé entraîne une sorte d'extinction de l'attitude d'intérêt marquée par la présentation initiale de ce stimulus. Pour étudier ce phénomène, on a surtout utilisé le temps de fixation visuelle : quand on présente à un bébé quelque chose de nouveau, susceptible de l'intéresser, il regarde ce stimulus pendant un certain temps avant de s'en détourner. Si on représente une nouvelle fois ce même stimulus, le bébé le regardera de moins en moins longtemps à mesure qu'on répète les présentations jusqu'à y devenir indifférent. Si en revanche on introduit un changement (dans la forme : ellipse versus cercle, dans la couleur, dans le nombre, etc.) on constate une remontée du temps de fixation, à condition bien évidemment que le bébé ait été capable de différencier le premier stimulus du second. Les psychologues cognitivistes disposent ainsi d'une méthodologie leur permettant de juger des capacités de discrimination sensorielle et même cognitive (capacité de catégorisation, c'est-à-dire de classification par exemple) des bébés. On a utilisé aussi le rythme de la succion dite non nutritive (les mouvements spontanés de tétement du nourrisson au repos), la fréquence des battements cardiaques (qui s'accélèrent quand on présente un stimulus nouveau pour revenir à la fréquence basale quand le bébé est habitué) ou encore les mouvements spontanés de pédalage des membres inférieurs des bébés quand ils sont installés sur leur table à langer. Quel que soit le paramètre utilisé, les conclusions sont identiques quand la réaction d'habituation se met en place et qu'un phénomène de rebond apparaît : on peut affirmer que le bébé est capable de discriminer. À titre d'exemple, en utilisant entre autres la succion non nutritive, on a pu montrer que le nouveau-né préfère la langue humaine à tout autre son, la langue maternelle aux autres langues, et la voix de sa mère à celle d'une étrangère[1]. La littérature scientifique abonde en descriptions des étonnantes capacités de discrimination sensorielle des bébés dès le plus jeune âge[2].

La réaction d'habituation démontre que le bébé est capable de mémorisation : la répétition d'un même stimulus, par la réaction d'habituation qu'elle suscite, est la preuve indirecte de l'existence d'une mémoire très précoce, mémoire dite « de travail », à court terme. Par ailleurs, quand on présente au bébé, après un certain temps, le stimulus pour lequel il y avait eu une réaction d'habituation, on constate une évolution différente : la mise en place de l'habituation est plus rapide, comme si le nourrisson se souvenait de la première phase. Cela est la preuve de l'existence d'une mémoire à long terme, elle aussi très précoce. Bien évidemment, le temps d'efficacité de cette mémoire « à long terme » dépend de l'âge du nourrisson, de la nature du stimulus et de nombreux autres paramètres. Quoi qu'il en soit, nous retiendrons que la mémoire a besoin pour se mettre en place d'une répétition à l'identique d'un même stimulus : « La diminution du nombre de réponses du nouveau-né face à une stimulation particulière ne s'explique pas par la fatigue mais par une diminution de l'intérêt qu'il porte à une stimulation qu'il reconnaît comme familière. La capacité du nourrisson à reconnaître des objets est assez étonnante[3]. »

Outre l'effet de mémoire, comment interpréter cette réaction d'habituation ? Sans entrer dans les multiples débats entre cognitivistes, nous proposerons de distinguer le déclenchement de l'attention de son maintien[4]. Le déclenchement semble d'autant plus intense et rapide que le stimulus apparaît comme nouveau (en prenant aussi en compte le niveau de développement de l'enfant) ; le maintien de l'attention semble dépendre, lui, de l'intérêt que présente ce stimulus, intérêt fonction de sa complexité, mais en tenant compte de l'âge de l'enfant, c'est-à-dire de sa capacité à traiter l'information que contient ce stimulus. On peut émettre l'hypothèse que le bébé se désintéresse du stimulus quand il en a extrait toute l'information possible et qu'il n'a plus rien à en apprendre. Ainsi que le précise Lécuyer : « L'habituation peut en quelque sorte être définie par sa négative, comme l'absence de réponse à l'absence de nouveauté. Ceci signifie que les organismes qui sont susceptibles d'habituation sont des consommateurs de nouveauté[5]. » La réaction à la nouveauté apparaît comme le corollaire de l'habituation et se traduit par une modification du paramètre étudié : augmentation de la durée de fixation visuelle, modification du rythme de la succion non nutritive, augmentation de la fréquence des battements cardiaques, etc. Cette réaction témoigne de l'appétence des bébés pour ce qui est nouveau ; inversement, l'habituation montre que la répétition d'une même stimulation provoque une diminution des réponses, ce qu'on peut assimiler à une marque de désintérêt progressif. Toutefois il semble exister un optimum de nouveauté en fonction de l'âge, au-delà duquel trop de nouveauté peut entraîner une réaction d'évitement du bébé. L'existence de cet optimum est interprétée par certains auteurs comme la marque d'un travail de comparaison entre le stimulus précédent et l'actuel : ce qui serait le plus intéressant pour le bébé serait l'écart entre les deux stimuli, la possibilité de faire des comparaisons et de juger des ressemblances ou des différences.

Pour finir, signalons que la vitesse avec laquelle un bébé fait preuve d'habituation semble assez stable et reproductible au cours de la première année de vie et que, d'autre part, il existe d'assez grandes différences entre les bébés, en ce qui concerne aussi bien la vitesse d'habituation que la rapidité de la réaction à la nouveauté. La corrélation entre ces variations et le niveau intellectuel reste incertaine.

À notre connaissance, il n'existe pas de recherches tentant d'établir des ponts et de proposer une comparaison entre tout ce qui vient d'être dit concernant la réaction d'habituation, la réaction à la nouveauté et les jeux de surprise entre la mère et son bébé. Dans un ouvrage aussi documenté que celui de Lécuyer, on ne trouve aucune référence aux jeux interactifs et pas une seule citation concernant la surprise. Le bébé est un sujet (un objet ?) d'expérience, parfois un partenaire interactif dans des tâches « sérieuses » (comme l'imitation, la construction sociale de l'intelligence...), mais jamais une personne avec laquelle on peut s'amuser ou jouer. Est-ce à dire que ces jeux ne comptent pas ou, comme diraient les enfants, qu'ils « comptent pour du beurre » ? Ne participent-ils aucunement au développement cognitif ? Nous croyons plutôt que ceux qui s'intéressent aux jeux sont des cliniciens se confrontant à des « sujets » dans leur singularité ou à des dyades dans leur spécificité et que ceux qui analysent le développement cognitif sont des « chercheurs ». Ces derniers, dans leur frénésie de contrôler les paramètres de leurs recherches, ne peuvent laisser la mère et le bébé s'installer dans une relation sans tâche à effectuer : donner pour consigne à la mère de jouer comme elle l'entend ou comme elle le fait seule chez elle avec son bébé introduirait-il une cacophonie (marque de vie ?) intolérable dans un laboratoire ? Les cliniciens d'un côté et les chercheurs de l'autre semblent s'ignorer. Les travaux des uns ne sont presque jamais pris en compte par les autres et réciproquement. C'est ainsi que concernant les interactions du bébé avec les personnes de son entourage, Lécuyer note : « Comment les bébés perçoivent-ils et conçoivent-ils les adultes qui les entourent ? La question est simple et semble-t-il légitime. Pourtant, l'examen de la littérature ou plutôt des littératures sur le sujet montre que notre savoir sur cette question est partiel, atomisé et contradictoire quand il n'est pas totalement erroné[6]. » On ne saurait mieux dire !

Qu'est-ce que nous montrent la réaction d'habituation, la réaction à la nouveauté et les jeux interactifs mère-bébé ? Ils nous montrent clairement que les besoins du bébé sont contradictoires puisqu'il lui faut autant de stabilité et de répétitions que de surprises et de changements. Le premier couple semble nécessaire non seulement à l'organisation de sa mémoire mais aussi à la construction de ses premières représentations – nous l'avons défini comme étant ce qui participe des macrorythmes. Le second couple, surprises et changements, semble nécessaire au soutien de l'attention et à l'investissement de l'attente et de l'anticipation – nous l'avons défini comme ce qui caractérise les microrythmes (voir chapitre précédent). De notre point de vue, les cliniciens et les chercheurs n'ont pas assez souligné cet aspect contradictoire des besoins développementaux du nourrisson, y compris dans le domaine de la cognition.

L'ÉCART À PENSER

Quand la mère joue avec son bébé, que fait-elle d'un point de vue cognitif ? Nous avons déjà souligné que l'âge où les jeux interactifs se structurent de la façon la plus caractéristique correspond exactement à l'âge électif des travaux sur la réaction à la nouveauté et la réaction d'habituation. L'appétence du bébé de quatre à cinq mois pour des expériences nouvelles, qui cependant restent dans les limites d'un optimum tolérable, est très grande, à la mesure de son rapide désintérêt quand les choses deviennent trop monotones. Le bébé est un individu avide d'informations et de relative nouveauté. La réaction d'habituation le démontre : l'attention se détourne quand l'environnement devient trop répétitif.

Dans ce contexte les jeux interactifs prennent toute leur signification. La phase d'engagement par laquelle commence le jeu semble correspondre au déclenchement de l'attention ; ensuite la phase d'installation de la « règle du jeu » pourrait être assimilée à une sorte de phase d'apprentissage au cours de laquelle l'attention du bébé se maintient ; le partage du processus attentionnel entre mère et bébé participe très probablement de cette capacité naissante à (con)centrer son attention ; puis quand cet « apprentissage » semble réalisé, alors la mère introduit des modifications subtiles et discrètes dont on peut penser que leur rôle est de maintenir, voire d'augmenter doucement le niveau d'attention, grâce à la nouveauté introduite de façon régulière : cliniquement cela s'observe très nettement à travers le visage concentré du bébé sur la mimique maternelle, ses yeux brillants, les expressions d'engagements de son propre visage (voir p. 146). Le niveau d'excitation croît parallèlement au niveau d'attention car le processus cognitif, l'attention, peut difficilement être séparé du contexte émotionnel, l'excitation, ce qui se traduit en particulier par la forte dimension d'ambivalence et d'incertitude, le bébé semblant à la fois attendre avec impatience le stimulus et en même temps le redouter ; l'attention et l'excitation risqueraient alors de devenir excessives et d'atteindre un niveau tel que le bébé ne pourrait plus se dégager, comme cela se voit dans ce que les cliniciens nomment l'« attention forcée » (voir le chapitre X) ou risquerait de se désorganiser par excès d'excitation (réaction de cris, de pleurs et de malaise, comme cela se produit parfois quand le partenaire n'a pas su arrêter le jeu avant que cet état ne survienne). C'est à ce moment-là que la mère se « lance dans la dernière ligne droite[7] » et qu'elle surprend son bébé : cette surprise crée un effet de décalage entre ce qui était attendu et ce qui se produit « pour de vrai » (selon l'expression que les enfants utiliseront ultérieurement), décalage qui met un terme à l'excitation (par la détente due au rire) et permet au bébé de se désengager de la fixation d'attention dans laquelle il était pris, tout en tolérant ce désengagement par le rire et l'embrassade qui suit cette surprise ; parfois cette séquence est unique, mais le plus souvent le bébé puis le jeune enfant manifeste son plaisir et la mère recommence le jeu à trois ou quatre reprises.

Ainsi, au cours de cette séquence dont la durée est à peu près calée sur ce que le nourrisson est capable de supporter (entre soixante et cent vingt secondes maximum) sans être contraint par un processus d'attention forcée ou sans se désorganiser :

— il a pu centrer son attention sur un stimulus particulièrement attractif, le visage humain, et sur une tâche partagée avec un autre, un jeu de variation sur le temps ou sur l'espace ;

— il a fait l'expérience de l'apprentissage d'une règle temporelle à travers le rythme des chatouilles (ou d'autres stimulations) ou d'une règle spatiale, par les changements de lieux de ces chatouilles ;

— son attention a été portée à son maximum grâce à de petites variations qui apparaissent comme autant de nouveautés autour de la règle ;

— pendant ce temps d'attente ou de préparation, l'attention (domaine cognitif) et l'excitation (domaine affectif) se trouvent étroitement liées, l'une supportant et renforçant l'autre dans une circularité qu'il apparaît vain de vouloir découpler ;

— enfin le décalage provoqué par la surprise permet au nourrisson de tolérer l'écart entre ce qui est attendu et ce qui se produit : la capacité à tolérer cet écart est un facteur fondamental pour tout apprentissage ;

— ultérieurement, quand le bébé sera un peu plus âgé, vers la fin du premier semestre, la mère introduira un objet médiateur du jeu, ce qui permettra que se développe le processus d'attention conjointe.

Pour toutes les raisons que nous venons d'énoncer, nous pensons que les jeux interactifs mère-bébé, en particulier les jeux de chatouilles et de tromperie, sont un puissant stimulant pour l'attention, qualité du fonctionnement cognitif qui s'épanouit de façon intense au cours des second et troisième trimestres de la vie du bébé. Ils participent aussi à la régulation de cette capacité d'attention, laquelle s'étaye sur des petites variations rythmiques dans le cadre d'une attention partagée puis d'une attention conjointe. Ils apprennent également au bébé que, grâce à la surprise, on peut se désengager d'un percept (un objet de perception), en détourner son attention puis y revenir ; ce jeu d'engagement et de désengagement correspond au plan cognitif à un « travail » d'investissement et de désinvestissement, véritable va-et-vient qui apparaît nécessaire dans la prise d'information et la stratégie de mémorisation des perceptions. Si comme le soutient Olivier Houdé, penser, c'est inhiber[8], ce qui correspond à la double opération du désinvestissement (voir ci-après) et de l'oubli, alors effectivement, penser implique de pouvoir se désengager d'une représentation intrapsychique particulière en investissant l'écart entre deux représentations, l'antérieure et l'actuelle, et surtout penser implique que l'investissement de cet écart soit source d'un possible plaisir : une surprise. Penser consiste à actualiser des représentations successives, donc à se désengager d'une représentation (soit un « désinvestissement » dans le langage psychodynamique ou un « processus actif d'inhibition » dans le langage cognitiviste) pour aller vers une autre et par conséquent d'investir aussi de façon positive l'écart entre ces représentations. Ce que déclare Catherine Tourrette pour l'apprentissage du monde des relations est valable pour toute pensée : « L'équilibration des structures cognitives n'est possible que si, d'une part, les événements se produisent avec une certaine régularité permettant le fonctionnement des schèmes, et que, d'autre part, se produisent des *perturbations déséquilibrantes* qui vont déclencher des compensations et provoquer des rééquilibrations constructives. La diversité des stimulations de l'environnement augmente la probabilité que l'enfant rencontre des situations problèmes présentant une *légère différence* par rapport aux schèmes déjà existants dont il dispose qui vont accélérer les processus complémentaires d'accommodation/assimilation et majorer l'équilibration des structures cognitives. On comprend ainsi *l'intérêt d'un léger écart entre ce que l'enfant connaît déjà et ce qui est nouveau* qui permet à la fois l'intégration et la progression[9]. » Catherine Tourrette ne décrit-elle pas exactement la structure des jeux de chatouilles et de surprise entre la mère et son bébé ? Le jeu de surprise représente une des stratégies (est-ce la seule ou une parmi d'autres ?) pour investir positivement ce « léger écart » que nous avons conceptualisé dans l'interaction mère-bébé comme la marque même du manquement maternel (voir p. 149) : en surprenant son bébé, la mère accepte de prendre le risque de lui « manquer », c'est-à-dire de ne pas être exactement là où il l'attend. Ce manquement ouvre la dyade mère-bébé et permet à ce dernier de se désengager de l'emprise potentielle. Ainsi la mère offre à son bébé la possibilité d'une activité autonome de penser.

Le modèle d'une telle pensée est celui de la rêverie. La pensée rêveuse est une pensée butineuse, avec laquelle le sujet se donne du plaisir, une pensée qui court de représentation en représentation, prenant des chemins de traverse qui peuvent parfois surprendre le penseur ! Pour prendre ces chemins, pour suivre ce *poros,* le penseur doit accepter de se laisser aller, refuser la ligne droite, vaquer d'écart en écart sans savoir a priori où il va arriver, sans véritablement s'appartenir. C'est une sorte de scandale puisque au travers de cette pensée rêveuse le sujet fait l'expérience de son propre leurre : sa pensée ne lui appartient pas absolument, elle vient d'ailleurs, d'un autre. Que dit le sujet devant une pensée nouvelle ? « Ça m'est venu. » D'où vient ce « ça » ? Et pour bien enfoncer le clou, il ajoute parfois : « Ça m'est venu, comme ça ! » Ce « ça » redondant témoigne de l'exterritorialité de l'instance « sujet » par rapport à la pensée nouvelle et créatrice. Le sujet ne pense pas, il tente après coup d'ordonner les pensées qui lui sont venues. Nous rejoignons ici le point de vue de Laplanche pour qui « la réalité psychique n'est pas créée par moi, elle est invasive[10] ». Quand le « penseur » accepte cette exterritorialité, somme toute scandaleuse, la conjonction de la surprise et de l'ordonnancement peut le conduire sur un chemin nouveau, surprenant. En revanche, quand le sujet se sent trop menacé par cette exterritorialité, alors il donne des ordres à ses pensées qu'il tient en respect et refuse toute surprise. Le « je » se tient sur ses gardes ! La surprise est l'ennemi du « je », d'autant plus que ce « je » est fragile : elle ne sied pas à celui dont le narcissisme est trop vulnérable. Voici un exemple trouvé par hasard dans un dossier de la presse féminine : « Anne, 37 ans : je suis une égoïste généreuse. Lorsque je fais un cadeau, je choisis toujours ce qui me ferait plaisir à moi. Quand j'ai envie de m'amuser, j'invite des copains à la maison. C'est un principe de base qui m'évite d'être déçue. Si c'est moi qui décide, je sais que tout se passe bien. Évidemment, je déteste les surprises.[11] » Le besoin d'emprise ou de maîtrise et la surprise ne font pas bon ménage.

Comme nous venons de le voir, les jeux de surprise permettent au bébé de tolérer l'écart entre ce qu'il attend et ce qui survient, tolérance indispensable à l'investissement du monde environnant, en particulier tout ce qui concerne les interactions avec le vivant, le domaine des relations humaines. Il n'est pas sans intérêt de noter que les enfants autistes ne tolèrent ni les surprises (qui les désorganisent gravement, entraînant des réactions de panique ou d'agressivité) ni la fluctuation des relations humaines qu'ils cherchent souvent à réduire à une dimension mécanique. Investir d'intérêt le vivant implique de supporter une certaine dose d'incertitude, un écart entre la représentation que le sujet peut avoir « dans sa tête » et ce qu'il perçoit, sans que cette incertitude et cet écart ne deviennent source d'angoisse ou de persécution. Nous pensons que les jeux de surprise et de chatouilles des premiers mois représentent une des stratégies relationnelles permettant au bébé de parvenir à cette acceptation.

Ultérieurement l'investissement ludique de cet écart peut s'observer au travers de ces jeux souvent très prisés par les jeunes enfants de sept/huit ans : les jeux du type « cherchez l'erreur » où, dans deux dessins côte à côte, il faut retrouver les subtiles différences qui sont cachées dans le graphisme. Les enfants aiment beaucoup ces jeux qui à l'évidence stimulent leur attention autour de la devinette. La devinette, jeu de l'énigme enfantine, tourne le plus souvent autour du jeu sur l'écart, en particulier l'écart sémantique entre deux mots, l'écart symbolique entre deux situations. Elle est en quelque sorte le jeu « intellectuel » de surprise et de tromperie de l'enfance. Investir l'écart de curiosité et de plaisir apparaît comme un des enjeux majeurs de l'enfance.

INCERTITUDE, SURPRISE ET CAPACITÉ D'APPRENDRE

Pourquoi, lorsque le bébé attend la surprise, peut-on lire sur son visage les marques d'un état contrasté où semblent se conjuguer l'attirance et la crainte ? À quoi cela peut-il servir de faire vivre à un bébé des états affectifs si complexes et si ambigus ? En effet au cours de ces jeux, le bébé semble en proie à un état de doute important. Citons Lebovici : au cours de la troisième attaque (dans le jeu de chatouilles), le nourrisson « semble côtoyer la frontière qui sépare l'allégresse de la frayeur[12] ». Sur les séquences qu'il avait filmées, Ajuriaguerra avait bien noté cette phase paradoxale, faite à la fois d'attirance et de refus craintif, au cours de laquelle le bébé semblait en même temps espérer et redouter quelque chose, cette chatouille qui allait le prendre par surprise[13]. Cette relative confusion des sentiments, des émotions est à mettre en relation avec l'état cognitif qui préside au jeu de surprise : l'incertitude.

Créer une règle puis la violer, c'est bien installer un état d'incertitude. Ce que le bébé semble clairement éprouver au cours du jeu de chatouilles : il craint de « se faire avoir » et en même temps tout laisse présumer que « se faire avoir » peut être délicieux. Le nourrisson est dans l'incertitude du surgissement de la main qui viendra le prendre par surprise, incertitude où se mêlent subtilement désir et crainte, attente de plaisir et appréhension de frissons. Pour beaucoup de cognitivistes, l'incertitude est un état mental nécessaire à l'apprentissage. Ainsi, dans le champ de la connaissance et de l'expérimentation, Jean Requin analyse les stratégies de préparation à l'action et met en relation la conduite d'expectative avec l'état d'incertitude. Ces deux états sont intimement liés : « Ce concept d'incertitude est la base sur laquelle repose le paradigme expérimental utilisé pour étudier les processus préparatoires. [...] L'idée centrale est que si un individu doit exécuter aussi rapidement que possible un mouvement en réponse à un stimulus, le temps pour initier une telle réponse est le temps nécessairement utilisé par le cerveau pour identifier puis sélectionner et programmer la réponse correspondante, en d'autres termes traiter l'information apportée par le stimulus. *Cette notion d'information est en fait équivalente à celle d'incertitude* dans le sens où être complètement informé signifie être complètement certain et ne pas être informé du tout signifie être complètement incertain[14]. » Tolérer l'incertitude, accepter l'inattendu ou l'insolite sont des préconditions indispensables pour investir son proche environnement et développer des capacités d'apprentissage. Francine Orsini-Bouichou et ses collaborateurs comparent les stratégies d'apprentissage des enfants retardés et des enfants normaux : « Les enfants "normaux" et plus encore les enfants "précoces" s'attachent à élaborer des productions différentes, *soit par la recherche de nouvelles règles soit par la recherche de modifications systématiques* dans l'application de ces règles. Lorsqu'ils n'y parviennent plus, ils cessent de jouer. Les enfants retardés par contre se complaisent dans l'application des mêmes règles[15]. » Il en va de même pour l'apprentissage : « Chez les enfants normaux, l'entraînement [à l'apprentissage] porteur d'effets les plus importants correspond aux entraînements par inductions qui consistent, à partir d'un jeu de covariation d'objets, *à entraver et à déstabiliser l'exercice du système de règles en place sous l'action de perturbations insolites.* » Les perturbations insolites, les fluctuations dans l'attente, les changements imprévus, tout ce qui conduit à un état d'incertitude, constituent de puissants stimulateurs du fonctionnement cognitif : pour apprendre, il faut pouvoir pendant un certain temps tolérer cet état d'incertitude. Ce temps, c'est le temps de l'entre-deux, que nous assimilons à celui de l'attente mêlée de crainte dans les jeux de tromperie et de surprise. Pour que l'incertitude soit tolérable, pour qu'elle ne renvoie pas le sujet à une menace potentielle de se perdre, il faut que cet état ait été auparavant investi d'une qualité émotionnelle positive. Pour que le sujet s'engage dans cette zone de fragilité, de vulnérabilité nécessaire et indispensable pour affronter le doute, l'inconnu, il faut deux préconditions : un narcissisme suffisamment stable et sûr et l'expérience que cet état est transitoire, pouvant apporter ensuite un intense moment de plaisir (la surprise).

Là encore ces deux conditions ont tendance à se renforcer réciproquement. Chez la plupart des enfants qui présentent des états de grande vulnérabilité narcissique, apprendre est particulièrement difficile sinon impossible, parce que cela les renvoie à cette fragilité, à ce doute intolérable et à l'ignorance que de « bonnes surprises » sont aussi possibles.

De même que le nourrisson, au moment de la surprise, est d'abord envahi par le sentiment de s'être fait avoir puis aussitôt, grâce à ce sentiment, s'éprouve en tant que sujet (cette surprise lui procurant à travers son surgissement l'éprouvé temporaire de subjectivation qui lui permet de se vivre un instant comme différent de sa mère), l'adulte ou l'enfant ressent un éprouvé affectif fait de passivité et de soumission lorsqu'une surprise surgit, aussitôt suivi cependant d'une possibilité de s'en dégager et de se vivre comme sujet. Ainsi, passé l'instant de surprise, ce même sujet va chercher à se construire et s'affirmer en essayant de maîtriser ou d'exclure le doute qui en est issu : c'est une partie du travail psychique de l'adolescence. L'éprouvé de surprise précède nécessairement le travail de subjectivation.

L'incertitude confronte celui qui en fait l'expérience à un moment de vulnérabilité. Elle révèle la potentielle fragilité des assises du sujet. D'un point de vue cognitif, elle confronte ce sujet singulier à la valeur relative et imparfaite des représentations qu'il a élaborées pour « comprendre » le monde qui l'entoure. Il y a alors deux façons de réagir : l'évitement ou la confrontation. Les jeux de chatouilles et de surprise permettent que se lient l'incertitude et le désir, la première poussant parfois l'individu à s'éloigner, le second l'exhortant à se rapprocher. Ce conflit psychique entre éloignement et rapprochement ou entre répulsion et attirance, c'est précisément ce qu'on observe de manière caricaturale chez beaucoup d'enfants qui sont à la fois désireux de s'approcher d'un « objet » qui les attire et en même temps de plus en plus craintifs à mesure qu'ils s'en rapprochent : l'« objet » est toujours ambigu ou déguisé comme le Père Noël ; il peut s'agir d'un animal dont l'enfant ne sait s'il est gentil ou méchant, d'une situation ou d'un objet matériel compliqué, bruyant et en apparence effrayant. En général, l'un des parents tient l'enfant par la main ; il sourit et s'amuse de ses émotions ambivalentes. Tantôt il le rassure, le laissant s'éloigner, tantôt il l'exhorte, le poussant à se rapprocher. Il accompagne son enfant dans un mouvement qui n'est pas sans rappeler celui qu'il imposait à ce même enfant quand il était bébé et qu'il le trompait dans les jeux de surprise ; cette fois cependant, c'est l'enfant qui est actif, le parent semblant s'effacer. L'incertitude est alors tolérable, elle pousse même l'enfant « à y revenir », donc à investir cet écart, cet entre-deux d'une valeur qui n'est pas seulement négative mais qui désormais devient promesse d'autre chose, attente et désir de changement. L'incertitude est, à l'évidence, proche de la peur de l'inconnu, aussi bien le non-connu que l'étranger, peur qui ne peut être surmontée que si le sujet s'y confronte. Les jeux de surprise donnent à l'enfant la possibilité d'investir son attention dans l'écart entre le sûr et le connu d'un côté, l'incertitude et l'inconnu de l'autre. En outre, cet investissement prend une qualité affective attrayante parce qu'il promet un surgissement agréable. Assis sur les genoux du Père Noël, ou caressant un animal domestique inoffensif, l'enfant a un sentiment de triomphe et de confiance : il découvre la nouveauté du monde et adapte peu à peu les représentations qu'il s'en fait.

Une remarque toutefois : si l'objet qui attire l'enfant est dangereux ou potentiellement dangereux (un animal errant ou sauvage par exemple), cette phase d'incertitude au cours de laquelle l'enfant cherche auprès de son parent la « bonne attitude » est réellement protectrice, puisque le parent, par son comportement, exhortera son enfant à rester près de lui, à distance de l'objet. Là encore la pathologie nous apporte des exemples : certains enfants psychotiques semblent totalement indifférents à l'inconnu et se précipitent dans des situations dangereuses parce qu'ils sont incapables d'appréhender cette dimension protectrice de l'incertitude ; inversement, d'autres enfants psychotiques semblent indistinctement effrayés par la moindre situation inconnue et sont incapables d'affronter la plus petite nouveauté. Dans un cas comme dans l'autre, ils ont souvent les plus grandes difficultés à apprendre aussi bien dans le domaine cognitif que dans le domaine affectif. Ils ne peuvent pas « faire confiance » à l'autre et régler leur comportement sur les messages que cet autre leur adresse, messages toujours empreints d'une inévitable dose d'ambivalence, ambiguïté affective, incertitude cognitive ou les deux : la communication humaine ne peut y échapper.

En pédagogie aussi, proposer à l'enfant d'investir un écart plutôt que de le laisser obstinément buter sur le problème à résoudre représente souvent une façon d'éviter la confrontation au non-savoir, confrontation qui peut être trop angoissante pour de multiples raisons (crainte de ne pas être à la hauteur des attentes des adultes, crainte d'effondrement ou de sanction devant l'ignorance, etc.). Le jeu de mots ouvre cet écart en créant un jeu de surprise qui permet à l'enfant de se dégager de l'emprise angoissante du non-savoir. Les pédagogues connaissent ce principe qu'ils utilisent régulièrement. Voici un exemple : un enfant de quatre/cinq ans, d'intelligence normale, semble incapable de mémoriser les différents jours de la semaine que sa mère tente vainement de lui faire apprendre. De guerre lasse, cette dernière spontanément change de stratégie et propose à son fils un jeu de mots avec la succession suivante : Lune nuit, Pardi, Mère qui crie, Julie, Ventre gris, Sale pis, Nuit blanche. À partir de cette association phonématique, l'enfant apprend les jours de la semaine en moins d'un quart d'heure. Il est passé de la peur de ne pas savoir à l'amusement du jeu de mots. La surprise, la tromperie et l'écart ont rendu tolérable la confrontation au non-savoir et ont servi d'étayage au processus mnésique. Par ce jeu, le souvenir renvoyait au plaisir de la surprise et non plus à la déception maternelle.

Investir positivement l'incertitude permet à la fois de se protéger et d'être en situation de pouvoir apprendre. L'incertitude et l'énigme proviennent souvent du masque derrière lequel la « chose » se tient. Mais pourquoi ce masque ? À quoi sert-il ?

MASQUE, TROMPERIE ET THÉORIE DE L'ESPRIT

Pourquoi les expressions de faux affects, de fausses émotions abondent-elles dans les interactions précoces et tout particulièrement pendant les séquences de jeux ? À plusieurs reprises, nous avons déjà souligné cette fréquence chez la mère des expressions de faux étonnement, de fausse gronderie, de faux dégoût, de fausse colère, etc., expressions qui ne concernent pas seulement sa mimique mais aussi les mots prononcés et la prosodie (« oh ! petit cochon ! » avec un air de dégoût, « oh ! tu vas voir ça ! » avec un air de menace, « je vais te manger ! » avec un air d'avidité presque menaçant...). La mère ne cesse de produire de tels scénarios qui sont cependant toujours contredits par la tendresse de la main, la douceur et la précaution des diverses manipulations. Il y donc un écart entre ce que le bébé voit ou entend et ce qu'il ressent. Les jeux interactifs sont à l'apogée de ces tromperies maternelles, en particulier avec les airs de faux étonnement. Pourquoi tout ce manège ?

Communiquer avec autrui implique la reconnaissance d'une différence : il n'y a de communication possible qu'à travers l'investissement de cette différence. Parler à son double, c'est délirer, c'est-à-dire assigner l'autre à une place définie à l'avance dans laquelle il n'a aucune liberté ni propriété personnelle, en faire un véritable miroir de soi. La communication n'a de sens que si l'écart entre soi et l'autre est reconnu. « Il est vraisemblable que l'intention [communicative] ne naît pas à un point précis du développement, mais qu'elle se transforme en devenant de plus en plus consciente, *par la distance différenciatrice* qui s'instaure entre l'adulte et l'enfant au cours du développement[16]. » Cette « distance différenciatrice » procède-t-elle du seul développement comme le laisse entendre cet auteur ? En partie probablement, mais comment cette différenciation ne suscite-t-elle pas des craintes d'abandon, de perte, et comment peut-elle être aussi investie de plaisir : pourquoi vouloir se différencier de la personne aimée ? Là encore, nous pensons que le jeu de surprise apporte une partie de la réponse. La surprise, par l'effet de manquement maternel, ouvre l'espace de différenciation autour duquel la communication peut se développer : la mère n'est pas exactement là où son bébé l'attend, elle est juste à côté ; entre eux deux elle introduit un écart, une différence dont elle joue. Et cet écart, le bébé peut l'investir de plaisir parce qu'il annonce les retrouvailles de la surprise et pas seulement le constat douloureux d'une différence.

Dans le développement de l'enfant, l'apparition des jeux de « faire semblant », de « comme si » vers dix-huit mois environ constitue une étape essentielle. Ces jeux traduisent la capacité du jeune enfant de se mettre à la place d'autrui, de lui attribuer des pensées, des intentions et d'inventer un dialogue imaginaire. Un peu plus tard vers trois ou quatre ans, la reconnaissance des émotions d'autrui semble être étroitement liée à la maîtrise des fausses croyances[17]. Dans ces jeux l'enfant est actif, il reproduit souvent ce qu'antérieurement il a subi, comme le petit-fils de Freud avec le jeu de la bobine (voir p. 20). Jouer à « comme si », reconnaître les fausses croyances des autres sont deux façons d'investir et d'accepter la différenciation entre soi et autrui, d'abord en prenant la place de celui-ci, ensuite en reconnaissant l'écart irréductible entre ses propres pensées et celles des autres.

La « théorie de l'esprit » cherche à comprendre comment l'enfant construit peu à peu une représentation de l'autre comme radicalement différent de lui-même, comment à partir de cette différence il prête à l'autre des intentions, en particulier des intentions communicatives, et comment il organise sa propre pensée en fonction des intentions supposées et attribuées à l'autre. Cette théorie repose sur un modèle expérimental simple initialement utilisé en éthologie par Premack et Woodruff pour répondre à la question de savoir si les animaux supérieurs (les primates) pouvaient développer une « théorie de l'esprit » : « En disant qu'un individu possède une théorie de l'esprit, nous voulons dire que l'individu est capable d'attribuer des états mentaux à lui-même et aux autres [...], système [qui] peut être utilisé pour faire des prédictions en particulier relatives aux comportements des congénères[18]. »

L'expérience initiale consiste à installer un enfant devant une sorte de théâtre de marionnettes dans lequel deux poupées (A et B) jouent ensemble avec un objet attrayant (O). Les deux poupées décident de ranger l'objet (O) dans un endroit, par exemple le tiroir d'une table. Puis l'une d'elles, B, quitte la scène. Pendant son absence, l'autre poupée, A, déplace l'objet du tiroir de la table pour le cacher dans l'armoire. La poupée B revient ensuite sur la scène du petit théâtre de marionnettes. On demande alors à l'enfant *qui a assisté à l'ensemble du spectacle* où la poupée B va aller chercher l'objet (O) ?

Les enfants de moins de trois ans répondent toujours : « Dans l'armoire ! » Les enfants plus âgés répondent : « Dans le tiroir ! » Les enfants les plus jeunes donnent comme réponse l'endroit où *ils savent que l'objet est caché.* Mais à partir de trois ou quatre ans, les enfants donnent de plus en plus fréquemment comme réponse l'endroit où *ils pensent que la poupée ignorant le subterfuge croit encore que l'objet se trouve.* Ils sont donc capables d'attribuer ou plus exactement d'inférer une pensée à autrui fondamentalement différente de la leur propre, pensée qui prend en compte l'expérience que chacun peut avoir de la réalité. Ils construisent une hypothèse qui prend en compte une « théorie de l'esprit » de l'autre. Les plus jeunes, en revanche, attribuent spontanément à l'autre leur propre pensée en fonction de leur propre expérience : l'autre n'est pas vraiment perçu dans sa différence. Il n'est encore que la projection de soi, une sorte d'écran extériorisé dans lequel le sujet pourrait se voir.

Il semble que les enfants autistes ne peuvent pas accéder à cette théorie de l'esprit : bien que beaucoup plus âgés, ils continuent de répondre que la poupée ira chercher l'objet là où eux-mêmes ont vu que celui-ci avait été caché et non pas là où la poupée qui ignore le subterfuge du déplacement devrait aller le chercher.

D'une manière provocatrice, on peut dire que l'erreur, la tromperie est ce par quoi la réalité est perçue : c'est l'erreur commise par l'autre ou par soi-même qui permet au sujet de percevoir sa différence. Le vrai ne permet pas la différenciation puisque par définition le vrai « est » simplement, il n'y a rien de plus à en dire, sinon à refuser sa réalité. En revanche le faux et la tromperie permettent la différenciation. Le vrai est de l'ordre du physiologique, des besoins dits primaires que tout être humain est en droit de se voir reconnaître : c'est par leur satisfaction que le sentiment d'existence, d'être vrai peut s'instaurer. En revanche, le faux potentiel et la possible tromperie appartiennent au domaine des émotions, aux échanges relationnels dominés par la métis humaine, toujours incertaine mais différenciatrice. La mère qui, en face de son bébé, mime ces fausses émotions, ces faux affects, non seulement apprend à celui-ci le théâtre des émotions humaines, mais elle lui montre surtout l'écart qui existe toujours entre la main qui soigne et la mimique incertaine, l'écart entre la possible satisfaction d'un besoin et l'irréductible aléa du partage des émotions. La mère ne cesse d'envoyer à son enfant dès le plus jeune âge des messages énigmatiques, comme le dit Laplanche, messages qui tracent un écart entre les deux partenaires, et que l'enfant tente de traduire pour réduire cet écart. Par là même, il entre dans le tourbillon de la communication humaine. C'est à partir de ce partage des émotions dès la première année que se mettent en place les prémices de cette communication, mais pour qu'elle puisse exister, c'est-à-dire prendre sens et être investie, il faut qu'elle soit d'emblée marquée par l'écart de la ruse, de la tromperie, de la surprise. « La genèse de la théorie de l'esprit rend compte de la construction d'une représentation d'autrui comme sujet possédant des états mentaux (émotions, désirs, croyances) qui lui sont spécifiques[19]. » De notre point de vue, ces expressions si fréquentes de fausses émotions, de faux affects ne sont rien d'autre qu'une confrontation à l'irréductible différence entre les êtres humains, différence qui contribue à la souffrance existentielle mais qui instaure le sujet dans sa singularité : jusqu'à ce jour, il n'est le clone de personne ! Même les « vrais » jumeaux, entre eux, investissent leurs différences là où les autres ne perçoivent que les ressemblances.

Reconnaître le faux, accepter la tromperie, en rire et s'en amuser, c'est entrer dans le jeu des relations humaines, inscrire la différence comme vecteur même de la communication. Si, dans une première approche qu'on peut baptiser pédagogique, les expressions de « faux affects » (faux au sens où la mère ne ressent pas vraiment les émotions qu'elle exprime) peuvent permettre au bébé de mieux identifier la palette des émotions humaines, nous pensons qu'elles sont aussi la marque de l'irréductible écart entre deux êtres humains, même quand ils sont aussi proches que peuvent l'être une mère et son enfant : en inscrivant cet écart dès le plus jeune âge au cœur même de la relation à son bébé dans le secteur le plus chargé d'émotions, la mère montre sa différence et donne au nourrisson les préconditions pour penser cette différence.

Si les jeux de surprise sur le rythme ou sur l'espace donnent au bébé, à l'enfant puis à l'adulte les clefs pour tenter de comprendre la stratégie de l'énigme (comment ça marche ?), les jeux mimiques de tromperie, de faux affects et de fausses émotions ouvrent à ce même bébé, enfant ou adulte le chemin de la communication humaine : qu'est-ce qu'il/elle (me) veut ? Bien sûr cette question restera longtemps, très longtemps, chargée d'une incertitude dans laquelle le sujet devra, bon gré mal gré, tolérer de rester : le souvenir des jeux de surprise l'aidera peut-être à supporter cette attente.

Ainsi, dans l'interaction mère-enfant, les jeux de surprise illustrent parfaitement le conflit d'intérêt ou d'investissement entre ce que les psychanalystes, à la suite de Freud, appellent les « indices de qualité » et ce que les cognitivistes appellent les « indices de divergence ». La surprise, résultat de l'écart créé par la tromperie, permet que soient investis d'attention et de plaisir les « indices de divergence », c'est-à-dire tout ce qui différencie la situation actuelle d'une situation connue précédente. À l'opposé, les « indices de qualité », c'est-à-dire tout ce qui dans la situation présente est identique à la situation passée, étayent l'investissement de la mémoire par le plaisir du souvenir. Retrouver dans le présent à la fois les traces du passé et l'écart de la nouveauté : deux stratégies cognitives opposées qui toutefois se complètent. Face à la perception d'une différence, à l'irruption de la surprise, on peut ainsi décrire :

— Ceux qui veulent combler l'écart en le remplaçant par un souvenir, une théorie connue. Ils préfèrent voir le même plutôt que le différent. Ce sont ces personnes qui, devant un paysage situé aux antipodes, trouvent qu'il ressemble à celui qu'ils ont quotidiennement sous leurs fenêtres : les indices de qualité les rassurent et ils aiment dans la théorie la réponse qui est déjà là. Ils chassent la surprise pour mieux l'éliminer !

— Ceux qui creusent l'écart comme on fouille un chantier archéologique à la recherche de l'inconnu, du différent : ils investissent les indices de divergence et tout ce qui dans la théorie reste en suspens. Ils chassent la surprise pour mieux l'attraper !

— Ceux qui, toujours insatisfaits, vont de l'un à l'autre, font le va-et-vient : rassurés par la similitude mais pas comblés, attirés par la divergence mais pas dupes. Ils doivent tolérer cette incertitude à mi-chemin de l'identique et du différent, cette tension due au plaisir de retrouver des régularités et à l'excitation de découvrir des exceptions. Ils aiment la chasse mais savent qu'on attrape plus souvent des chimères que du gibier...

CHAPITRE VIII

L'adolescent surpris par son corps

La plupart des adolescents n'aiment pas les surprises. Ou plutôt, ils n'aiment pas être surpris. Pourtant ils ne détestent pas surprendre les autres. Certes la surprise évoque l'enfance dont ils sont encore trop près et dont ils tentent de se dégager : ils ne supportent plus les surprises enfantines, ils veulent être pris pour « des grands ». Mais la rougeur du visage vite perceptible, la bouffée d'émotion qui les envahit lorsqu'ils sont pris au dépourvu montrent combien ils restent sensibles à la surprise. D'où vient alors qu'ils aient à ce point besoin de s'en défendre ? L'adolescence, qui sépare l'enfance de l'âge adulte, sépare aussi le plaisir « innocent » de la surprise enfantine d'une réaction plus trouble et complexe de l'adulte pris au dépourvu d'une surprise : si la majorité des adultes aiment les « bonnes surprises », nombre d'entre eux se méfient spontanément d'une surprise qui ne précise pas d'abord ses qualités. N'y a-t-il pas autant sinon plus de mauvaises que de bonnes surprises ? se disent-ils. C'est donc à l'adolescence que la surprise abandonne son statut « innocent » de l'enfance : pourquoi ?

ADOLESCENCE : LA SURPRISE DU SEXE...

Nombreuses sont les définitions de l'adolescence : celle du sociologue diffère de celle du psychologue, ou de l'ethnologue, du médecin, du juriste, lesquelles diffèrent aussi entre elles, etc. Tous cependant s'accordent à reconnaître que la puberté est le processus physiologique du corps qui marque l'entrée dans cette période de la vie. Dans toutes les sociétés ayant conservé des rituels d'initiation forts, c'est autour de l'émergence de la sexualité que ces rituels s'organisent et prennent sens : le passage de l'enfance à l'âge adulte est marqué par l'accession à une sexualité reconnue par les « anciens » et qui prend une place assignée dans les rapports sociaux. Désormais, l'initié fait en tant que jeune adulte ce que la société attend de lui et ne se comporte plus « comme un enfant », avec souvent la relative liberté sexuelle qui en était la marque avant le rite d'initiation. En revanche dans nos sociétés occidentales, les rites d'initiation ont en grande partie disparu et l'irruption de la puberté dès l'âge de douze/treize ans, qui continue de signer l'entrée dans cette tranche d'âge, prend souvent les adolescents (et les parents !) au dépourvu. En effet l'absence ou la quasi-disparition de rituels communément partagés par la grande majorité de la population (la communion solennelle par exemple, qui n'est plus célébrée que par une minorité) fait que chaque famille est contrainte de « bricoler », selon l'heureuse expression de Lévi-Strauss, ses propres rituels. Certes les parents s'attendent à la « crise » de leur adolescent ; ils ont lu la presse, ils écoutent les médias et ils ont dans l'ensemble un niveau d'information et de connaissance nettement supérieur à celui de la génération précédente. Ils ont surtout les souvenirs de leur propre adolescence, agréables ou douloureux mais toujours chargés d'émotions, de sensations sur lesquelles ils peuvent mettre des images et des mots.

En revanche l'adolescent, bien qu'il sache, en théorie, ce que sont l'« adolescence » et la « puberté », ignore tout de ces émotions nouvelles, de ces éprouvés mystérieux, de « comment ça fait » et « comment ça se passe » : cette ignorance « affective », cette ignorance de la chose vécue, il ne peut l'avouer parce qu'elle dévoilerait sa vulnérabilité fondamentale. Même abondante, l'information reste souvent chose abstraite tant que l'éprouvé affectif qui y correspond n'a pas été vécu et que le processus pubertaire n'a pas envahi le corps. C'est d'ailleurs une remarque habituelle de constater que les grands enfants ou les très jeunes adolescents jusqu'à treize/quatorze ans ne cessent de faire des plaisanteries salaces et scatologiques, témoignant d'une sorte d'aisance apparente sur les choses du « sexe », tandis que les adolescents un peu plus âgés, alors qu'ils ont atteint l'âge d'avoir des relations sexuelles, se montrent beaucoup plus réservés pour ne pas dire franchement silencieux sur ce sujet. Il en va de même pour le dialogue entre parents et adolescents : il est relativement facile de parler avec ses enfants des choses de la sexualité jusqu'à douze/treize ans, alors que le même dialogue devient difficile sinon impossible avec des adolescents de seize/dix-sept ans : « J'ai toujours tout raconté à mes parents. Mes coups de cœur, mes envies, mes désillusions... Et même ce que je prenais pour mes ambivalences à une époque où je pensais être amoureuse de ma meilleure amie... Eux m'écoutaient, me rassuraient, répondaient à mes questions... C'est en tombant vraiment amoureuse d'un garçon que j'ai découvert que certaines choses ne les regardaient pas. Ni eux ni les autres d'ailleurs. Il y a des choses qui ne se partagent qu'à deux[1]. »

La diffusion de l'information donne plus facilement aux jeunes adolescents la possibilité de poser des questions sur les choses du sexe, souvent d'ailleurs dans un contexte légèrement, voire franchement provocateur comme les répondants d'un organisme tel que « Fil Santé Jeunes » en font régulièrement l'expérience : les questions les plus « crues » proviennent toujours des adolescents les plus jeunes, dont certains, si ce n'est la majorité, n'ont probablement pas encore eu de relations sexuelles. En revanche il serait faux de croire que cette même information puisse transformer fondamentalement la qualité émotionnelle qui accompagne la découverte de l'amour et de la sexualité proprement dite. À titre d'exemple, à « Fil Santé Jeunes », les questions les plus techniques (« comment on fait les bébés ? », « comment on met une capote ? ») sont toujours posées par les adolescents les plus jeunes, ceux de onze/douze ans, qui parfois se montrent même grossiers, insultants, toujours excités avec le répondant, n'hésitant pas à utiliser injures, propos scatologiques ou pornographiques. L'état d'esprit est tout autre avec les adolescents un peu plus âgés. Si les filles parlent plus volontiers de leurs difficultés que les garçons, tous en revanche expriment leur inquiétude, leur crainte de ne « pas être à la hauteur » ; ils semblent incapables d'utiliser les mots adéquats pour parler des choses de la sexualité là où apparemment, quand ils étaient plus jeunes, ils n'avaient aucune réticence. L'écart est considérable entre ce qu'ils sont censés savoir et ce qu'ils ressentent, éprouvent, expérimentent dans leur corps, ce qu'ils peuvent transmettre ou même se dire à eux-mêmes de l'expérience qu'ils viennent de vivre ou qu'ils sont en train de vivre. La première relation sexuelle laisse souvent un souvenir confus, au point que certaines jeunes filles sont incapables de savoir si le préservatif a été utilisé ou non ; cette confusion est d'autant plus importante que la première relation survient parfois au cours d'une fête, d'une soirée accompagnée de prises de produits toxiques (alcool, haschich...).

Le plus important est ceci : cette première relation sexuelle, les jeunes en parlent très peu *avant*. Ils savent que cela va arriver, ils en ont plus ou moins confusément envie, mais ils n'en parlent ni à leur parents, ni à leurs pairs (copines ou copains), ni à eux-mêmes. C'est un peu comme si, peu avant que cela advienne, il était impossible d'en parler, et ce d'autant plus que le moment approche. En fait, comme le précise M. Cl. Tréglia, « tant que la sexualité ne fait qu'affleurer, sans véritable objet, tout le monde est à l'aise. On reste dans les généralités. C'est le jour où, vraiment, la question les concerne que la porte se ferme. Sursaut de pudeur, d'instinct des deux côtés[2] ». D'une certaine manière, au moment de l'adolescence, l'amour reste toujours une surprise, quelles que soient par ailleurs les multiples informations, discours, conseils donnés antérieurement. La sexualité tombe-t-elle sur l'adolescent comme « un cheveu sur la soupe » ?

LA SEXUALITÉ INFANTILE EXISTE-T-ELLE ?

La sexualité infantile n'est plus un mystère pour personne et depuis les travaux de Freud, nul ne songerait à en nier l'existence. Les enfants ne sont pas des anges, ils ne croient plus aux choux et aux roses (s'ils y ont jamais cru !), ils savent de plus en plus tôt d'où viennent les bébés et comment « on les fait ». Remarquons toutefois que cela ne change pas fondamentalement leurs fantaisies concernant la manière de « faire les bébés », que l'on appelle les « théories sexuelles infantiles » : conception par la bouche et le baiser, accouchement d'allure sanglante et plus ou moins sadique, etc. Ils connaissent également très tôt leur propre sexe ainsi que le sexe opposé et savent même pour les plus « savants » la fonction du « zizi » et de la « zézette », même si les théories sur la différence des sexes restent très marquées chez l'enfant, au moins chez le garçon, par la croyance châtré/pas châtré (théorie sexuelle de la castration)... Que leur reste-t-il donc à découvrir ?

En fait la sexualité ne se résume ni à la connaissance anatomique des sexes, ni à la connaissance des manières de procréer ou d'enfanter, ni au savoir sur la physiologie sexuelle, sur les risques de contamination infectieuse ou de grossesse, etc. Ce qu'on désigne sous le terme d'information sexuelle, peut-être parce qu'il est très difficile de faire autrement, s'en tient habituellement à ce savoir qu'on appellera physiologique. Les parents et les éducateurs, quand ils estiment en avoir la responsabilité (ce qui nous paraît une excellente chose), y ajoutent une dimension qu'on dira, sans craindre le mot, « morale », une information telle que celle-ci : on n'engage pas son corps dans une expérience sexuelle avec un autre sans partager avec cet autre des « sentiments » (quel que soit le nom donné à ces sentiments : amour, ou de façon plus vague, une recommandation du style : « il faut éprouver quelque chose pour lui/elle ! »). Mais c'est bien là que l'enfant est face à l'inconnu : quel est ce « quelque chose », qu'est-ce que cet « amour », ce « sentiment » ? L'enfant n'a sur ces questions qu'une idée très vague et imprécise : certes, il aime son papa ou sa maman mais il ne sait pas très bien si, quand on parle d'« amour », on parle de la même chose. Après tout on ne dit jamais qu'on aime ses parents d'« amour », on les aime tout simplement. Et si les enfants entre eux jouent parfois à se traiter d'« amoureux », la moquerie n'est jamais bien loin ; ils le savent puisque la honte est l'enjeu habituel de ces moqueries : faire honte à celui ou celle qui « est amoureux », éprouver de la honte pour celui ou celle qui est ainsi désigné. C'est un peu comme s'il s'agissait là d'un sentiment déplacé qui ne devrait pas se voir à cet âge : les enfants sont-ils envieux, sont-ils excités par quelque chose qui normalement ne se fait pas si jeune, ont-ils l'impression d'une trahison potentielle de l'amour pour les parents ?

À côté de ces connaissances qui concernent la sexualité dans le rapport à l'autre au travers des choses de la procréation et de la naissance, la sexualité infantile, du moins celle que Freud a décrite, comporte une autre dimension essentielle : l'auto-érotisme. Très jeune, dès la plus tendre enfance, l'individu fait cette découverte essentielle : son corps peut lui procurer du plaisir. Ce plaisir peut s'obtenir en particulier grâce aux organes qui permettent la satisfaction des besoins physiologiques. Le modèle traditionnel est celui de l'alimentation. En tétant, le bébé découvre que non seulement il apaise sa faim mais qu'en plus l'acte même de sucer et de téter peut lui procurer du plaisir : il se met bientôt à téter pour le plaisir de la succion et pas seulement pour satisfaire sa faim. Le vrai « scandale » de la sexualité infantile est là : le nourrisson détourne un organe chargé d'assurer la satisfaction d'un besoin et d'une certaine façon sa survie, pour en faire un organe de plaisir ou de jouissance. Peu à peu il va investir diverses zones de son corps comme autant de zones de plaisirs. Ce « détournement » constitue l'essence même de la sexualité infantile, ce qui a conduit Freud à décrire l'enfant comme « un pervers polymorphe » (l'adjectif « polymorphe » signifiant que l'enfant n'est pas fixé à un scénario ou à un organe précis : il en change au cours de la croissance). Une grande partie de la sexualité infantile est donc d'essence auto-érotique : elle n'a pas besoin d'« objet », au sens psychanalytique (c'est-à-dire qu'elle n'a pas besoin d'un autre dont le plaisir et la jouissance puissent dépendre) et comme le corps de l'enfant est impubère, elle ne connaît pas non plus de limite, c'est-à-dire de fin orgasmique.

Qu'est-ce que cela signifie pour l'enfant ? Ceci : quand il se retrouve seul, il peut par cet auto-érotisme trouver en lui-même les moyens de l'apaisement et de la satisfaction temporaire. C'est ainsi que nombre de jeunes enfants peuvent s'endormir en suçant leur pouce, en se caressant le nez ou la joue avec le nin-nin (ou en langage technique : l'objet transitionnel). Ils se replient sur eux-mêmes, se donnent du plaisir et ce plaisir les calme et les rassure : l'auto-érotisme fait partie, dans ce cadre, des moyens dont dispose le jeune enfant pour parvenir à l'apaisement. Mais quand l'enfant est excité ou angoissé (ce qui pour lui se confond souvent), ce même auto-érotisme peut servir à canaliser l'angoisse ou l'excitation par le repli sur l'organe source de plaisir, d'un plaisir qui toutefois ne connaît ni fin ni limite et qui par ses excès peut devenir néfaste ; cela se constate régulièrement chez des enfants qui ont des angoisses intenses de séparation et qui, le soir, ne peuvent s'endormir que dans l'épuisement après s'être longuement balancés, ou chez ces enfants qui ont vécu des situations dites abandonniques et qui se stimulent frénétiquement jusqu'à des comportements plus ou moins autodestructeurs : balancements stéréotypiques incessants, mérycisme, lésions multiples d'auto-agression, etc. Dans ces cas, l'auto-érotisme infantile est détourné de sa fonction d'apaisement pour avoir une fonction substitutive de soutien d'une excitation qui ne trouve pas d'autres voies de décharge et qui surtout ne rencontre pas de limite parce que cette « sexualité infantile » détournée n'a pas de fin possible marquée par l'orgasme. Seul l'épuisement peut en venir à bout.

La sexualité infantile connaît donc deux dimensions : l'une essentiellement d'ordre imaginaire qui se rattache à la curiosité liée à la différence des sexes ainsi qu'au mystère de la fécondation et de la naissance ; l'autre d'ordre corporel par la recherche d'un plaisir d'« organe », l'enfant se procurant des sensations dans diverses zones de son corps par autostimulation, ce qui caractérise l'auto-érotisme. Longtemps ces deux dimensions restent relativement indépendantes l'une de l'autre, évoluant parallèlement.

La dimension imaginaire pousse l'enfant « dans les bras de l'autre », c'est-à-dire qu'elle introduit l'individu dans le registre de la relation à autrui, cet autrui étant pour l'enfant l'un ou l'autre de ses parents, mais aussi la place du troisième, spectateur de la relation des deux autres : que font mes parents quand ils sont ensemble et que suis-je alors pour eux ? Que pense papa quand je suis bien content d'être seul avec maman et que je la veux rien que pour moi ? Que dit maman quand je suis heureux d'être avec papa et que je l'oublie un instant (n'est-elle pas fâchée d'être ainsi abandonnée) ? Etc. Mais quelle que soit la multiplicité de ces questionnements, une certitude habite l'enfant : il y a un lien émotionnel puissant entre lui et ses parents, ils ne sont pas indifférents les uns pour les autres. L'amour filial et parental implique une complémentarité intrinsèque.

La dimension sensorielle pousse l'enfant à explorer les diverses possibilités de son corps et à faire tout ce qui est possible pour en tirer du plaisir : spontanément l'enfant ne connaît ni règle ni limite, tout lui est permis. Sur ce point précis, il y a eu en peu de temps une grande évolution puisque les interdits et les punitions liés à des « pratiques immorales » telles que, bien sûr, la masturbation, ont quasi totalement disparu. Les parents n'interdisent plus à un enfant de « se toucher » et ne le menacent plus ; au mieux, ils lui suggèrent de faire « ça » dans sa chambre parce que cela ne regarde pas les autres et ne concerne que lui-même : l'enfant règne en maître sur l'érotisme de son corps.

Cette « sexualité infantile » est très particulière puisqu'elle se déroule sur deux chemins parallèles et que, d'une certaine façon, la main droite ignore ce que fait la main gauche : la jouissance du corps, le fondement même de la sexualité, est en grande partie, sinon en totalité, déconnectée de la problématique du rapport à l'autre. En ce sens, la « sexualité infantile » diffère profondément de la sexualité post-pubertaire. L'adolescence serait-elle alors l'âge de la croisée des chemins ?

Rappelons un instant notre hypothèse sur les jeux de surprise : ceux-ci, chez l'enfant, peuvent être considérés comme un équivalent de scène sexuelle, le moment de la surprise pouvant être assimilé à une sorte de plaisir relationnel orgasmique. Ces jeux représentent chez l'enfant un des liens entre les deux registres traditionnellement décrits de la sexualité infantile : la relation œdipienne à l'autre d'un côté, l'investissement auto-érotique du corps de l'autre. Ces jeux sont, en particulier, un des moyens privilégiés pour contenir, canaliser l'excitation, pour y mettre un terme, une fin qui soit heureuse et plaisante, en un mot, pour donner un sens relationnel à cette excitation, la faire passer du registre somatique et individuel (l'auto-érotisme se « pratique » seul) au registre psychique et relationnel (le jeu de surprise se « pratique » à deux). Quant à la dimension d'apaisement qui fait aussi partie de la sexualité, dans sa composante plus narcissique, elle est apportée par les soins du corps et la satisfaction des besoins physiologiques que la mère procure. Ainsi, cette relation mère-bébé centrée sur l'apaisement des besoins est probablement ce que le petit enfant évoque en suçant son pouce ou en se frottant le nez avec son nin-nin pour s'endormir. Mais cette relation d'apaisement n'est qu'une partie de la « sexualité infantile » et ne la résume pas comme trop souvent, de notre point de vue, on se contente de le dire. La « sexualité infantile » n'est pas qu'apaisement, elle est aussi, et elle deviendra surtout après la puberté, gestion de l'excitation, mise en représentation psychique de celle-ci. Le scénario des jeux de surprise dans l'enfance représente la mise en scène privilégiée de cette excitation, qui permet de la dégager de sa seule composante somatique pour l'introduire dans la dimension relationnelle et humaine. Le script des jeux de surprise constitue-t-il le « formant* » de la sexualité génitale du futur adulte ?

L'ADOLESCENCE, LA SURPRISE DU PUBERTAIRE À LA CROISÉE DES CHEMINS

Une jeune adulte d'une vingtaine d'années raconte ce souvenir pendant sa psychothérapie : elle avait quatorze/quinze ans et comme tous les étés, faisant du scoutisme, elle était partie camper avec des garçons et filles de son âge. Cette année-là, elle avait eu bien du mal à trouver le sommeil car dans la tente d'à côté, celle des moniteurs ou monitrices, il y avait du « bruit ». Ce bruit l'énervait au point de ne pas pouvoir trouver le sommeil : elle se demandait ce « qu'ils fabriquaient », tendait l'oreille, ne cessait de se poser des questions, s'excitait et se sentait malheureuse d'être seule. La réflexion suivante la surprend alors elle-même : les années précédentes, bien que la même tente des moniteurs ne soit pas plus éloignée, elle n'entendait rien ou n'était pas dérangée quand il y avait du bruit, se contentant de remarquer que les moniteurs devaient « s'amuser ». Les difficultés de sommeil persisteront ultérieurement avec d'autres complications qui la conduiront à entreprendre cette psychothérapie. Toute l'adolescence en son début est résumée par cette banale aventure, car, soulignons-le, il ne s'était rien passé d'autre que ce qui vient d'être raconté.

* Nous utilisons ce terme par analogie avec les propositions de Pierre Denis sur la pulsion (voir p. 78).

Soudain, au moment de la puberté, des questions se posent qui ne s'étaient jamais posées auparavant sous cette forme et avec cette intensité : qu'est-ce que les moniteurs (les grands) peuvent bien faire ensemble ? Certes cette adolescente n'est pas totalement innocente : elle sait parfaitement que moniteurs et monitrices flirtent, mais à quoi cela peut bien correspondre exactement, elle ne le sait pas ou a beaucoup de difficultés à se le représenter. Le questionnement quasi obsédant sur cette « activité », alors que du temps de son enfance elle ne s'interrogeait pas outre mesure, témoigne chez elle de l'excitation suscitée par les choses de la sexualité, mais aussi de la relative honte à poser ouvertement des questions. Cela pourrait en effet laisser croire qu'elle n'y connaît rien et la rejeter du côté de l'enfance dont elle souhaite précisément se dégager. Le jeune adolescent est seul et nu face à l'émergence de la sexualité qui le surprend souvent sinon toujours.

Un autre exemple provient de la dynamique des groupes d'adolescents des deux sexes au collège ou au lycée (classe de troisième ou de seconde) concernant l'éducation à la sexualité et à la prévention des risques. Lorsqu'on aborde la question des relations sexuelles, il y a en général un long silence jusqu'à ce que l'un d'entre eux, une fille le plus souvent, finisse par dire sa crainte : « Si elle accepte, de passer pour une p... » Nouveau silence, et parfois un garçon ose la remarque suivante : « Mais nous aussi on a peur... », énonçant alors la peur de passer pour quelqu'un qui ne cherche « que ça ». Le groupe est surpris. Et quand la dynamique du groupe est satisfaisante, les échanges sont alors riches autour des multiples inquiétudes liées à la sexualité : les questions que se posent les uns et les autres, les difficultés à parler de leur désir, les craintes face à l'inconnu qu'est l'autre, etc. Pourquoi ce malaise-là, alors que plus jeunes, quelques mois auparavant, ils se montraient conquérants, sûrs d'eux, déclarant volontiers (comme ils le font dans les enquêtes ou les sondages) être suffisamment informés ? Pourquoi ce besoin de nier leur curiosité au moment où elle est la plus forte ? Les entretiens psychothérapeutiques avec des adolescents montrent régulièrement combien, lorsqu'ils étaient à l'âge où s'est posée pour eux la question des relations sexuelles, ils étaient assaillis par des questionnements sur les choses du sexe, mais en même temps combien ils se sentaient mal à l'aise parce que prisonniers de ces questionnements : en quelque sorte, l'urgence d'une sexualité naissante laisse l'adolescent dépourvu, vulnérable, face à l'inconnu et ce malgré tous les bagages intellectuels dont il peut s'être entouré.

Dans son célèbre essai sur « Les transformations de la puberté[3] », Freud avance cette affirmation tout aussi célèbre : « trouver l'objet sexuel n'est en somme que le retrouver ». L'adolescent cherchant en apparence un « objet » nouveau (rappelons que le terme « objet », en psychanalyse, a le même sens que dans l'ancien français et signifie « ce vers quoi tendent les pulsions » : « objet de mon amour, objet de mon ressentiment ») pour satisfaire la pulsion sexuelle liée à la puberté ne ferait en réalité que retrouver l'objet de ses investissements infantiles, la figure à peine transformée de l'un ou l'autre de ses parents. Longtemps cette position théorique, non dénuée de pertinence, a masqué la possible nouveauté à laquelle tout adolescent doit se confronter. La puberté, et au-delà l'adolescence, n'est-elle qu'une répétition de ce qui s'est passé dans l'enfance, en particulier dans la période œdipienne entre trois/quatre et cinq/six ans ?

S'il y a nouveauté, de quel ordre est-elle ? Désormais, l'excitation réside à l'intérieur du corps et l'éprouvé orgasmique (l'excitation génitale, la jouissance) qui vient la couronner et y mettre un terme contraint aussi le jeune pubère à un devoir de renoncement : il ne peut plus évoquer la figure d'un parent comme source possible d'apaisement parce que cette évocation l'effraie. Il est coincé entre l'auto-érotisme relativement « innocent » et solitaire de jadis (l'auto-érotisme infantile) et la relation tendre d'apaisement à laquelle il souhaiterait pouvoir continuer de s'accrocher. À partir du moment où la puberté envahit le corps, le jeune adolescent ne peut plus « se toucher » sans s'exciter : l'auto-érotisme qui avait fonction d'apaisement a disparu, seul persiste l'auto-érotisme à fonction excitante. L'adolescent est alors *surpris de se sentir excité par cela même qui désormais l'effraie au lieu de l'apaiser, la figure d'un parent.* Il est surpris par un sentiment de nécessaire solitude au moment où il aurait le plus besoin de se sentir accompagné. Il est contraint de renoncer à faire appel aux figures parentales parce que celles-ci sont trop excitantes. À l'adolescence, les deux chemins de la sexualité infantile, le chemin du fantasme (les « théories sexuelles infantiles ») et celui de l'excitation sensorielle (l'auto-érotisme infantile), se rejoignent : le carrefour est semé d'embûches. Désormais, « se toucher », c'est s'exciter, c'est actualiser à sa conscience des scènes qui fascinent et effraient le sujet. La *surprise du pubertaire* guette tout adolescent. « Pubertaire » est le terme choisi par Philippe Gutton pour désigner l'ensemble des processus psychiques accompagnant le phénomène physiologique de la puberté, laquelle sollicite hautement la capacité à fantasmer du jeune adolescent[4]. Ce pubertaire « est tout l'inverse d'un mouvement de séparation. Une force antiséparatrice anime la frénésie de l'enfant vers ses parents ». Le jeune pubère est surpris par l'innovation que représente l'arrivée de la génitalité dans son corps. D'une certaine manière, le « génital » survient chez celui qui est encore un enfant sans qu'il puisse en être prévenu : rien ne peut lui permettre de prévoir ce qui va arriver parce qu'il ne l'a encore jamais vécu. L'enfant est pris au dépourvu du premier éprouvé génital, surpris par sa qualité radicalement nouvelle ; il se demande comment il va bien pouvoir le négocier. La jeune fille ne trouvant pas le sommeil parce que les moniteurs font « du bruit » sous la tente contiguë est assaillie par des éprouvés nouveaux qui désormais l'excitent et l'empêchent de s'endormir. Une autre jeune fille raconte combien elle a été surprise, faisant du cheval, par une sensation d'excitation d'allure orgasmique, sensation nouvelle qu'elle n'avait auparavant jamais ressentie et qui la laisse désorientée temporairement, jusqu'à ce qu'elle se demande si elle n'est pas amoureuse du moniteur. Le travail psychique du pubertaire s'inscrit dans ce mouvement. L'adolescent est assailli par l'éprouvé physiologique nouveau apporté par la puberté : il le subit, il en est la « victime » car il est en situation de passivité. Pris « par surprise », il cherche à se dégager de cette position initiale de passivité en la transformant en activité, soit une activité motrice au travers du besoin si fréquent et impérieux de nombreux adolescents d'agir ou de passer à l'acte, soit un scénario psychique qui lui donne le sentiment d'une certaine maîtrise sur ce qu'il éprouve. Ainsi, l'adolescente sur son cheval n'est plus victime du surgissement d'un éprouvé somatique nouveau, elle se demande activement si elle n'est pas amoureuse du moniteur. Elle a en quelque sorte remplacé l'éprouvé physique qu'elle subissait par une fantaisie imaginaire qu'elle élabore activement. Mais pour ce faire il faut que l'adolescent accepte de se lancer dans ce nouveau terrain inconnu qu'est la relation amoureuse avec un « étranger », un non-familier. Il faut qu'il ou elle accepte d'introduire un tiers qui risque de modifier radicalement la relation d'amour filial du temps de l'enfance : il ou elle doit, d'une façon ou d'une autre, « trahir » et tromper ses parents.

Certains adolescents ne peuvent se résoudre à introduire cet écart : l'excitation de l'éprouvé orgasmique continue d'actualiser des scénarios imaginaires où la figure des parents occupe toujours une place privilégiée. En général, ces adolescents vont mal parce qu'ils sont confrontés de façon douloureuse à la menace incestueuse et qu'ils ne peuvent s'en désengager. Ils évoquent souvent, dans le cours de leur psychothérapie, des scènes « pubertaires[5] » : ce sont des représentations œdipiennes incestueuses ou parricidaires qui prennent l'adolescent *au dépourvu* dans le cours de ses représentations fantasmatiques actualisées par l'éprouvé de l'excitation génitale ; par exemple des rêves très traumatisants de relation incestueuse avec un parent ou des cauchemars de mort et plus encore de meurtre parental... En général pour que l'adolescent puisse évoquer ces scènes, il faut que la psychothérapie soit engagée depuis assez longtemps et qu'il ait à plusieurs reprises « testé » la capacité de son thérapeute à entendre ces fantasmes qui l'inquiètent vivement. Dans d'autres cas, ce sont des images qui s'imposent à son esprit, malgré lui, quand il se trouve impliqué dans une relation affective ou sexuelle : la figure d'un de ses parents vient comme un écran s'interposer entre lui-même et l'autre, suscitant malaise et angoisse. L'adolescent ne peut se désengager de ses scènes pubertaires et introduire l'écart qui permet le changement. Les adolescents qui souffrent d'anorexie mentale, ceux qui font des tentatives de suicide graves ou d'autres ayant des conduites toxicomaniaques relatent assez souvent, quand ils peuvent s'inscrire assez durablement dans une démarche psychothérapique, ce genre de fantasmes et d'angoisses. Tous ces jeunes ressentent leur corps comme une menace, voire même un ennemi, parce que l'éprouvé somatique d'excitation les confronte à ces scènes pubertaires chargées d'une angoisse extrême. Des auteurs tels que Moses et Eglé

Laufer ont longuement développé ce point de vue à travers leurs concepts d'attaque du corps et de cassure dans le développement à l'adolescence[6].

La puberté transforme le corps mais modifie aussi profondément les éprouvés d'excitation qui l'habitent. Cette transformation physiologique précède la transformation psychique : cette dernière est contrainte et imposée par un phénomène que le sujet ressent comme venant de l'extérieur et n'étant pas de lui-même. Le corps est pour le jeune adolescent comme un étranger dont les éprouvés n'ont plus la familiarité des éprouvés de l'enfance. Comment l'adolescent peut-il accepter ce décalage, comment peut-il supporter de se sentir soudain envahi par quelque chose qu'il ignore encore et qui menace de le surprendre ? Comment peut-il se détourner de ceux qu'il connaît depuis l'enfance, qui jusque-là le rassuraient, l'apaisaient, ont été la source de ses plaisirs et qui soudain deviennent la cause apparente de ses tourments ? En un mot, comment peut-on se préparer à quelque chose qui ne s'est encore jamais produit ? N'y a-t-il aucune simulation possible à ce surgissement du pubertaire ?

Certes, il est nécessaire que l'adolescent puisse attendre et qu'il garde espoir. C'est en d'autres termes ce que disait Évelyne Kestemberg : « Le problème fondamental de la période de l'adolescence est de retrouver le temps d'attendre et de fantasmer[7]. » Mais comment continuer de fantasmer quand les fantasmes œdipiens de l'enfance deviennent presque persécuteurs parce qu'ils accroissent une excitation déjà débordante ? Comment garder l'espoir quand le sujet ne sait pas véritablement ce qu'il attend ?

La capacité d'attendre dépend en grande partie des satisfactions issues de la petite enfance, de tout ce qui a permis au jeune enfant d'acquérir peu à peu la conviction qu'en étant patient on finit par être récompensé ;

c'est ce qu'on appelle le développement de la tolérance à la frustration. Mais, en complément, nous pensons que le scénario des jeux interactifs de surprise et de tromperie de la petite enfance représente la trame temporelle sur laquelle le jeune adolescent peut se reposer, ce à quoi il peut se fier pour attendre cet écart, ce décalage créateur de nouveauté susceptible de le désengager de son lien infantile à ses images parentales : « Quelque chose va venir, peut-être différent de ce que j'attends et qui pourra combler cet éprouvé douloureux de manque auquel je dois me confronter. » L'adolescent attend cette surprise mais la redoute à la manière du petit enfant qui traverse la phase ambivalente d'attente et de crainte précédant la tromperie et la surprise. Mais chez l'adolescent la crainte de « se faire avoir » est double. En effet, la surprise qui pourrait venir de l'extérieur apparaît comme le redoublement d'une surprise et d'une menace qui viennent déjà de l'intérieur, celles de ses éprouvés orgasmiques nouveaux. Cette double passivité – subir les émotions internes et être à la merci d'un autre extérieur à soi – est particulièrement douloureuse à accepter. Il est difficile pour un sujet d'avoir le sentiment de subir quelque chose de l'extérieur quand il est déjà habité par la sensation de subir des éprouvés et des émotions internes qui lui sont inconnus et qu'il maîtrise mal. Il risque d'être envahi par une impression de double aliénation, interne et externe. Une manière de s'y préparer et de s'en protéger est d'accroître sa vigilance et sa compétence à réagir. L'adolescence est précisément l'âge où le sentiment de subjectivité, c'est-à-dire le sentiment d'être soi différent des autres, se construit. La double surprise de la génitalité et de la dépendance relationnelle à autrui prend l'adolescent à contre-pied.

Accroître sa compétence, exercer sa vigilance, être sur ses gardes, ne pas prendre le risque de se faire surprendre, car cela signifierait nécessairement se faire avoir, en un mot chercher toujours à maîtriser la situation, tel est l'état d'esprit de l'adolescent qui s'exerce à des jeux dont l'enjeu est de maîtriser la surprise. Est-ce une des raisons qui poussent les adolescents à s'entraîner interminablement à ces jeux sur ordinateur où le héros accomplit souvent un parcours semé d'embûches ? Les surprises ne cessent de jaillir de tous côtés : sous ses pas, devant lui, derrière, au-dessus... Triompher de la surprise, arriver au terme d'un chemin tortueux, résister aux apparentes facilités, ne pas se laisser avoir par les multiples tromperies, tels semblent être les habituels ressorts de ces jeux. Comme l'antique pilote du navire grec dont l'art était de trouver le bon *poros*, le bon chemin permettant d'arriver au port, quitte à faire tous les détours nécessaires, à trouver les expédients, les « combines », les ruses pour n'être ni surpris ni trompé, les adolescents sinuent dans ces labyrinthes modernes, véritables logiciels odysséens qui les conduisent vers quel port ? N'oublions pas que Poros, fils de Métis, a luimême pour fils Éros, la divinité de l'amour !

Les adolescents aiment les surprises à condition d'y être préparés ! Ils s'y exercent intensément et accroissent leurs compétences par cet exercice même. Ils aiment aussi utiliser l'humour comme marque de leur capacité à décaler, à marquer un écart : l'humour, le trait d'esprit, à condition d'en être l'initiateur et non la victime, est pour l'adolescent l'équivalent psychique de la surprise interactive de l'enfant. Le trait d'esprit remplace désormais la pochette-surprise. L'humour est la sauvegarde relationnelle de l'adolescent, ce par quoi il a le sentiment de retrouver une part d'activité dans les émotions qu'il a l'impression de subir. Les jeux de surprise et de tromperie au cours de l'enfance ont donc écrit le script d'une attente teintée d'ambivalence, d'une attente de quelque chose qui risque de surprendre et de tromper. Grâce à cet écart, l'adolescent va pouvoir découvrir quelque chose de nouveau, source d'un plaisir encore inconnu mais possible, d'une rencontre pleine de jouissance : il sait confusément qu'il va « se faire avoir ». Désormais, il souffre d'attendre et d'espérer ce que par ailleurs il redoute aussi : serait-ce le paradoxe de la condition humaine ?

Toutefois l'adolescent, parce qu'il subit dans son corps ces éprouvés pubertaires nouveaux et déconcertants, parce qu'il est habité par la relative menace de cette surprise interne, se doit d'être actif : il devient temporairement celui qui provoque la surprise. Il prend désormais la place de celui qui surprend pour tenter de mieux contrôler ce qui l'étonne. Les premières « victimes » de ces surprises sont les parents. Bien qu'ils s'attendent aux manifestations d'adolescence de leur rejeton, ils sont très souvent surpris par la forme que l'adolescence prend chez lui. Ils ne s'attendaient pas à ça, disent-ils. Désormais dans les jeux interactifs, dans les intérêts et les investissements intellectuels ou culturels, ce n'est plus le parent qui surprend son enfant, c'est l'adolescent qui surprend ses parents : cette surprise, dans les bons cas, ouvre en général des espaces de créativité où le futur adulte va précisément inscrire sa marque personnelle, quelque chose qui échappe aux prédictions ou aux désirs parentaux, qui fait la singularité humaine. Plus tard, beaucoup plus tard après l'adolescence, le sujet devenu adulte pourra se permettre de retrouver en lui, de temps en temps, le bébé qui riait d'avoir été surpris et « attrapé » par sa mère : il pourra se laisser aller à se surprendre et accepter d'être surpris, c'est-à-dire d'être envahi par l'altérité, par l'extérieur, l'étrange et l'étranger, sans pour autant craindre l'aliénation. La santé psychique implique d'accepter l'idée d'être surpris et de se « faire avoir », de se laisser pénétrer par des choses qui ne sont pas définies au préalable, des choses qui ne sont pas *a priori* utiles au sujet parce que encore inconnues.

TOMBER AMOUREUX...

Entre-temps l'adolescent, malgré toutes les précautions prises, aura peut-être fait l'expérience d'une surprise, c'est du moins ce qu'il faut lui souhaiter. Cette surprise est celle du « premier amour », cet envahissement soudain par un autre qui s'accompagne du sentiment de n'être rien, d'être sans valeur, sans grâce, sans intelligence ni beauté, totalement livré au bon vouloir de cet autre encore inconnu qui prend littéralement possession du sujet et lui donne cet éprouvé nouveau (mais est-il si nouveau que cela, puisqu'il l'a déjà vécu dans sa petite enfance ?) d'être à sa merci. Le premier amour traduit la capacité de renoncer à soi pour se fier à l'autre, d'abandonner l'apparente maîtrise sur soi pour reconnaître la place de l'autre en soi : c'est bien la surprise de l'amour qui désormais chatouille les sens de l'âme avant de découvrir la sensualité des chatouilles du corps. Car à quoi les amants se plaisent-ils à jouer, *après qu'ils sont tombés amoureux et avant de s'abandonner l'un à l'autre* ?

CHAPITRE IX

La surprise dans la clinique

Dans les chapitres précédents, nous avons analysé la structure de la surprise : celle-ci ne survient pas dans le vide, sans préalable, sans relative préparation. La surprise correspond à un scénario complexe comprenant une double forme temporelle et spatiale. Le rythme est un des composants essentiels de cette surprise par les variations de tempo qui l'annoncent, les variations spatiales apparaissant comme relativement secondaires. Résumons ce scénario. Deux personnes s'accordent mutuellement pour s'engager dans une interaction ; une règle est communément partagée entre celles-ci pour cadrer cette interaction ; une excitation envahit les deux partenaires qui utilisent toutes les possibilités de la règle pour faire varier le « jeu » ; l'émotion se lie à l'excitation pour atteindre un paroxysme qui peut devenir difficilement supportable du fait de son ambivalence ; l'un des partenaires rompt soudain la règle ; l'autre est surpris, déstabilisé dans ses assises, transitoirement confus, avec le sentiment de « s'être fait avoir » ; puis il se reprend, éventuellement avec l'aide de l'autre, en renouant de façon jubilatoire la relation ; une rencontre s'est produite au cours de laquelle, pendant un bref instant, l'un des sujets a traversé un moment de haute vulnérabilité où il s'est trouvé à la merci de son partenaire, livré à lui, offert à son intrusion possible, aliéné en quelque sorte ; l'autre s'est installé transitoirement en lui et cette expérience de possession éphémère est à la fois délicieuse et redoutable.

Définie de cette manière, quelle peut être la place de la surprise dans la clinique psychopathologique ? C'est ce que nous aborderons succinctement dans ce chapitre. Peu de choses sont rapportées sur un tel sujet dans la mesure où la surprise n'a pas vraiment fait l'objet de recherches ou de publications consistantes. Pourtant, lorsqu'on parle avec des cliniciens, tous sans exception s'accordent à reconnaître que la surprise représente dans la relation clinique un moment privilégié, un moment de rencontre ou de changement possibles. Comment comprendre ce contraste entre l'importance donnée spontanément, sans réfléchir oserons-nous dire, à la surprise et la rareté, pour ne pas dire l'absence de tout travail approfondi sur un tel sujet ? Là encore, l'étonnement est grand devant ce qui peut apparaître comme une énigme.

La surprise concerne aussi bien le professionnel, consultant psychiatre ou psychologue, psychanalyste ou psychothérapeute*, que celui ou ceux qui viennent consulter : le « patient » lui-même, les parents (quand il s'agit d'un enfant ou d'un adolescent) ou encore le groupe familial. La surprise est alors à comprendre comme un mode relationnel possible (ou impossible) et il faudra tenter d'en approcher la signification dans cette interaction de demande asymétrique. Mais la surprise peut également être étudiée dans les diverses pathologies observées : quelle est sa place dans tel ou tel état pathologique ?

---

* Dans la suite de ce chapitre, le terme « consultant » désignera le professionnel médecin-psychiatre ou psychologue ou psychanalyste ou psychothérapeute.

LE PSYCHOLOGUE SURPRIS : THEODOR REIK (1935)

Le premier écrit sur la surprise en clinique n'est pas récent puisque c'est en 1935 que Reik publia son ouvrage *Le psychologue surpris,* dans lequel il analyse en détail la place de la surprise[1]. Reik, Viennois d'origine hongroise, connut un destin particulier dans le monde psychanalytique. En effet, de formation littéraire et philosophique, il n'était pas médecin, ce qui lui valut d'être au centre d'un procès pour exercice illégal de la médecine à Vienne au printemps de 1926. Sa position fut défendue par Freud qui écrivit à cette occasion un opuscule intitulé *La question de l'analyse profane* dans lequel il défend l'originalité de la psychanalyse et son irréductibilité à la seule forme d'un enseignement universitaire traditionnel qui ferait l'économie d'une psychanalyse personnelle et dont la pratique serait exclusivement réservée à des médecins. Il prend ainsi position en faveur des non-médecins, ce qui créera un conflit majeur avec l'Association psychanalytique américaine, laquelle soutenait et soutiendra jusqu'en 1985 le principe de l'exclusivité médicale de la psychanalyse. Émigré aux États-Unis à partir de 1938, Theodor Reik ne fut jamais accepté par les instances psychanalytiques « officielles », restant en marge de ce mouvement. Son histoire ne manque pas d'intérêt : enfant d'une mère dépressive, il perdit son père à l'âge de dix-huit ans. Ce père est décrit comme un libre penseur singulièrement différent de son grand-père maternel, juif orthodoxe et savant talmudiste. Est-ce pour se dégager de l'emprise d'un tel père que la mère de Theodor avait éprouvé le besoin d'épouser un modèle opposé ? Theodor souffrit dès l'adolescence d'un état d'angoisse intense qui le conduisit à solliciter une psychanalyse auprès de Freud qui, après un premier refus, finit par accepter de le prendre en analyse pendant de longues années. Reik voua ensuite un culte quasi mimétique à son maître au point d'être surnommé « simili-Freud » par le premier cercle des psychanalystes viennois[2].

Quoi qu'il en soit, c'est à la fin de son analyse d'une part et dans la suite de son procès d'autre part qu'il rédigea son ouvrage le plus célèbre sur la surprise dans la relation clinique en général, psychanalytique plus précisément. Quelle thèse soutient-il ? La surprise ne procède pas de rien, elle est en quelque sorte préparée : « Je qualifie de surprenant un fait qu'on a inconsciemment attendu et que l'on rencontre à un moment inattendu ou dans des circonstances inattendues[3]. » Chez le patient, cette surprise peut surgir quand il accepte de *s'abandonner de façon confiante* à l'analyste, abandon qui permet l'émergence de souvenirs refoulés. La surprise provient précisément de cette rencontre entre le dire actuel et le surgissement du souvenir refoulé, dans un climat de relatif renoncement à se focaliser sur le point d'enjeu actuel pour permettre que se réorganisent les deux temps jusqu'alors disjoints. Ainsi, pour que la surprise advienne, le sujet doit-il renoncer à la maîtrise sur soi et Reik constate : « Pour se connaître soi-même, il faut commencer par devenir étranger à soi-même[4]. » Sophie de Mijolla commente de la façon suivante la description de Reik : « L'effet surprise procède donc par une suspension de l'attention qui permet au travail de s'effectuer à un niveau infraconscient. [...] Cette suspension permet à un élément de la chaîne représentative de se désagréger des autres et de subir ce processus de disparition-réapparition. Ces moments de surprise sont des *moments féconds* au cours d'une analyse, ils en *rythment* la durée en introduisant l'idée d'un progrès qui se ferait par bonds *imprévisibles*. Réciproquement, la *régularité des séances* et celle de leur durée apparaît comme la toile de fond et le soutien nécessaire à ces *fractures temporelles*[5]. » Pour Reik cette surprise ne peut procéder que de l'image de soi dans l'autre : « Toute compréhension du moi exige son reflet dans autrui[6]. » L'autre est bien celui par lequel le sujet doit passer s'il veut se connaître. Chose intéressante, chez l'analyste, l'éveil des motions pulsionnelles en réponse à celles de l'analysant s'explique par un effet de résonance rythmique, Reik prenant comme exemple celui d'une mélodie que l'on se remémore à partir des quelques mesures initiales entendues : la mélodie peut en évoquer une autre et la remémoration de celle-ci peut aider au souvenir du titre de celle-là. Il considère qu'il n'y a pas transfert de pensée mais une *communauté fondamentale d'expériences pulsionnelles* vécues par l'analyste et par l'analysant[7]. Dans l'écoute de son patient, la surprise est chez l'analyste un indicateur du surgissement en lui de l'inconscient de ce dernier. Hélas Reik théorise rapidement cette propension à la surprise comme étant la trace d'une sorte de communication archaïque, compréhension de type télépathique telle qu'on pourrait la rencontrer chez des animaux. Il en fait le pivot d'une véritable transmission de pensée à partir d'une sorte de psychisme communautaire supra-individuel. Cette vision quasi délirante de l'origine possible de la surprise fait perdre beaucoup de force à son ouvrage et a peut-être contribué à ce que le monde scientifique se détourne d'une notion de la surprise assimilée à une sorte de délire télépathique. Au-delà de l'instant de la surprise nulle réflexion n'est par la suite venue pour tenter d'en comprendre la structure. Est-ce impossible ?

Aussi bien dans le texte de Reik que dans les commentaires d'Alain et Sophie de Mijolla, on ne peut s'empêcher de retrouver ce que nous avons nous-même décrit comme étant la structure intime des jeux de surprise entre une mère et son enfant : l'importance de l'attente, le rôle du rythme, la communauté fondamentale d'expériences, l'irruption de l'autre en soi, le renoncement à l'activité, toutes ces choses caractérisant la relation mère-bébé au cours des jeux de surprise. De même, nous retrouvons dans la scansion de la cure analytique elle-même l'opposition entre les microrythmes et les macrorythmes (voir chapitre VI), entre les effets de surprise dans l'instant de la séance et la prévisibilité du cours de la thérapie, entre le surgissement ludique de l'inattendu et la récurrence rassurante du prévu.

AU SEUIL DE L'INCONSCIENT : LE PREMIER ENTRETIEN (EVA-MARIE GOLDER, 1996)

Un saut de plus de soixante années nous amène à un livre publié en 1996 par Eva-Marie Golder : *Au seuil de l'inconscient : le premier entretien*[8]. Peu d'ouvrages sont spécifiquement consacrés au premier entretien, probablement parce qu'il est d'une extrême diversité apparente, mais peut-être plus encore parce que parler du premier entretien revient à parler de l'intimité du consultant, de l'intimité de sa pratique sous la possible carapace des constructions théoriques. D'après Eva-Marie Golder, « tout premier entretien comporte un moment de surprise où quelque chose d'inattendu émerge dans l'échange. [...] La surprise crée une béance à laquelle chacun réagit selon sa propre structure[9] ». L'hypothèse de l'auteur est la suivante : au cours du premier entretien il y a un « moment sensible » qui présente une structure interne particulière « ne laissant rien au hasard », construit dans une suite temporelle où se succèdent le temps instantané de la saisie, le temps des élaborations imaginaires, le temps du repérage mutuel, le moment sensible lui-même, et enfin l'« accusé de réception », c'est-à-dire la mise en place du transfert.

Reprenons brièvement cette succession :

1) La saisie est un temps très court, de quelques secondes parfois, véritable « instant magique » où d'une certaine façon tout peut se jouer, analogue en quelque sorte au coup de foudre : temps de la surprise par essence, cet instantané de la saisie correspond à « la prise en masse d'une image reflétant le bonheur ; la plénitude fait disparaître au moins partiellement l'assise symbolique du sujet. L'objet qui comblerait le manque serait dans l'autre. Le bonheur, c'est le phallus[10] ». Et un peu plus loin : « La surprise, lorsqu'elle n'entraîne pas l'aliénation massive du coup de foudre, s'articule avec l'émotion agréable, *mais certainement plus souvent désagréable*[11]. » On aura compris à ces lignes que l'auteur s'inscrit dans une théorisation lacanienne et d'ailleurs cet ouvrage est une défense et illustration de ses mérites. Les non-lacaniens n'ont qu'à bien se tenir car ils sont volontiers cloués au pilori ! Poursuivons.

2) Le temps des élaborations imaginaires correspond à la tentative du patient, comme du consultant, de remplir et de combler la béance ouverte par la surprise. Le patient part à la recherche de significations rassurantes tandis que le clinicien peut choisir de « faire de la théorie » ou d'accepter « de surseoir à tout désir d'intervenir[12] ». Si le *discours du maître* comme le *discours universitaire*, discours de pouvoir et de savoir, propose un comblement fallacieux de la surprise, seuls le *discours de l'hystérique* et le *discours de l'analyste*, qui se réfèrent tous les deux au désir, révéleront la vérité de la conduite pour le premier, la vérité de l'être pour le second.

3) Alors, dans le repérage mutuel, « le souci principal doit être de garder l'écart ouvert entre les deux registres, afin de mobiliser la curiosité ». Ces deux registres sont, d'un côté, les traits propres à la rencontre analytique

actuelle, à partir desquels, de l'autre côté, le patient cherche à faire « du même », « cherche à se rassurer par des choses qui lui paraissent familières. Ainsi paradoxalement ce qui le met en confiance relève de la résistance dans le transfert par cet aspect même de tromperie du "même"[13] ».

4) Pour le « moment sensible », Eva-Marie Golder propose une comparaison éthologique. C'est un peu comme si l'analyste déposait son empreinte sur le patient, mais une empreinte identificatoire qui repose sur un leurre : « L'autre sera le pourvoyeur de ce qui comblera le manque, sauf que, cette fois-ci, *la dimension de la tromperie prédominera*[14]. »

5) Autour de ce moment sensible s'articule ensuite le transfert qui s'inaugure par l'« accusé de réception » : « Rappelons que le discours de l'analyste n'est pas un discours à proprement parler, mais davantage *une structure relationnelle qui s'articule avec la surprise.* [...] Chaque fois que nos patients expriment cet étonnement de découvrir quelque chose de nouveau et de si ancien à la fois, ils se trouvent dans le positionnement du discours de l'analyste[15]. »

La lecture de cet ouvrage est intéressante à plus d'un titre. D'abord parce que peu de livres sont consacrés au premier entretien, malgré l'évidente importance de celui-ci ; ensuite parce que la surprise est au cœur de cette clinique, fondatrice de la rencontre entre le clinicien et le patient ; encore parce que dans l'instant de cette surprise il y a comme un vacillement, un envahissement émotionnel dont l'auteur nous dit qu'il est plus souvent désagréable qu'agréable ; enfin parce qu'elle conditionne la suite possible de la thérapie en donnant dès cet instant au transfert et au contre-transfert une couleur qui les marquera longtemps : l'analogie avec l'empreinte est là comme estampille. Si on débarrasse cet essai de tout son discours théorique lacanien, que reste-t-il ? Ceci, d'essentiel : la surprise crée une brèche entre les deux personnes que sont le consultant et le patient, dans laquelle l'un semble s'engouffrer dans l'autre, les limites interindividuelles s'estompant transitoirement ; il y a de la tromperie derrière la surprise ; et l'écart ouvert par cette surprise est potentiellement créateur de nouveauté à condition, toutefois, de ne pas vouloir le combler aussitôt par la théorie. En revanche nous sommes étonnés de ne trouver dans ce livre aucune référence aux jeux de surprise et de tromperie entre la mère et son bébé, comme si ces jeux n'existaient pas alors que l'auteur, *sans s'en rendre compte, en décrit très exactement le scénario.* Acte manqué ? Refoulement ? Quoi qu'on en dise, quelque importance qu'on lui reconnaisse, la surprise n'est pas vraiment appréciée du clinicien, qui y voit volontiers une menace pour ses assises théoriques. Ce n'est pas un hasard si pour Eva-Marie Golder, la surprise est plus souvent désagréable qu'agréable. Toute théorie fonctionne comme une antisurprise, comme une antirencontre, qui évite au clinicien de se retrouver tout nu à l'instant nécessaire de la surprise, instant fondateur de la rencontre.

LA SURPRISE DANS LA RENCONTRE CLINIQUE : DU CÔTÉ DU CONSULTANT

La théorie fonctionne comme une antisurprise, avons-nous dit. Et nous venons de voir que la surprise représente le cœur même d'une rencontre clinique authentique. Comment faire face alors à un tel paradoxe ? C'est là que se marque l'écart fréquent entre la pratique clinique d'un côté et les élaborations théoriques de l'autre. D'une certaine façon, toute théorie se construit dans l'absence, loin du sujet, alors que la clinique repose sur sa présence, face à lui. Ce n'est pas un hasard si les cliniciens aiment se référer à un auteur comme Winnicott : ses réflexions, dont on ne peut dire qu'elles s'organisent en théorie tant les zones d'ombre, les contradictions, les incertitudes sont nombreuses, nous semblent étayées sur *la présence du patient.* Très souvent, pour ne pas dire constamment, Winnicott le met en scène de façon physique, le décrit dans son comportement, ses gestes, ses principales attitudes. On ne s'étonnera pas alors que la surprise occupe une place très privilégiée dans son œuvre (on l'a vu p. 32). Le jeu de la spatule est un jeu organisé autour de la présence. Le jeu dit du *squiggle* est un pur jeu de présence où la surprise est le ressort principal : le consultant trace une ligne et demande à l'enfant de compléter cette trace pour en faire un dessin, puis c'est au tour de l'enfant de faire une ébauche que le consultant, selon sa créativité, complétera à son tour, et de ces ébauches complétées à tour de rôle peut jaillir une surprise quand une forme paraît en résonance avec un conflit dont le patient n'avait pas jusque-là conscience.

À l'opposé, le jeu de la bobine est un jeu sur l'absence et sur sa maîtrise. Dans les textes de Freud il y a assez peu, sinon pas de description concernant l'attitude du patient, ses gestes ; celui-ci semble plus souvent absent que présent. Freud construit ses modèles autour de *l'absence du patient.* D'ailleurs, ce qu'on nomme le « setting analytique », c'est-à-dire la disposition bien connue du patient allongé sur le divan, avec l'analyste assis *derrière lui,* représente une mise en scène de l'absence. Cette mise en scène, avec la recommandation au patient de se laisser aller à dire comme cela vient, est le fondement même de la possibilité de déploiement d'un transfert qui, sans quoi, serait entravé par les perceptions du patient. Le setting analytique est organisé autour de l'absence, c'est même sa raison d'être. Il est par conséquent tout le contraire de ce qui peut se passer *dans la présence de la rencontre initiale.* On ne s'étonnera donc pas de constater que la surprise est quasiment absente des écrits de Freud, sauf précisément avant l'introduction de ce setting. Nous avons vu dans le premier chapitre que cette double surprise, celle de Freud lui-même et celle de la patiente, est peut-être à l'origine du dispositif analytique. En effet, Freud demande à sa patiente sous hypnose de se souvenir de scènes traumatiques antérieures à celle qui est à l'origine apparente des troubles. La patiente parle alors de désagréables surprises dues au surgissement par-derrière de personnes inattendues. Freud se dit lui-même surpris par ces associations. Il est intéressant et surprenant de constater que la résistance au transfert comme la place du contre-transfert sont inscrites dans cette double surprise du patient et du clinicien, ce qui conduira directement à l'invention ultérieure du setting analytique.

Être surpris

Pour le clinicien, il y a plusieurs confrontations possibles à la surprise, selon qu'il est acteur ou victime : surprendre, se surprendre, s'étonner, être surpris... toutes catégories de surprise où il n'occupe pas tout à fait la même place. Disons-le sur un mode quelque peu péremptoire : *le clinicien déteste être surpris* parce que pour lui, c'est être « touché au vif » de sa pratique, de son « être-clinicien » pour s'exprimer en termes phénoménologiques. Probablement est-ce pour cette raison que la surprise est toujours restée dans un subtil clair-obscur, chacun percevant aisément sa richesse potentielle mais aussi, avec acuité, tous ses dangers. Le clinicien n'aime pas faire étalage de ses béances, pas plus d'ailleurs que tout être humain. Ce type de surprise survient le plus souvent lorsque le cadre de la consultation est mis à mal par le comportement du patient. En général, on appelle cela un passage à l'acte et on sait que cette expression qualifie immédiatement de façon négative le patient lui-même. Venant pour parler, un patient agit et cet agir menace l'espace de la parole dans lequel le thérapeute s'est installé : il compte bien y rester, d'autant qu'il lui a fallu des années d'apprentissage pour absorber les diverses théories des échanges langagiers. Le « psy-propre », c'est-à-dire le « psy-thérapeute » (qu'il soit psychanalyste, psychiatre, psychologue ou psy-autre chose), abandonne le patient à son sort ou l'expédie aussitôt au « psy-sale », le psychiatre, chargé alors d'exercer une emprise sur le corps du patient pour lui apprendre à utiliser les mots plutôt que les actes.

Laurence Bataille donne un bel exemple de ce type de surprise dans son ouvrage intitulé *L'ombilic du rêve*[16] ; « C'était un homme qui venait pour la première fois. Lorsque je suis venue le chercher dans la salle d'attente, d'emblée je me suis dit : "Il me met au défi." Il lisait le journal et paraissait ostensiblement dérangé par mon intrusion. Sur le trajet entre la salle d'attente et mon bureau, il traînait en regardant partout. À peine entré, il sort une cigarette et me demande du feu. Je me dis : "Impossible. Que faire ?" Je lui dis : "Ce n'est sûrement pas pour fumer une cigarette que vous vous êtes déplacé jusqu'ici." Mais il veut du feu. Si je ne lui en donne pas, il s'en ira. Engagés comme nous l'étions, je n'ai pu que dire : "Eh bien, allez-vous-en !" Quel est pour moi l'enseignement de cette courte histoire ? D'abord, j'ai d'emblée attribué à cet homme une intention, j'ai attribué à sa conduite une signification qui me visait. Et puis, de quel droit je me suis permis d'avoir une certitude sur ce qui pouvait le motiver ou non à se déplacer ? J'étais vraiment dans un discours du "moi je". Je jugeais mon semblable selon mes préjugés. J'aurais été plus près de la position de l'analyste si je m'étais inspirée de Lewis

Carroll et m'étais étonnée de rencontrer un homme qui se donnait tant de tintouin pour fumer une cigarette. Au lieu de cela, je me sentais visée, je lui attribuais des intentions comme si j'avais été dans sa tête. J'étais dans un discours de moi à moi, agressif. Du coup, quand cet homme m'a demandé du feu, je n'ai pu me référer qu'au préjugé qu'un analyste ne devait pas donner du feu à un éventuel patient. Ça y était, je faisais semblant d'être analyste. Et le plus comique, c'est que, au moment même où j'étais dominée par la préoccupation d'être dans une position d'analyste, j'avais oublié que je l'étais : il ne m'aurait peut-être pas paru si invraisemblable que quelqu'un se donne quelque mal pour venir fumer une cigarette au nez d'un analyste. »

Que nous dit Laurence Bataille ? Qu'elle s'est sentie visée, attaquée dans son statut d'analyste. Que cette attaque l'a dépouillée de sa toge analytique, ce qui l'a poussée immédiatement à s'en revêtir encore plus efficacement. Que cette « protection » a fonctionné comme un écran à la rencontre et au questionnement possible. Que, parce qu'elle a été surprise (mouvement passif), elle n'a pu s'étonner (mouvement actif de reprise à son compte des affects et émotions subies passivement dans l'instant de la surprise). Que la rupture relationnelle est la conséquence directe du refus de se laisser « toucher au vif », c'est-à-dire d'apparaître soi-même et pas simplement comme le porteur d'un costume précoupé.

Tous les cliniciens ont vécu de tels moment et ont été « victimes » à la fois de ce genre de surprise et de leurs propres réactions. Pour preuves, voici deux exemples personnels. Un adolescent nous raconte qu'il ne supporte pas les intrusions soudaines de sa mère dans sa chambre. Aucune intimité ne lui est permise et il en souffre intensément. Le contact avait été particulièrement difficile à établir avec cet adolescent hostile et réticent à cette démarche de consultation demandée par sa mère, laquelle patientait dans la salle d'attente. Cet aveu qui était chargé d'affects arrivait après un long temps d'entretien froid, rationalisé et distancié, nous laissant enfin espérer un possible engagement relationnel. Mais au moment précis où l'adolescent disait cela, la porte du bureau s'entrouvre et le visage de la mère apparaît. « Oh, excusez-moi, je croyais que c'était les toilettes ! » Devant cette intrusion ressentie comme insupportable, le consultant se lève de façon très vive pour refermer la porte... et une douleur intolérable lui poignarde le dos. Un mois plus tard, il sera opéré d'une hernie discale, tandis que la fin de la consultation s'enlise dans les silences hostiles du patient et les tentatives du consultant de trouver une position moins douloureuse. Peu après la mère appellera le secrétariat pour dire que son fils ne veut pas revenir. La surprise est douloureuse et le masochisme du consultant bien récompensé. Elle est aussi probablement une métaphore de ce que le patient vivait au quotidien et dont il ne pouvait se dégager.

Le second exemple est moins dangereux pour le clinicien. Alice, jeune fille de quinze ans et demi, toute de noir vêtue, est installée entre ses deux parents ; son visage est fermé mais pas hostile. Elle était d'accord pour cette démarche mais dès que le consultant s'adresse à elle, elle se renfrogne, se replie sur elle-même, se met à pleurer puis impulsivement se lève et quitte le bureau de consultation. Les parents se regardent, perplexes, déclarant aussitôt que c'est Alice elle-même qui a souhaité venir, et commencent à enchaîner sur l'exposé de ses motifs. Le consultant est désemparé, flotte un peu, habité par le sentiment qu'il passe à côté de quelque chose. Bien évidemment il lui apparaît qu'Alice déserte le terrain et laisse à ses parent le soin de parler pour elle, ce qui ne lui semble pas satisfaisant. Il s'excuse donc auprès des parents, les laisse dans la pièce et va retrouver Alice sortie à l'extérieur, pleurant sur le perron. Tous les deux assis côte à côte sur les marches de ce perron, Alice lui parle d'un abus sexuel subi quelques années auparavant dont elle n'avait jamais parlé, si ce n'est simplement quelques mots à ses parents avant de venir ; c'est son petit copain qui l'a poussée à consulter parce qu'elle se sent très mal dans son corps et ne supporte aucun contact affectueux. Elle est d'accord pour poursuivre la consultation, mais d'abord en l'absence de ses parents. De retour dans le bureau, le consultant leur demande donc de rejoindre la salle d'attente, ce qu'ils font, un peu interloqués. Marqué par une grande réticence au départ et une difficulté majeure à s'exprimer, peu à peu le climat va se détendre, Alice prenant de toute évidence plaisir à parler de ses états internes, de ses émotions, de ses conflits psychiques, de ses contradictions par exemple dans ses sentiments à l'égard de son petit ami, etc. La confiance étant établie dans la relation, elle reviendra plus en détail sur l'abus sexuel : alors qu'elle était âgée de sept/huit ans, un voisin, jeune adulte, lui avait demandé de se déshabiller puis s'était masturbé et avait éjaculé sur son ventre. Si enfant elle n'avait pas été trop perturbée, avec le début de son adolescence elle ressent un sentiment intense de souillure, ne supporte plus de simplement se toucher le ventre et, *a fortiori*, ne supporte pas le moindre attouchement de la part de son ami tout en en ayant envie. Elle raconte alors un rêve qui la traumatise régulièrement : elle regarde la surface moirée d'une sorte de lac-volcan ; elle trouve cela très beau, les couleurs rouge orangé sont magnifiques, elle veut s'approcher et à ce moment, une explosion brutale et un jaillissement du fond du lac la surprennent et la réveillent en sursaut. Elle se demande pourquoi elle fait si souvent ce rêve depuis un an ou deux.

Cet exemple reflète de façon assez classique l'ambivalence de tout un chacun devant le désir de parler des choses qui font mal et la crainte, légitime, d'en parler.

Cela se renforce dans le cas présent de la tendance à l'agir des adolescents : c'est probablement avec ceux-ci que les thérapeutes sont le plus souvent soumis à des situations surprenantes. Alice souhaitait à la fois parler de ce traumatisme et garder pour elle ce secret, en rester à l'aspect superficiel des choses : elle était victime d'un abus sexuel et rien d'autre ; mais elle souhaitait aussi plus profondément s'interroger sur le sens à donner à cette curiosité qui lui paraissait un peu trouble. On peut penser qu'en laissant à ses parents l'espace de la consultation, elle déléguait à ceux-ci quelque chose de sa parole propre, mais peut-être plus encore qu'elle se refusait par ce mouvement même à reconnaître en elle la part de curiosité infantile qui l'avait peut-être poussée dans cette situation compromettante. Laisser les parents parler à sa place comme ils s'apprêtaient à le faire, *avec la complicité tacite de leur fille*, risquait de maintenir cette adolescente dans une position infantile et de l'aliéner durablement au discours normatif d'un autre qu'elle-même. Dans le cas présent, le consultant est sorti de son bureau, est allé rechercher l'adolescente, en miroir de la démarche de cette dernière auprès de lui, marquant ainsi son souci pour elle et non pas pour le discours parental ou social, et a commencé son échange de manière très empathique sur les marches du perron : il a accepté de sortir transitoirement de son cadre pour mieux rencontrer cette patiente. À la suite de cette première consultation, Alice a accepté d'entreprendre une psychothérapie qu'elle a poursuivie très régulièrement et qui lui a procuré un mieux-être évident.

Il n'est pas toujours facile en quelques secondes de faire le bon choix quand le consultant est ainsi surpris dans sa pratique. Incontestablement, quand on travaille avec des adolescents, ces situations sont probablement plus fréquentes qu'avec des adultes ou des enfants : ce n'est pas une surprise si cet ouvrage est écrit par un clinicien qui reçoit des bébés et des adolescents.

« Être surpris » confronte donc le consultant aux limites de sa pratique et au vif de son éthique. Le bagage technique et les rationalisations intellectuelles sont plus souvent des entraves que des avantages ; mais ne soyons pas angéliques : se laisser aller à son intuition n'est pas non plus un guide infaillible. Simplement, « être surpris » ouvre une brèche chez le consultant, met « ses tripes à nu », le laisse pour un instant envahi par des émotions provenant de l'autre, le faisant vaciller sur ses positions. Pour lui, la question est de savoir si, à travers ce vacillement, vont s'instaurer les conditions de retrouvailles avec le patient, *en acceptant un instant de laisser son désarroi le diriger.* Point de faiblesse extrême puisque c'est au moment où l'autre est installé en soi que la part la plus intime du soi semble s'exprimer. Peut-il se laisser « prendre par l'autre » ou faut-il « qu'il se reprenne par la théorie » ? Cette alternative fonde la possibilité d'une rencontre clinique qui est toujours aux marges des références théoriques : il y a des patients dont le narcissisme est si fragile qu'ils ont besoin de savoir qu'ils peuvent se jouer du consultant/thérapeute pour pouvoir accepter le risque de s'abandonner à une relation de dépendance thérapeutique.

Se surprendre

Heureusement pour le consultant, la surprise ne l'envahit pas toujours de façon si intense. À côté de ce saisissement, il peut en effet « se surprendre » lui-même ou « s'étonner » devant certaines particularités de son patient. Dans ce contexte, il ne sort habituellement pas de son cadre et la surprise provient plus de lui-même que du patient. Elle témoigne alors de la capacité du consultant à conserver une part ouverte dans son système théorique et à ne pas s'enfermer dans une adhésion dogmatique, hermétique autant que protectrice. Le consultant se surprend lorsqu'il s'entend parfois prononcer des paroles qui lui viennent « comme de l'extérieur ». Cette situation est hautement vulnérable dans la mesure où le pire comme le meilleur peuvent en résulter. En effet, il arrive que dans l'instantané de l'échange, le consultant s'entende dire lui-même des choses qui peuvent le surprendre. Ces propos sont à l'évidence directement inscrits dans le contre-transfert et témoignent non pas d'un « passage à l'acte » mais d'un « passage en paroles », parfois très proche d'une interprétation sauvage. Mais ce « passage en paroles », par l'effet de surprise qu'il crée toujours chez le patient, peut ouvrir des espaces thérapeutiques incontestables quand un minimum d'alliance thérapeutique l'a précédé.

Voici deux brefs exemples où le consultant s'est surpris lui-même de ce qu'il disait tout en surprenant le patient. Dans le premier cas il s'agit d'un enfant de huit ans, Pierre, venu consulter pour une encoprésie : il fait régulièrement ses selles dans sa culotte, surtout quand il est à la maison et plus rarement à l'école. Plusieurs médecins généralistes, plusieurs pédiatres ont été déjà consultés sans résultats, et les examens effectués ne « montrent rien ». C'est la troisième consultation, après une première rencontre familiale consacrée à l'histoire des troubles et dominée par une importante dimension de rétention chez tous les participants, enfant, mère et père, qui semblent jouer à en dire le moins possible sauf à raconter l'histoire du symptôme. Une seconde consultation s'est enlisée dans un profond ennui du consultant mais dans un apparent intérêt chez Pierre, lequel a barbouillé avec une désespérante lenteur un dessin d'allure très défensive : une banale maison qu'il a soigneusement coloriée pendant une demi-heure. À cette troisième consultation où Pierre est seul avec le consultant, il commence par reprendre le même dessin, puis au bout de quelques minutes parle de son symptôme qui persiste, inchangé. Comme le consultant lui demande quand « ça » arrive, il répond : « C'est quand je fais quelque chose qui me fait plaisir, que je me retiens... et après je peux plus, ça déborde. » À sa grande surprise, le consultant s'entend répliquer aussitôt : « Peut-être que ce qui te fait plaisir, c'est de te retenir... » Pierre le regarde étonné et lui dit : « Comment tu sais ? » De ce jour, l'encoprésie disparaît et une psychothérapie est entreprise dans laquelle Pierre s'engage avec détermination, psychothérapie qui tournera autour du plaisir de la rétention et d'un agacement certain de la mère parce qu'elle ne sait rien de ce qui s'y passe. Pierre est soulagé d'être débarrassé de son symptôme, tout en reprenant dans le transfert une résistance érotisée à la rétention en même temps qu'à l'extérieur il se laisse aller avec plus de plaisir. Double surprise que celle du consultant et de Pierre, touchés l'un et l'autre en même temps, fondatrice d'une rencontre où la part intime de chacun a pu s'exprimer. Il y avait incontestablement de l'agressivité de la part du consultant à dévoiler ainsi au patient son plaisir, mais cela survenait dans un cadre protégé et fut dit sur le mode de l'évidence en s'appuyant sur les paroles de Pierre : c'était lui donner les moyens de se dégager d'une emprise sur lui-même qui commençait à être source de souffrance. Le consultant ne s'était pas retenu et Pierre, d'une certaine manière, a pu faire l'expérience que le plaisir n'est pas que dans la rétention. Tout cela bien sûr fut pensé dans l'après-coup de l'entretien, le consultant étant sur le moment plutôt gêné et confus de ce qu'il craignait être une gaffe possiblement néfaste.

L'autre exemple est celui d'un enfant de cinq ans et demi, Adrien, venu consulter avec ses parents d'une part parce qu'il fait de terribles colères à la maison dès qu'il est contrarié, et d'autre part parce que depuis trois semaines il refuse d'aller en classe. Il est en grande section de maternelle et jusque-là, il est toujours allé à l'école avec plaisir. Les parents ont d'ailleurs remarqué que les colères se sont intensifiées depuis l'interruption de la scolarité. Il refuse aussi la moindre séparation d'avec eux : depuis trois semaines, le père est en arrêt de travail et reste à la maison pour garder son fils. Les parents reconnaissent qu'Adrien semble très angoissé. Il refuse énergiquement de rester seul avec le consultant ; les entretiens restent envahis par la pression que réalise le symptôme et par la demande urgente des parents que les choses s'améliorent, le père souhaitant pouvoir retourner à son travail. Au cours des deux/trois premiers entretiens, le sentiment émerge peu à peu chez le consultant qu'Adrien a besoin de rester ainsi lié à ses parents, mais qu'en même temps il semble en souffrir ; cependant, le consultant ne trouve aucune possibilité d'instaurer le moindre écart dans le trio. Il décide alors d'attendre. Au cinquième entretien, Adrien n'est pas assis comme d'habitude entre ses parents dans la salle d'attente ; il est installé à genoux par terre devant la table basse, regardant une bande dessinée. Il veut continuer à lire et demande que l'entretien se déroule dans la salle d'attente. Le consultant refuse fermement et lui laisse la possibilité, s'il le désire, de rester là et de les rejoindre quand il aura fini sa lecture (c'est-à-dire qu'il tient enfin la possibilité d'un écart, mais il ressent aussi la nécessité de laisser à Adrien la gestion de cet écart). Les parents sont un peu surpris de se retrouver seuls ; ils commencent l'entretien par les habituelles doléances d'où il ressort qu'ils n'ont pratiquement plus jamais la possibilité d'être seuls tous les deux : Adrien dort la nuit dans le lit parental, installé entre père et mère, refusant qu'ils se touchent. Toutefois, cet accommodement est ancien, il précède de longue date l'installation des symptômes. Le consultant les interroge alors sur la qualité de leur vie conjugale : l'un et l'autre reconnaissent qu'elle n'est pas très satisfaisante et que « cela » se fait toujours « à la dérobade », instant vite expédié dans les toilettes. En même temps, ils multiplient les explications pour dire qu'il n'y a vraiment pas d'autre manière de dormir la nuit en raison de la disposition de la maison, tout en disant qu'il y a un canapé dans le salon et qu'il n'est pas correct qu'un enfant dorme ainsi dans le lit des parents. La contradiction entre l'aspect raisonnable de ces propos et l'apparente impossibilité de faire autrement amène le consultant à penser qu'il y a « anguille sous roche » et il s'entend alors déclarer : « Il faut faire dormir Adrien sur le canapé, mais je vous préviens, je vous interdis d'en profiter... » Surpris par ses propos, il est encore plus étonné par la réaction des parents qui se regardent, l'épouse disant au mari : « Tu as entendu ce que dit le docteur ? » ce à quoi celui-ci répond aussitôt visiblement soulagé : « Oui ! Oui ! Je suis d'accord ! » De ce jour les crises de colère d'Adrien cessèrent immédiatement et définitivement ; il dormit sur le canapé et retourna en classe deux semaines plus tard. Une thérapie de couple fut entreprise pendant qu'Adrien acceptait parallèlement de rencontrer une psychologue. Dans les entretiens suivants, il fut question des difficultés sexuelles du couple, madame se plaignant d'une douleur vaginale (dyspareunie) et monsieur avouant une éjaculation précoce qui le faisait aussi souffrir. Puis on parla des choses de la vie, des sorties désormais possibles avec leur fils, des jeux qu'ils pouvaient faire avec lui sans qu'il se mette en colère comme avant, de leur propre adolescence et enfance, etc. De temps à autre, ils se regardaient, pouffant de rire avec complicité : il ne fut plus jamais question de l'« interdiction » et de toute évidence, ils avaient trouvé un certain plaisir sexuel qui ne regardait pas le consultant. Il est probable qu'il leur avait fallu cet encadrement d'un « surmoi » bienveillant pour découvrir les chemins d'une satisfaction sexuelle jusque-là interdite.

Ce genre de situation qui conduit le consultant à se surprendre lui-même semble correspondre à une fermeture relationnelle, le consultant développant le sentiment d'être pris dans les rets d'une nasse transféro-contretransférentielle où aucun espace thérapeutique ne paraît pouvoir advenir. C'est à sa seule métis qu'il doit en appeler et pas nécessairement à sa technique. Le « passage en paroles » dénoue agressivement ces liens en attaquant de front les défenses et les symptômes du patient. L'effet mutatif provient de cette attaque « surprise » sur les symptômes, le consultant se refusant à en être la dupe. La surprise est efficace sous réserve qu'elle s'inscrive dans le cadre d'un minimum d'alliance thérapeutique : l'attaque sur les défenses et les symptômes restaure en réalité le narcissisme et l'estime de soi du patient, ce qu'il ressent et l'effet de surprise dont il est victime brièvement lui dévoile pour un instant le coût économique de ses défenses. Si on lui propose ensuite un espace de soin et de paroles, il pourra alors « se reprendre peu à peu » à condition que le thérapeute se garde de faire de la théorie sur cet instant de surprise. En revanche si l'effet de surprise cherche d'abord à protéger le consultant et à marquer une distance d'avec le patient, alors le « passage en paroles » se rapproche d'une interprétation sauvage qui conduit soit à la rupture relationnelle, soit à la soumission durable du patient, ce qui dans un cas comme dans l'autre n'ouvre pas au changement.

S'étonner/Surprendre

La disposition du consultant à « s'étonner » est plus simple et relève à notre sens d'une position éthique : le consultant doit s'efforcer de déposer à l'entrée de son bureau son bagage théorique pour se laisser aller à la qualité émotionnelle de la rencontre. Comme nous l'avons dit (voir p. 64) l'étonnement pourrait représenter la dimension purement intellectuelle de la surprise : pouvoir s'étonner, c'est accepter de laisser ouvert son système de représentations théoriques, c'est accepter de ne pas disposer de réponse préfabriquée, accepter l'incertitude. Au cours d'un premier entretien, l'étonnement chez le consultant correspond en général à un décalage, un écart perceptible chez le patient, béance dont on perçoit le lien avec la souffrance énoncée. D'ailleurs dans son ouvrage, Eva-Marie Golder évoque beaucoup plus ses étonnements que ses surprises à proprement parler. La difficulté technique du premier entretien provient de la contradiction interne entre la nécessité de laisser le patient s'exprimer spontanément pour entendre ce qu'il a à dire, mais au risque de le voir s'enfermer dans son habituel système de protection/ défense (il n'y a aucune raison *a priori* pour qu'il en soit autrement), et la nécessité d'un questionnement minimum, à la fois dans une visée informative pour faire le point avec lui et pour ouvrir des espaces de réflexions qui sinon pourraient rester silencieux. Cela est d'autant plus vrai qu'on travaille dans un certain cadre ou avec certains patients. Ainsi quand les patients rencontrent pour la première fois un psy, ou quand il s'agit d'adolescents, il apparaît souvent utile et nécessaire de faire preuve de soutien et d'empathie en n'hésitant pas à poser des questions : les réponses donnent des informations qu'il est souvent utile d'enregistrer. En revanche il est tout aussi important de s'intéresser aux décalages, aux réponses « à côté » et de s'en étonner. Plus que les réponses aux questions, c'est souvent grâce aux non-réponses ou aux réponses biaisées qu'un espace d'étonnement va pouvoir s'ouvrir. S'il est préférable de garder pour soi le premier étonnement, quand les circonstances de cet étonnement se répètent deux à trois fois dans l'entretien, en faire part au patient permet de voir si ce dernier accepte lui-même d'en être surpris.

LA SURPRISE DANS LA RENCONTRE CLINIQUE : DU CÔTÉ DU (OU DES) PATIENT(S)

À l'étonnement du consultant répond la surprise chez le patient. Va-t-il l'accepter ? Contrairement à ce qu'on peut croire de prime abord, accepter d'être surpris ne va pas de soi, surtout lorsqu'il s'agit de reconnaître des pensées, des émotions, des fantaisies qui vont à l'encontre de l'image que le sujet souhaite se donner de lui-même. Au cours des premiers entretiens, la possibilité de surprise représente un bon indicateur de la capacité d'un sujet à accepter une remise en cause. Quand une personne qui souffre accepte l'idée de devoir rencontrer un psy pour aborder avec celui-ci les causes et l'origine de sa souffrance, elle est souvent prête à ce genre de surprise.

Mais avant d'en arriver là, un long parcours a dû être effectué, au cours duquel la recherche de solutions externes a prévalu : pilule pour dormir ou calmer l'angoisse, demande de réconfort et de soutien sans rien remettre en cause, aménagement externe de la réalité comme solution à ses difficultés internes, etc. Tout plutôt que de reconnaître en soi l'origine du mal. Certes ces aménagements, ces béquilles psycho-pharmacologiques, ces aides relationnelles sont très souvent bénéfiques et efficaces dans l'immédiat, pour quelque temps. Elles sont aussi indispensables quand la souffrance est si importante que le sujet n'arrive plus à faire face. Cependant, nombreux parmi ceux qui y ont recours savent que les effets positifs sont souvent temporaires et que vient un temps où il est indispensable d'affronter cette remise en cause de soi. Tant que ce moment-là n'est pas advenu, il est en général impossible pour le sujet d'accepter l'idée d'être surpris, de se laisser surprendre par son propre discours.

Cette mise à distance de tout surgissement possible d'une surprise est encore plus forte quand la consultation inclut plusieurs personnes, en général dans le cadre d'une démarche familiale. Lorsque des parents viennent consulter pour leur enfant ou leur adolescent et que ce dernier n'est pas vraiment demandeur d'un entretien, pouvoir créer un espace de surprise où quelque chose de nouveau émergera est particulièrement difficile. Toutefois, dans ce type de consultation, les parents sont très souvent prêts à cette remise en cause d'eux-mêmes en tant que parents, parfois aussi d'eux-mêmes en tant qu'individus et ils acceptent de laisser à leur enfant ou adolescent une part d'autonomie dans la démarche de soin. Bien que surpris par la sortie intempestive de leur fille, bien que prêts à parler à sa place, les parents d'Alice ont assez facilement accepté de sortir du bureau pour lui laisser le champ libre : ils n'ont pas cherché à reprendre le contrôle de la situation et ont fait confiance aussi bien à leur fille qu'au consultant, en accompagnant la démarche de soin d'Alice d'une présence discrète et bienveillante. Mais il y a aussi des parents, des familles où la démarche de consultation s'effectue dans un climat de contrainte : sous la pression de l'école et des enseignants, de l'assistante sociale, des éducateurs ou du juge des mineurs, etc. Parfois, le dérangement causé par le symptôme finit par obliger la famille à consulter presque malgré elle : crises de colère, conduites d'opposition, troubles du comportement tels que bagarres, violence, etc. Ce genre de situation s'observe en particulier avec un adolescent : celui-ci a l'art de malmener un équilibre familial parfois fragile et de désigner ainsi tout ce qui potentiellement va mal dans une famille. Il est évident que les parents, de leur côté, ne souhaitent pas toujours se remettre profondément en cause. Pour être clair, disons que c'est leur droit le plus élémentaire. Quoi qu'il en soit, il est fréquent de constater que, dans ces situations, la demande se réduit très souvent à faire taire le symptôme qui dérange, sans rien modifier d'autre dans l'aménagement relationnel des uns et des autres : *a priori*, il n'est pas question de se laisser surprendre.

Accepter d'être surpris par ce que dit l'autre, accepter de se laisser « pénétrer » par les propos de l'autre au point d'être envahi par des émotions qui jaillissent de façon étonnante, c'est accepter de reconnaître une faille, une béance, une part inachevée en soi ; c'est accepter de voir l'autre prendre temporairement possession de soi, de se sentir « aliéner » par cette possession étrangère, renoncer à la maîtrise. Une telle disposition implique un état d'esprit encore ouvert à l'autre, l'espoir d'une possible rencontre qui soit bénéfique et non pas nuisible. Sur un mode plus psychopathologique, nous dirons que la structure psychique n'est pas close sur elle-même, que les aménagements défensifs n'ont pas envahi l'ensemble du fonctionnement psychique, qu'une parcelle de plaisir à la relation persiste en dépit des symptômes apparents.

Dans le cas d'une consultation avec le groupe familial, accepter l'idée d'une surprise relationnelle revient à accepter d'inclure un étranger dans la dynamique des échanges intrafamiliaux et, pour chaque membre de la famille, de pouvoir se décentrer de son seul point de vue pour reconnaître que le point de vue d'un autre peut à la fois exister et ne pas manquer de pertinence. La reconnaissance d'un écart entre soi-même et ses proches (enfants, conjoint) commence par la capacité à entendre et admettre ce même écart dans la relation à celui dont on sollicite l'aide : il n'est pas un simple clone de soi, allié potentiel pour prouver qu'on a raison ! Concrètement ce genre de demande qui se réduit à un effet de désignation sans véritable souci de changement s'exprime couramment par des propos du type : « dites-lui, docteur, qu'il ne doit pas faire ça ou ça », « moi je n'y arrive pas, mais vous, essayez de lui faire entendre raison... », « vous, il vous écoutera peut-être... » Toutes ces introductions discursives ont pour but de faire tenir au consultant le discours qu'un des membres de la famille tient de façon répétitive et apparemment inefficace ; il s'agit donc de recourir à un tiers, mais un tiers qui ne modifie en rien la règle du jeu.

Qu'il s'agisse du patient lui-même ou d'un groupe familial, une longue pratique des premiers entretiens et des premières rencontres nous a conduit à donner à la surprise une place importante dans l'évaluation. Cette place ne concerne pas le diagnostic proprement dit (ce dont « souffre » le patient), mais le type de soin qu'on pourra ou non proposer à ce patient, ce qu'il est prêt ou non à accepter. Pour un patient, pour une famille, le fait de pouvoir reprendre à son compte l'étonnement du consultant, de pouvoir accepter de se surprendre soi-même par ce qu'on est en train de dire ou par la prise de conscience soudaine des subtiles stratégies d'évitement de tel ou tel problème, montre qu'on est disposé à reconnaître à l'autre une place pleine et entière dans la relation, que cette relation reste ouverte sur l'extérieur, qu'un espoir de changement est préservé. En d'autres termes, cela signifie qu'un travail de type psychothérapeutique sera possible, indépendamment de toutes considérations diagnostiques : lorsqu'au cours des premiers entretiens un patient accepte de se laisser surprendre par les propos et les remarques du consultant, cela représente un bon indicateur pour des consultations thérapeutiques ou une psychothérapie ultérieure. Voyons maintenant l'exemple de Marie.

Marie souffre d'anorexie mentale. Elle le sait puisqu'elle a lu la presse féminine sur ce sujet, elle a déjà vu un premier psy, ce qui « n'a servi à rien », elle se trouve très bien comme ça et ne demande rien à personne sinon qu'on la laisse tranquille. C'est d'ailleurs pour cette raison qu'elle a bien voulu venir à cette consultation : ses parents ont insisté et pour leur faire plaisir elle a fini par accepter, mais elle n'en attend rigoureusement rien. Puisqu'il en est ainsi, le consultant lui propose de faire un peu connaissance et de parler de sa vie quotidienne. Selon Marie, tout va bien en ce moment, surtout après une « crise » au cours de laquelle elle s'est énervée, mais cela lui a permis de dire à ses parents combien elle désirait vivre et qu'elle avait décidé de changer. Le consultant lui demande alors de parler de cette crise : quand exactement est-elle survenue, dans quelles circonstances... Marie se lance dans une longue réponse qui est en réalité le récit très détaillé de sa maladie, de ses symptômes, des diverses explorations médicales entreprises. Après plusieurs minutes de ce récit qui permet au consultant de prendre des notes sur ce qu'on appelle l'« histoire de la maladie », Marie fait une brève pause ; il la remercie de ce très intéressant récit sur les symptômes et la maladie, récit très utile pour son information, mais il s'étonne aussi qu'elle n'ait pas répondu à sa question. Marie est interloquée. Elle déclare avoir oublié de quelle question il s'agissait, mais si le consultant veut bien la lui répéter, elle y répondra volontiers. Le consultant ajoute alors que cet oubli ne le surprend qu'à moitié car peut-être que cette longue réponse très circonstanciée, très « documentée » sur l'histoire de sa maladie avait comme but essentiel de ne pas répondre à la question qu'il lui avait posée puis de l'oublier. De nouveau Marie est surprise, se reprend et déclare que, s'il en est ainsi, alors cela a réussi parce qu'elle ne se souvient vraiment pas de la question. Le consultant lui répond qu'il n'en doute pas, précisément parce que le long récit de sa maladie avait peut-être pour fonction de dissimuler à ses propres yeux le sentiment de malaise devant quelque chose qu'elle n'était pas arrivée à contrôler, et que sa maladie est peut-être pour elle un moyen de maîtriser ce qui menace de lui échapper, par exemple cette crise dont il lui avait demandé de parler. Marie est alors envahie d'émotion, se met à pleurer sans comprendre pourquoi ; elle n'aime pas pleurer ainsi devant quelqu'un et cela lui arrive très rarement ; décidément elle ne comprend pas. La tonalité ultérieure de l'entretien changera radicalement et Marie se laissera aller à une « rencontre clinique » fondatrice d'une alliance thérapeutique qui lui permettra d'accepter des soins sans renoncer toutefois à certaines exigences. Mais Marie pourra quelques mois plus tard, après une hospitalisation rendue nécessaire par l'importance de l'amaigrissement, exprimer une demande de psychothérapie qu'elle poursuivra très régulièrement. Marie a accepté d'être surprise par le clinicien, mais elle a surtout accepté de se reconnaître surprise par la subtile manière qui lui avait permis d'éviter de répondre à une question potentiellement embarrassante. Ainsi elle a pu, pendant un instant, saisir combien sa « maladie » venait occulter quelque chose d'elle-même dont elle ne voulait ni parler ni se parler. Une part de curiosité du moi a pu s'engouffrer dans la brèche ainsi créée et Marie désormais avait envie d'y aller voir de plus près. Bien sûr, cela ne signifie pas que la thérapie se fera sans résistance, sans aléas, sans conflits : il y en aura comme dans toute psychothérapie d'autant que, désormais échaudé, l'inconscient de Marie n'est pas prêt à se faire avoir une seconde fois.

Au cours des premiers entretiens, il n'est pas toujours possible qu'une surprise advienne. Parfois la situation est fermée, verrouillée : la souffrance est telle qu'il n'y a pas place chez le patient pour s'entendre lui-même et pour tolérer l'incertitude que toute surprise implique. Ce moment de vacillement sur ses bases, de vulnérabilité extrême à la parole de l'autre ne peut être toléré que si le sujet n'est pas fondamentalement menacé dans ses assises narcissiques, s'il reste une part préservée de lui-même. Quand la surprise constitue une trop grande menace pour son narcissisme, quand le fait d'être éventuellement envahi par des émotions provenant d'autrui pourrait rompre des limites de soi incertaines, le sujet souffrant ne peut s'abandonner à la relation ni prendre le risque de « se faire avoir » : l'incertitude liée à une relation d'inconnu, la surprise qui pourrait y surgir accroissent l'angoisse et le malaise. Ces personnes sont à la recherche d'une identité de soutien, de substitution pourrait-on dire, qui vienne combler la béance identificatoire cause de leurs souffrances.

Le travail du premier psy que le patient rencontre, souvent un psychiatre, s'articule à ce paradoxe : pour certains patients, la demande se résume à l'obtention d'une réponse en forme de diagnostic dont l'objectif secret est de permettre à ce patient d'endosser enfin une identité de substitution, quitte à ce qu'il s'agisse d'un diagnostic médical : « Je suis un schizophrène », « Je suis un trouble obsessif-compulsif (un TOC) », « Je suis un ADHD (Attention Deficit, Hyperactivity Disorder) », « Je suis un bipolaire de type I (ou II) », etc. Donner au patient le diagnostic de ce dont il souffre est souvent, très souvent, nécessaire et souhaitable. Cela est indispensable quand son angoisse est d'une importance telle qu'elle l'entrave dans son adaptation à la vie quotidienne. Il arrive que l'énoncé d'un diagnostic soulage le patient : enfin il sait ce dont il souffre, son mal a un nom. Mais le risque, surtout dans le domaine de la psychologie et de la psychopathologie, est de constater que rapidement le sujet en vient à se définir par son diagnostic : il est un TOC, un bipolaire, un schizophrène, etc. L'épinglage diagnostique devient alors une prison aliénante qui enserre le sujet de sa nasse et dont il ne peut plus se dégager. Nulle surprise désormais à attendre, il lui reste la course au nouveau médicament miracle, après avoir vainement essayé tous les autres. Quand le patient le demande et semble en avoir besoin, *un diagnostic doit être proposé, jamais assené.* Le diagnostic en psychopathologie doit laisser une part au doute, une part au sujet, une possibilité de surprise. D'ailleurs, il n'est pas rare de rencontrer des « patients épinglés » qui, après des années de soumission à un diagnostic, voient s'éveiller en eux une petite part de leur être laquelle demande à vivre autrement ; parfois ils peuvent alors entreprendre avec profit une démarche psychothérapeutique où ils auront la surprise de découvrir que tout n'est pas si simple.

À l'opposé, d'autres patients tolèrent l'incertitude et s'accommodent d'une approximation diagnostique laissée dans le flou. Ils préfèrent les surprises de la relation aux certitudes d'un mot ou d'une case. Comme nous l'avons dit, cette disposition d'esprit peut se rencontrer dès les premières consultations ; dans d'autres cas, un long parcours est nécessaire avant d'en arriver là. Le rôle du consultant est de toujours laisser la porte ouverte, d'exprimer son étonnement sur tel ou tel point particulier, de voir si le patient est prêt à s'étonner lui-même et si c'est le cas, de lui proposer l'expérience d'une relation psychothérapeutique.

La capacité d'un patient à accepter d'être surpris, à accepter de se reconnaître surpris par ses propres dires est un des meilleurs repères pour proposer une psychothérapie avec de bonnes chances de réussite.

LA SURPRISE DANS LE DOMAINE DE LA PATHOLOGIE

Nous terminons ce chapitre par quelques remarques sur la place de la surprise dans certaines pathologies bien définies. Comme le lecteur peut s'y attendre, fort peu de choses, pour ne pas dire rien, n'est écrit sur ce point précis.

Le cas de l'enfant autiste vient aussitôt à l'esprit. Il y a comme une incompatibilité entre autisme et surprise. Les enfants autistes ne supportent pas les surprises. Le besoin de répétition, le besoin de retrouver les choses et les objets exactement à leur place, le besoin de ce qu'on appelle l'immuabilité, c'est-à-dire que les jours se déroulent tous de la même façon prévisible, tout cela démontre combien l'enfant autiste cherche à évacuer de sa vie tout ce qui peut être facteur de surprise. On sait que les enfants autistes « préfèrent » la manipulation interminable et toujours identique des objets concrets aux relations avec les personnes, les jeux tels que des puzzles qu'ils complètent de façon répétitive ; ils manipulent souvent de façon stéréotypée des objets bizarres : morceau d'un jeu cassé, bout de fil de fer ou de ficelle, pantin mécanique. En revanche, ils n'aiment pas les relations humaines : ils ont une difficulté majeure à communiquer avec autrui et ne jouent presque jamais à ces jeux de « faire semblant » si fréquents chez les autres enfants. Manifestement ils ne supportent pas l'incertitude qui semble provoquer en eux des crises d'angoisse très intense. Ces enfants paraissent incapables d'accéder à une « théorie de l'esprit » (voir p. 183) et ne semblent pas pouvoir se guider sur l'attribution de pensées à l'autre, attribution à partir de laquelle ils pourraient entrer en relation. C'est un peu comme s'ils étaient incapables d'entrer dans le jeu relationnel habituel fait de contradiction, d'ambivalence, de tromperie, de ruses diverses. Quand ils communiquent, ils surprennent toujours par leur sérieux, leur visage souvent peu mobile, peu expressif, visage qui dans les relations humaines habituelles dit toujours quelque chose de complémentaire aux mots : un peu plus ou moins que les mots, un peu différemment des mots, etc. *La surprise n'appartient pas au monde de l'autiste* parce que, comme nous l'avons démontré dans les chapitres précédents, la surprise est à la base de la communication affective, de la communication des émotions et peut-être de la communication humaine tout simplement, tout ce dans quoi l'autiste semble incapable de pénétrer ou terrorisé à l'idée de le faire. Bien plus, la surprise désorganise littéralement l'enfant autiste comme si elle provoquait chez lui une brèche intolérable dans le sentiment d'existence, là où chez l'enfant ordinaire elle suscite un envahissement émotionnel, symbole et présage d'une rencontre avec l'autre.

Voici un bref exemple du caractère intolérable d'une surprise chez un enfant autiste. Julien, cinq ans, est avec le médecin qu'il connaît depuis plus d'un an ; il est installé par terre et manipule des cubes, comme il le fait chaque fois. Il est très près du médecin, presque à son contact, même s'il ne le touche pas. Ce dernier est assis sur une chaise et pour se détendre il croise les jambes. En reculant, le dos de Julien heurte très légèrement le pied du médecin : Julien se retourne médusé, comme s'il avait été littéralement transpercé par ce contact. Une incoercible crise d'angoisse survient alors au cours de laquelle il montre tous les signes d'une panique totalement désorganisante. On comprend aisément que si la survenue d'une surprise au sein d'une relation humaine est susceptible de provoquer ce genre d'angoisse, les enfants autistes fassent tout pour s'en éloigner.

Si le refus de la surprise est caricatural chez ces enfants, dans le cadre plus vaste des psychoses, de l'enfant comme de l'adulte, la surprise est souvent à l'origine d'un malaise ou d'une angoisse tout aussi importante. Un ouvrage collectif tente de s'y affronter, là encore un ouvrage d'inspiration lacanienne (sont-ils les seuls à se pencher sur les effets de surprise ou sont-ce les jeux jubilatoires avec la langue et les mots auxquels les lacaniens s'adonnent avec passion qui les y prédisposent ?), *Le conciliabule d'Angers : effets de surprise dans les psychoses*, dirigé par Jacques-Alain Miller[17]. La question de la surprise y apparaît de façon assez aléatoire d'un chapitre à l'autre. Centré sur les psychoses d'une part et présentant des cas cliniques d'autre part, le fil conducteur pourrait être celui-ci : le sujet névrotique reste « surpris » par ses symptômes dont le sens lui échappe tout en ayant conscience de leur apparente absurdité, tandis que le sujet psychotique a souvent été surpris lors de l'émergence de la conviction délirante ou des manifestations hallucinatoires, mais il se défend ensuite de cet effet de rupture où l'envahissement par l'Autre l'a menacé par la construction du délire qui apparaît clairement comme une élaboration destinée à évacuer la surprise. S'il arrive au patient névrotique de se sentir surpris par lui-même, le patient psychotique, passé l'instant initial de surprise, se retrouve perplexe devant son délire, fasciné par l'énigme qu'il représente. Mais la surprise assaille plus souvent le psy. Et que dit Miller : « Il ne va pas de soi que, dans la pratique, on ait envie d'être surpris. On déploie beaucoup d'efforts pour devenir expérimenté, on y met beaucoup d'insistance. Or, qu'est-ce qu'une personne expérimentée ? sinon quelqu'un qui est moins surpris que les autres par les phénomènes qui se produisent dans un champ donné. L'Institut du champ freudien est fait pour que l'on devienne expérimenté, c'est-à-dire que l'on soit de moins en moins surpris par la clinique[18]. » Voilà qui a le mérite d'être clair, et de toute évidence on peut remplacer par n'importe quel autre « label » le terme « Institut du champ freudien », *toute formation, toute théorie avons-nous dit, a comme visée essentielle de parer à la surprise.* Revenons à l'ouvrage : tout comme dans celui d'Eva-Marie Golder, on constate que le souci implicite des auteurs est de combler tout effet de surprise possible par une rhétorique où il est beaucoup question de « forclusion », de « Nom du Père », de « désir de l'Autre », etc. Et pas plus que dans le précédent il n'est fait référence aux jeux de surprise et de tromperie entre une mère et son bébé.

Quoi qu'il en soit, si du côté du clinicien la théorie sert à se garder de la surprise, du côté du psychotique, la construction délirante semble avoir pour fonction de tenir éloignée toute possibilité de surprise. Ce système est particulièrement à l'œuvre dans la paranoïa où l'interprétation délirante qui succède à la méfiance vient occulter toute éventualité de surprise : c'est de certitude que désormais le paranoïaque est habité. En revanche surprendre les autres, les envahir de sa suspicion, est pour le paranoïaque l'occasion de la grande jouissance : il « pénètre » dans la pensée de l'autre qu'il ravage alors de ses suspicions... Le paranoïaque se sustente de la surprise qu'il provoque chez l'autre pour mieux conforter sa conviction d'existence.

Peu de choses ont été écrites sur ce sujet : il y aurait probablement beaucoup à dire sur la place de la surprise dans les diverses entités pathologiques rencontrées mais nous arrêterons là ces quelques remarques d'ordre psychopathologique car les développer n'est pas l'objectif premier de ce livre.

POUR CONCLURE

Dans l'entretien clinique, la survenue d'une surprise, aussi bien chez le consultant que chez le patient, représente un moment clef de la rencontre : la surprise crée une brèche dans l'interface qui sépare les deux interlocuteurs, ouvre un espace nouveau dans leur relation ; elle installe, au corps défendant de l'un, les émotions, les affects, et parfois les représentations qui sont autant de manifestations d'intrusion de l'autre en soi. Elle met à nu chaque partenaire qui se doit d'accepter cet instant de vacillement s'il veut pouvoir, par là même, rencontrer l'autre. Ce partage émotionnel, assez proche somme toute d'un jeu de surprise comme on peut en voir entre une mère et son bébé, préside à un moment de possible accordage affectif, sur lequel le lien thérapeutique peut se conforter : pas d'engagement de nature psychothérapeutique durable sans effets de surprise chez l'un ou l'autre des acteurs de cette scène clinique.

Le clinicien, comme le patient, doit accepter d'être surpris, de se surprendre et parfois de surprendre. Sans surprise l'entretien, surtout en début de relation, risque de se réduire à un étiquetage nosographique ou à un épinglage diagnostique qui peut certes rassurer temporairement un patient mais qui souvent, s'avère être ultérieurement une prison identificatoire redoutable.

Mais au-delà de la rencontre médecin/patient, la surprise préside à toute véritable rencontre humaine : elle en est l'ingrédient nécessaire. Sans surprise, pas de rencontre possible, le dialogue risquant de tourner à l'affrontement, à un rapport de pure utilité, rapport de type mercantile ou commercial dont le « contrat » est le prototype. Ce ne sont plus deux êtres humains qui cherchent à partager une expérience et s'offrent au regard de l'autre, ce sont deux protagonistes qui se mesurent, s'évaluent et se suspectent. La surprise est la métis qui ouvre le chemin de l'autre.

CHAPITRE X

Des mères sans surprise ?

Toutes les mères, ou presque, jouent avec leur bébé à ces jeux de surprise et de tromperie. Quelques-unes ne peuvent y parvenir. Pourquoi ? C'est ce que nous tenterons d'aborder dans ce chapitre qui, pour une fois, n'est pas centré sur le bébé ou sur l'interaction mais sur la situation de la mère elle-même, et qui délaisse la surprise pour s'intéresser à *l'absence de surprise*. Quelles pourraient en être les conséquences sur le bébé puis le jeune enfant ?

Pour qu'une mère puisse s'engager dans une interaction de jeu avec son bébé, un certain nombre de conditions doivent être réunies. D'abord, il faut qu'elle ait la liberté psychique pour se consacrer à ces moments qui en apparence ne servent à rien : elle ne doit pas être envahie par une préoccupation ou un souci majeur. C'est le cas, par exemple, quand la jeune maman est frappée par le deuil d'un proche alors que son bébé va naître ou vient de naître ; c'est souvent le cas aussi lorsqu'il y a un conflit dans le couple avec une séparation, le père quittant le foyer pendant la grossesse ou les premières semaines de vie du bébé. Ensuite, il faut que la mère ait la disponibilité matérielle de pouvoir « perdre du temps » à jouer avec son bébé : quand l'essentiel de l'énergie de la maman est consacré à la survie, celle de son bébé et la sienne propre, il est évident que le jeu peut passer au second plan, voire disparaître totalement. Il faut également que la mère fasse confiance à ses proches et qu'elle n'ait pas le sentiment d'être la seule à pouvoir s'occuper du bébé, qu'elle ne soit pas isolée, loin de sa famille sans personne sur qui compter, avec un mari rarement présent ou peu fiable... Enfin et surtout, la mère doit accepter l'idée, passée la période initiale de « préoccupation maternelle primaire » (voir p. 69), que, parfois, elle devra manquer à son bébé, qu'elle ne peut en permanence et en tout lieu le combler dans ses besoins, ses désirs, ses envies ; que, de temps à autre, elle peut ne pas être une mère parfaite, qui irait au-devant des besoins de son bébé et pourrait les satisfaire avant même que celui-ci n'en fasse l'expérience : une mère qu'on appelle « symbiotique » ne peut laisser le moindre espace s'inscrire entre elle-même et son bébé.

Comme cela a été dit, passée la période des toutes premières semaines, en gros après le premier trimestre de vie du bébé, la maman commence à « s'amuser » avec ce bébé. Elle le tripote, le malaxe, joue avec son corps, le chatouille, rit de ses premières réactions, l'instaure de ce fait en *partenaire de jeu,* personne avec laquelle on peut échanger, dialoguer, partager des émotions, des sentiments, des affects et même des paroles, toutes choses qui inscrivent fondamentalement le bébé dans le registre de la communication humaine et pas simplement dans le champ de l'hygiène ou d'un « élevage » selon les normes de la puéricultrice. Ce plaisir, la mère le prend souvent à la dérobade, quand elle est seule avec le bébé, dans ces moments d'intimité chargés d'une grande jubilation. Ils sont comme des pauses que mère et enfant s'accordent dans le rythme quotidien des soins : repas, toilette, sieste, sortie, coucher de la nuit, tout ce qui constitue le macrorythme régulier, prévisible et répétitif. À côté de ces moments de plaisir partagé, il y a aussi les moments de partage à plusieurs. Mais les émotions sont sensiblement différentes lorsque la mère est avec une amie, ses propres parents, ou avec le père du bébé et qu'ils jouent tous les trois ensemble. En effet, dans ces conditions, la mère est fière de présenter le bébé au papa, de lui montrer ce qu'il sait faire ; père et mère réunis admirent l'enfant dans ses compétences, ses expressions, ses mimiques, ses gestes : c'est alors un bébé qui s'offre aux regards admiratifs du couple parental et qui de ce fait est placé en position tierce.

D'une certaine manière, quand la mère est seule avec le bébé dans ces moments de partages affectifs intenses, elle érotise le corps de ce dernier, elle diffuse sur l'ensemble de ce corps qui, de fait, lui appartient une excitation libidinale : les jeux de chatouilles, de surprise et de tromperie ont précisément pour rôle de faire passer une partie de cette excitation du plan somatique au plan psychique en érotisant l'attente et la surprise autant que la chatouille elle-même. Comme nous l'avons dit, à partir du quatrième/cinquième mois, ce qui excite l'enfant, c'est tout autant la chatouille que l'attente de cette chatouille avec la surprise qui l'accompagne. Ce changement de registre est essentiel : il n'a pas, de notre point de vue, été suffisamment souligné. La surprise due à la tromperie permet à l'enfant de « toucher du doigt » la structure de l'énigme (voir chapitre V) et de se dégager d'une relation d'emprise dans laquelle il pourrait être englouti. La surprise et la tromperie ponctuent l'excitation et la transforment ainsi en plaisir relationnel : sans elles, pas d'érotisation libidinale à espérer.

En revanche, quand les parents sont ensemble, alors la mère offre au père les compétences de son bébé : on pourrait dire qu'elle « phallicise » son enfant, qu'elle en fait un « objet » de fierté, de sa propre fierté en tant que génitrice, « objet » qu'elle offre à son conjoint pour qu'il le reconnaisse. Cette scène est bien connue des jeunes parents : le soir, ou le matin, dans leur lit, le bébé entre eux deux, ils s'amusent à stimuler doucement ce bébé, chacun joue à tour de rôle sous le regard de l'autre ; ils s'observent aussi parfois mutuellement dans une sorte d'attention partagée dont le nourrisson est la cible. Le bébé fait l'apprentissage de cette position tierce si importante pour se dégager ultérieurement de la relation dyadique. Lorsque la mère « offre » ainsi son bébé au regard de l'autre, elle l'installe en position d'être objet d'admiration, de fierté ; c'est ce qui donnera par la suite à l'enfant, l'adolescent puis l'adulte ce sentiment indéfinissable d'une certaine fierté de soi qui est à la base de la conviction dite narcissique d'être aux yeux des autres, et par conséquent de soi-même, porteur d'un minimum de valeur. Cette *fierté narcissique* n'est pas tout à fait la même chose que ce que nous avons appelé la *sécurité narcissique*, laquelle trouve ses fondements dans la stabilité et la prévisibilité des macrorythmes (voir p. 154).

Nous avons fait de l'opposition entre les macrorythmes réguliers, prévisibles, répétitifs, et les microrythmes, plus aléatoires, dominés par les tromperies et les surprises, un des éléments organisateurs du fonctionnement psychique, en particulier tout ce qui concerne l'installation du rythme dans le sujet, ce qui fonde sa subjectivité (voir chapitre VI). Que se passe-t-il quand cette alternance n'est pas ou est mal respectée ? Quelles peuvent être les conséquences pour l'enfant d'un défaut, d'un déficit de ces moments ludiques et inutiles en apparence ? Disons tout de suite que la littérature est muette sur ce sujet, ce qu'on peut comprendre aisément dans la mesure où ces jeux ont si peu attiré l'attention des cliniciens et des chercheurs. C'est donc sur un terrain mal connu sinon inconnu que nous avançons avec pour seul fil d'Ariane notre expérience clinique.

Avant de poursuivre, une précision est indispensable : il ne s'agit pas ici d'accuser les mères ou celles/

ceux qui occupent cette place. Nous devons nous garder d'un réductionnisme simpliste et d'un système de causalité linéaire qui répondraient à ce genre de logique : si le bébé, l'enfant est ainsi, c'est parce que sa mère, son père sont comme ceci ou comme cela. De telles « explications » sont le plus souvent fallacieuses, tronquées et dangereuses dans la mesure où elles ne font que renforcer un sentiment de culpabilité parentale toujours vif. Majorer ce sentiment par ce type d'explication ne fait en général qu'accroître les distorsions interactives et se retourne contre ceux qui souffrent, l'enfant comme les parents. Par ailleurs, si les « mères », c'est-à-dire les personnes qui s'occupent au quotidien de l'enfant et qui ont la responsabilité de veiller à la satisfaction de ses besoins primaires, ne peuvent pas s'offrir ces temps de pause pour jouer avec le bébé, c'est souvent aussi parce que leur environnement ne leur donne pas les moyens de le faire : quand une jeune femme passe de longues journées dans un travail rébarbatif, quand, de retour à la maison, elle doit d'abord satisfaire aux multiples tâches ménagères et aux soins des enfants les plus grands, il lui reste peu de temps à consacrer à cette détente ludique dont nous parlons. On peut d'ailleurs légitimement s'étonner du fait que, malgré cela, un grand nombre de jeunes mères trouvent encore le temps, l'énergie nécessaire et le plaisir préservé pour passer quelques minutes dans ces jeux avec leur bébé. N'y a-t-il pas au fond de chaque mère le sentiment diffus que jouer avec son enfant est presque aussi vital pour lui que la nourriture, la toilette et les soins du corps ?

Mais incontestablement il y a des mères qui rencontrent les plus grandes difficultés à jouer avec leur bébé.

DES MÈRES DÉPRIMÉES QUI NE PEUVENT PAS JOUER

La dépression postnatale, état dépressif qui survient chez la maman dans les dix-huit à vingt-quatre mois après la naissance du bébé, est une éventualité loin d'être exceptionnelle[1]. Précisons qu'il faut bien différencier la dépression postnatale du baby-blues, lequel se produit dans les trois à cinq jours suivant l'accouchement et peut parfois se prolonger pendant une dizaine de jours au maximum. Ce baby-blues, qui concerne environ cinquante pour cent des mères, est un phénomène transitoire, banal et normal même s'il peut laisser un souvenir pénible.

La dépression postnatale est tout autre. Dix à quinze pour cent des mères peuvent en souffrir, ce qui représente à peu près le double du nombre de dépressions observées dans la population féminine du même âge : cela signifie que la grossesse, l'accouchement et peut-être plus encore le fait d'avoir un bébé constituent chez une jeune femme un facteur de vulnérabilité pour la dépression.

Comme pour toutes les dépressions, l'intensité des dépressions postnatales est très variable, depuis des états de grande « mélancolie » jusqu'à des dépressions plus légères. Si bien évidemment la dépression mélancolique est aisément reconnue en raison de la gravité et de la massivité des symptômes, en particulier quand il s'agit d'un état de « psychose délirante aiguë du post-partum », en revanche les dépressions plus « légères » passent souvent inaperçues ; pourtant, ces dernières semblent perturber presque aussi profondément que les dépressions graves la qualité des interactions entre la mère et son bébé. En effet pour la mère elle-même, les symptômes de cet état dépressif n'ont rien de très particulier et sont identiques à ce qu'on observe dans toutes les dépressions : une fatigue intense, des difficultés importantes de sommeil, un manque ou une absence d'entrain et de goût à faire les choses, des crises de larmes et des idées tristes, etc. Mais ce qui apparaît comme le plus important est que cet état modifie profondément la qualité des interactions entre la mère et son bébé. Rétrospectivement, quand elles peuvent en parler, ces jeunes mères disent toutes combien elles ont souffert :

— d'avoir le sentiment d'être obligées de « se forcer » pour s'occuper du bébé et de le faire avec contrainte ;

— conséquence de ce qui précède, de ne pas éprouver de plaisir dans la relation à leur bébé ; cela les conduisait à penser qu'elles n'étaient pas des mères « normales », qu'elles étaient en quelque sorte des mères indignes, ce qui, bien entendu, renforçait encore leur dépression par les sentiments de culpabilité qui se rajoutaient ;

— de se sentir très irritables avec une impulsivité particulièrement importante, ce qui leur faisait très peur à cause des conséquences que cela aurait pu avoir sur leur bébé ; de nombreuses mères déprimées disent ainsi avoir souffert de « phobie d'impulsion » à l'égard du bébé, c'est-à-dire d'un sentiment confus d'avoir peur de lui faire du mal, soit par maladresse soit par impulsion non contrôlée ; souvent elles ont présenté une véritable « phobie du toucher », ne pouvant qu'effleurer leur bébé « du bout des doigts » ou évitant le plus possible de le toucher.

On comprend que, dans ces conditions, tout ce qui est de l'ordre des relations de jeux et de plaisir entre une jeune maman et son bébé soit profondément entravé, voire totalement impossible. La maman déprimée s'astreint à soigner son bébé du mieux qu'elle peut et il ne lui reste pratiquement plus d'énergie pour pouvoir jouer avec lui. D'autant que jouer n'a de sens que si, *et uniquement, si la maman y prend plaisir*: le jeu ne se commande pas, contrairement aux soins. Or, ce qui caractérise peut-être le plus la dépression postnatale est l'impossibilité pour la jeune mère de prendre du plaisir dans la relation avec son bébé. Qui plus est, elle se sent souvent coupable au fond d'elle-même de ne pas être une « bonne mère », ce qui parfois la conduit à interpréter de manière erronée certains comportements de son bébé : ainsi quand celui-ci pleure, plutôt que de se demander pourquoi il pleure, la jeune maman déprimée risque de penser qu'il est malheureux, qu'elle n'est « bonne à rien », etc. En un mot, quand le bébé pleure, ce n'est pas parce qu'il exprime un besoin naturel (tous les bébés pleurent à un moment ou un autre), mais c'est parce qu'il est mécontent de sa mère. Cette « interprétation dépressive » altère profondément la qualité de l'interaction mère-enfant : soit la mère fait tout pour que le bébé se taise, en ne cessant de le combler, soit au contraire elle s'irrite et peut devenir réellement impulsive.

Quand on observe les interactions mère déprimée-bébé, on constate qu'elles sont souvent modifiées ou altérées. Les enregistrements magnétoscopiques permettent de constater que les mères déprimées ont un visage moins mobile, moins expressif, moins souriant que celui des mères non déprimées. Elles passent moins de temps à toucher leur bébé, le regardent moins longtemps, font moins de gestes en sa direction. Surtout, fait essentiel, la prosodie (la musique de la langue) est beaucoup plus pauvre, réduite, voire inexistante : ces mères parlent peu à leur bébé et quand elles le font, c'est avec une voix souvent monocorde qui n'a pas du tout les inflexions si caractéristiques du « parler bébé » que toute mère utilise spontanément quand elle interagit avec lui ; ces mères déprimées commentent peu ou pas les gestes et les mimiques du bébé. Quant à la manière dont elles s'engagent dans l'interaction, il y a aussi d'importantes variations.

Certaines mères restent à distance, semblent avoir des difficultés à se rapprocher du bébé, ou ne le touchent que « du bout des doigts ». C'est le cas de la mère de Dorothée (deux mois et demi), qui depuis la naissance de sa petite fille est profondément déprimée. Elle ne souhaitait pas cette grossesse et depuis l'accouchement pleure, se sent isolée, délaissée par le géniteur. En début d'entretien elle donne un biberon en tenant la petite Dorothée de façon plutôt inconfortable, assise sur l'extrémité de ses genoux (il est très fréquent que les mamans déprimées donnent ainsi un biberon ou une tétée à leur bébé en présence du consultant : est-ce le besoin de montrer à celui-ci qu'elles s'occupent bien de ce bébé ? ou de se montrer à autrui dans une relation de soin avec le bébé pour mieux se sentir reconnue comme mère ?). Après ce biberon, Dorothée est installée dans le couffin et comme elle proteste modérément, sa maman commence par frotter son dos puis l'installe sur le côté, et tout en parlant au consultant, elle « secoue » mécaniquement sa fille. On ne peut vraiment pas utiliser le mot « bercement » pour ce qui apparaît comme un geste mécanique et quasi robotisé : le rythme est strictement uniforme, faisant plus penser au mouvement d'un métronome qu'au mouvement tendre du bercement ; à aucun moment le regard de la maman ne se porte sur le bébé et son visage reste inerte, totalement inexpressif ; pas une fois pendant les trente à quarante-cinq minutes de l'entretien, elle ne fait un mouvement d'approche en direction de sa fille. Le bébé, de son côté, après les quelques petits cris suivant immédiatement le repas, ne fait pas de bruit, n'a aucun gazouillis, puis passe par des phases de somnolence et d'éveil silencieux.

D'autres mères, au contraire, se collent contre le bébé (ou collent le bébé contre elles) et engagent de façon très intrusive l'interaction, ne laissant pas au nourrisson d'autre possibilité que de s'abandonner passivement à cet engloutissement : c'est ce que fait la maman d'Alban (six mois), qui pendant tout l'entretien le tient contre elle ; il est assis sur son avant-bras gauche, le visage enfoui dans le cou de sa mère qui, avec son bras droit, tantôt le serre contre elle, tantôt lui caresse la tête en répétant de manière totalement monocorde : « Je t'aime bébé, je t'aime bébé. » Il ne bougera pas de cette position pendant tout l'entretien. Pour Alban, il n'y a aucune possibilité de s'éloigner, d'avoir une activité propre, il est littéralement inclus dans le corps maternel dont il se différencie à peine : bien sûr il dort dans le lit de sa mère et pour cette dernière, il n'est pas question qu'il en soit autrement.

Mais qu'il s'agisse de dépression hostile ou anxieuse, contraignant la mère à tenir le bébé éloigné pour le protéger de ce qu'elle ressent comme sa propre dangerosité, ou de dépression dominée par un besoin intense de réparation et d'avidité relationnelle, poussant la maman à coller son bébé contre elle pour se rassurer, dans les deux cas le bébé n'est pas à la bonne distance, celle qui permet la différenciation d'une part et qui laisse la place au jeu d'autre part.

Nous allons voir comment les bébés réagissent à cela mais auparavant, envisageons ce qui peut faire qu'une jeune mère tenant un bébé dans ses bras soit déprimée. Les causes sont multiples et aucune ne peut expliquer, seule, les divers types de dépression. On a en effet évoqué des causes hormonales (en raison des profondes modifications qui surviennent pendant la grossesse et surtout après l'accouchement), des causes génétiques de nature plus ou moins héréditaire (des antécédents familiaux de dépression en particulier), des causes environnementales (il est frappant de constater le nombre élevé d'événements douloureux qui se produisent dans l'entourage d'une jeune mère), des causes psychologiques enfin, la grossesse puis la maternité représentant un processus complexe qui sollicite intensément les assises identificatoires de la jeune mère. Nous n'entrerons pas dans ce débat qui dépasse largement le cadre du présent ouvrage. Sans donc méconnaître les diverses causes génétiques ou endocriniennes possibles, causes qui d'ailleurs ne sont ni incompatibles ni exclusives de celles qui vont suivre, deux grandes lignes de tensions apparaissent : d'une part, tout ce qui est de l'ordre des événements de vie affectant la libre disponibilité psychique de la jeune maman ; d'autre part, les difficultés de cette jeune mère à se reconnaître comme mère de son bébé, le plus souvent en lien avec des difficultés transgénérationnelles familiales.

Il n'est pas rare en effet que des événements dits négatifs surviennent pendant la grossesse ou les premiers mois de vie du bébé, en général des deuils familiaux qui entravent chez la jeune mère la possibilité d'investir son enfant librement. Voici deux exemples typiques : cette jeune femme apprend presque le même jour qu'elle est enceinte, ce qui la réjouit, et que son jeune neveu âgé d'un an, fils de sa sœur aînée dont elle est très proche, est atteint d'une tumeur maligne gravissime. Aussitôt elle est prise dans un conflit insoluble : profondément attristée par la souffrance de sa sœur, elle ne peut se réjouir de sa grossesse, ressentant l'éventuel plaisir comme quelque chose de coupable. Toute la grossesse se déroule dans ce climat jusqu'à la naissance de Juliette, bébé particulièrement calme et sage. Durant les deux années qui suivent cette naissance, le neveu oscillera entre des rémissions et des rechutes pour décéder à l'âge de trois ans. Pendant toute cette période, la maman reconnaît avoir été très déprimée, pleurant souvent, dormant mal et surtout ne s'autorisant aucun plaisir avec son propre bébé dont elle s'occupait en pensant à son neveu et à l'injustice du monde. Elle ne conserve d'ailleurs pratiquement aucun souvenir de cette période néfaste. Vue à l'âge de huit ans, Juliette est une fillette au visage très triste, presque figé, repliée sur elle-même, communiquant peu, ayant peu ou pas d'amis, étant en classe l'objet des moqueries et des mauvaises plaisanteries des autres, si bien qu'elle se sent toujours persécutée, ne jouant presque pas et passant son temps à des rêveries solitaires : elle est très malheureuse de ne pas pouvoir trouver sa place dans les relations avec les autres.

Arthur, quatre ans, est le dernier enfant d'une fratrie de quatre, arrivé « par surprise » mais bien accueilli. Sa maman est d'autant plus heureuse que, en conflit avec sa propre mère depuis longtemps, cette naissance a enfin été l'occasion d'un rapprochement entre les deux femmes quand Arthur était âgé de quatre/cinq mois. Ces retrouvailles ont à peine eu lieu que la grand-mère est victime d'un accident vasculaire cérébral dont elle décède, quand Arthur a un an environ. La maman d'Arthur s'enfonce alors dans une importante dépression qui va durer presque une année : elle n'a pratiquement plus aucun souvenir de cette époque, ni de son bébé, ni des étapes de son développement. Elle sait simplement qu'elle était alors très repliée, silencieuse et quasi muette, ne chantant plus à son bébé les multiples comptines qu'elle connaissait et qu'elle avait chantées aux aînés. Des troubles du sommeil apparaissent chez Arthur, bébé décrit dans la journée comme très éveillé, très attentif ; puis un important retard de langage s'installe, ce qui est à l'origine de la consultation, pendant laquelle, quand la maman parle de sa propre mère et de sa souffrance, Arthur la fixe avec un regard d'une intensité et d'une immobilité extrêmes, tandis qu'elle-même regarde au loin, comme perdue dans le souvenir de son deuil.

Quand la jeune mère est ainsi confrontée à des événements douloureux, en particulier des deuils, elle est prise dans un conflit d'investissement : le travail de deuil fait qu'elle se replie sur elle-même, pense à la personne disparue, comme toute autre personne subissant le deuil d'un proche ; mais en même temps, elle doit s'occuper de son bébé et *devrait y prendre plaisir mais elle ne le peut pas.* Lorsqu'elle interagit avec le bébé, elle a souvent le regard ailleurs, perdu dans le souvenir du disparu et le bébé quête sur son visage les indices d'un investissement de sa propre personne : comment se reconnaître dans un miroir terne et opalescent qui ne vous renvoie nulle image ? Rappelons que pour Winnicott, le visage de la mère est le premier miroir dans lequel l'enfant se regarde et que dans les analyses de patients adultes souffrant entre autres de dépressions chroniques dites narcissiques, André Green a retrouvé ce qu'il appelle « le complexe de la mère morte[2] », visage d'une mère qui semblait « présente/absente » aux yeux du patient, visage dans lequel ce dernier ne pouvait lire la preuve de son existence. La jeune maman endeuillée ou accaparée par le souci d'un mari qui vient de la quitter ne peut se laisser aller au plaisir de la rencontre avec ce bébé et *a fortiori* jouer avec lui à tous ces jeux de surprise et de tromperie : tromper son bébé devient dangereux car cela lui rappelle la réalité douloureuse qui vient de la tromper. Elle agit en faisant l'essentiel pour la sauvegarde du bébé, mais elle n'est pas vraiment présente dans l'interaction ; elle se met, comme nous le disons volontiers, « en pilotage automatique », agissant de façon un peu machinale et mécanique, elle est ailleurs.

L'autre origine fréquente des dépressions postnatales s'inscrit dans des difficultés de type transgénérationnel. Celles-ci se caractérisent par le fait que la jeune maman ne trouve pas auprès de ses proches, sa mère en particulier, les appuis et les étayages dont elle a besoin pour sentir qu'elle devient mère. En effet, le profond bouleversement psychique provoqué par la rencontre avec le nouveau-né sollicite ce qu'on appelle les « scripts imaginaires » les plus précoces : la jeune maman retrouve en elle le souvenir de ce que sa propre mère était avec elle-même quand elle était bébé, sa manière de réagir, ses comportements d'apaisement ou au contraire ses échecs ; d'autre part, le bébé présent dans ses bras éveille aussi en elle le souvenir de celui qu'elle a été, le souvenir de la manière dont ses besoins ont été satisfaits ou au contraire le souvenir de moments de tension, voire de désorganisation parce qu'elle semblait ne pas être comprise dans ses besoins, etc. Ainsi se trouvent réactivés chez cette femme les scénarios des modèles interactifs les plus précoces entre une mère et un bébé ; par un double mouvement régressif, elle peut alors s'identifier d'une part à sa propre mère, d'autre part au bébé qu'elle a été, cette double identification étant ce sur quoi repose sa capacité à « comprendre » son bébé, véritable fil rouge qui la guide dans ses conduites et ses pensées quotidiennes. On comprend aisément que si la jeune maman n'a d'autre modèle que celui d'une mère très rejetante ou dévalorisante, voire d'une mère agressive et violente ou abandonnique, d'une mère très malade, disqualifiée ou encore d'une mère froide et inaffective, le souvenir de tous ces scénarios risque de resurgir, à son insu, au moment précis où elle tient son bébé dans les bras et où elle se demande soudain quelle mère elle sera pour lui.

Édouard est à peine âgé de huit mois lorsque sa maman apprend qu'elle est de nouveau enceinte. Souhaitant garder ce second enfant, elle est néanmoins prise dans un conflit insoluble car elle a le sentiment de trahir son fils avec ce bébé trop vite arrivé, en même temps qu'elle a peur de faire mal au fœtus en prenant dans ses bras un Édouard qui demande sans cesse à être porté.

Elle le tient le plus loin possible de son ventre, évite de le porter en étant debout, se sent très angoissée, commence à pleurer souvent. Édouard, qui jusque-là s'était développé sans problème, se met à stagner, refuse de se tenir debout puis de marcher. Il présente une hypotonie impressionnante des membres inférieurs d'où plusieurs examens neuropédiatriques sans résultat probant. Pendant la consultation, Édouard est un bébé sage au visage concentré et sérieux sur la tâche qu'il accomplit, assis par terre : des encastrements éducatifs effectués de manière répétitive. Mais il semble refuser ou être incapable de se mettre debout et d'entreprendre le moindre déplacement même à quatre pattes. Peu à peu, au cours des entretiens, la maman parlera de son conflit avec sa propre mère, femme décrite comme constamment déprimée, sur un mode hostile, qui s'enfermait de très longues heures dans la cuisine, laissant son bébé, c'est-à-dire la maman d'Édouard, seul dans le salon. Elle se souvient que plus grande, elle restait collée à la porte de la cuisine, entendant sa mère pleurer, mais celle-ci refusait d'ouvrir la porte, refusait de donner à sa fille la moindre explication, refusait aussi toute tentative de son enfant de la consoler : la fillette était désorientée, impuissante, se sentant coupable de ne rien pouvoir faire pour sa mère, ce qui parfois la mettait très en colère contre cette dernière. Peu à peu, il apparaîtra que la situation dans laquelle elle s'est retrouvée quand Édouard avait huit mois et qu'elle était enceinte avait fait réémerger toutes les émotions et les représentations d'impuissance de son enfance, ainsi que les images d'une mère incompréhensible, voire dangereuse pour ses enfants, ce qu'elle-même avait le sentiment de devenir, et pour Édouard et pour le fœtus. Cette jeune femme était prise dans des identifications maternelles négatives dont elle ne pouvait se dégager. La dépression qui s'ensuivit fut à la mesure de ces conflits de l'enfance réactualisés.

La naissance d'un bébé ravive ainsi les lignes de tension de la petite enfance et la qualité des interactions de la jeune maman avec sa propre mère, c'est-à-dire la grand-mère maternelle du bébé, aussi bien les relations actuelles (comment la jeune mère s'entend avec sa mère) que les images relationnelles du passé (quel bébé ai-je été pour ma mère ? bébé, quelle mère ai-je eue ?). Par-delà cette relation mère-fille, c'est aussi l'ensemble des relations familiales qui sont interrogées par les réminiscences parentales, car le père de la mère, le grand-père maternel, a eu aussi un rôle à jouer, de même que les parents du père du bébé : la naissance d'un enfant, le premier le plus souvent mais pas nécessairement, mobilise, chez la femme comme chez l'homme, des questionnements sur leurs identifications parentales réciproques qui conduiront cette femme et cet homme à pouvoir ou non devenir mère ou père.

DES MÈRES DÉPRIMÉES : DU CÔTÉ DES BÉBÉS

Les bébés surprennent toujours les cliniciens par leur fantastique capacité d'adaptation. Ils donnent parfois le sentiment de comprendre avant tout le monde l'état affectif de leur mère. Peut-être parce qu'ils sont d'une grande réceptivité aux qualités du tonus des bras qui les portent, probablement parce qu'un des premiers contacts entre une mère et son bébé passe par ce dialogue tonique[3]. Les bébés semblent capables de décrypter les émotions maternelles avec une pertinence et une finesse assez déconcertantes.

De très nombreuses études commencent à être publiées sur les conséquences pour un bébé d'avoir une mère déprimée, surtout pendant les dix-huit à vingt-quatre premiers mois de la vie. Bien évidemment, ces conséquences seront d'autant plus importantes que, pendant cette période, la mère a été durablement, de façon permanente et intense, déprimée. Certains troubles de la petite enfance ont été décrits il y a déjà quelques années : c'est le cas par exemple des troubles précoces du sommeil (difficulté d'endormissement, refus de dormir le soir, difficulté à se caler sur un rythme veille/sommeil correct, réveils nocturnes incessants, cauchemars très fréquents dès un an et demi/deux ans, etc.) ; c'est aussi le cas pour les troubles de l'alimentation (anorexie du nourrisson, colique idiopathique du bébé, vomissements sans cause organique apparente, etc.). Certes, toutes ces manifestations ne sont pas spécifiques d'une dépression maternelle postnatale, mais c'est une éventualité suffisamment fréquente pour l'avoir toujours à l'esprit devant de telles difficultés chez un bébé, ce qui devrait conduire à en rechercher les symptômes, d'autant que la mère cache souvent cet état du fait de sa culpabilité extrêmement vive.

Deux ou trois caractéristiques souvent rencontrées dans notre expérience clinique nous paraissent constituer des indicateurs assez fiables d'un éventuel état dépressif maternel. Tout d'abord il y a ces bébés au visage sérieux, très éveillés, qui regardent intensément leur vis-à-vis comme s'ils scrutaient ce visage adulte en face d'eux. De tels bébés frappent souvent par la brillance de leur regard mais plus encore par la fixité de celui-ci. C'est un peu comme si le regard était bloqué dans une sorte d'hyperattention figée dont ils ne peuvent se dégager. Dans une recherche que nous avons réalisée avec des bébés âgés de deux mois, les uns ayant une mère déprimée, les autres une mère « témoin » (non déprimée) [4], il est apparu nettement que les bébés de mère déprimée avaient une fixation bien plus intense du regard sur leur propre mère, ne s'en désengageant pratiquement jamais, alors que les bébés du même âge de mère non déprimée avaient un regard beaucoup plus fluide, allant de leur mère aux objets de l'environnement, puis revenant sur leur mère, etc. La souplesse de l'interaction mère témoin-bébé n'est en rien comparable avec la fixité, le quasi-figement de l'interaction mère déprimée-bébé. Dans le premier cas, les processus d'engagement et de désengagement apparaissent souples, harmonieux, vivants, tandis que dans le second cas ils semblent massifs, en tout ou rien : le bébé est soit en hyperattention, regard fixé à sa mère, soit en décrochage total, replié sur lui-même, sans capacité de se réengager avant longtemps. Les cliniciens connaissent bien ces bébés au regard très éveillé qui semblent presque en avance de maturité sur leur âge ; souvent l'entourage est rassuré par cet éveil qui semble de si bonne qualité, alors même que la maman visiblement ne va pas très bien. En réalité, ce bébé épuise son énergie à chercher ce qui lui est nécessaire dans un regard maternel étrangement absent et ce surinvestissement d'attention risque de lui coûter cher par la suite.

D'autres bébés présentent un comportement différent mais aussi très caractéristique : il s'agit des bébés sages, ou plutôt *des bébés trop sages*, car ce sont des bébés si sages que, comme dit l'un des parents : « Si on ne fait pas attention, on pourrait l'oublier ! » Ce sont donc des bébés qui se font oublier : ils ne réclament jamais rien, restent le matin dans leur lit sans protester, ne manifestent jamais pour manger, ne semblent jamais présenter de désagrément ou d'inconfort, ne protestent pas quand on les met au lit le soir, ne disent rien quand on les laisse dans la journée, etc. Ces bébés trop sages sont en grand danger, car ils sont déprimés eux aussi, retirés, ils ne réclament rien et par conséquent risquent de ne pas recevoir les apports affectifs qui leurs sont nécessaires. Alban, Juliette et Édouard furent des bébés sages, trop sages, qui, quand ils grandissent, surtout au moment de l'acquisition de la marche, peuvent devenir soudain des jeunes enfants instables, agités, courant partout comme s'ils cherchaient maintenant à avoir enfin ce qu'ils n'avaient pas reçu quand ils étaient bébés.

D'autres nourrissons enfin, peut-être les plus doués, vers la fin du premier semestre deviennent très actifs, joueurs et se mettent à faire les pitres. Plusieurs mères déprimées ont ainsi avoué que leur bébé était la seule personne qui pendant toutes ces années de dépression avait su les faire rire : au contact de leur bébé puis de leur jeune enfant, elles arrivaient pendant quelques minutes à oublier leur malaise. Ce sont des bébés « thérapeutes » qui parfois auront bien du mal ensuite à rester sagement assis sur une chaise pour écouter un enseignant. Souvent, ils auront ce besoin irrépressible de faire le pitre en classe pour que tous les élèves rigolent à l'unisson. Certains enfants de sept/huit ans nous disent combien à cet instant-là ils se sentent enfin bien, enfin eux-mêmes, reconnus dans leur existence.

Bébés très éveillés, bébés trop sages, bébés pitres, voici quelques figures de ce que peut être le retentissement sur un jeune enfant du fait d'être durablement en interaction avec un parent, surtout la mère, déprimé.

Mais qu'ils soient éveillés, sages ou même pitres, ces enfants se caractérisent aussi par le fait qu'ils sont souvent « sérieux » dans l'interaction : ils jouent peu, sinon à des jeux éducatifs, ils n'aiment pas trop ou pas du tout les surprises et quand ils sont surpris ils peuvent réagir par des états de panique et d'angoisse. Beaucoup d'entre eux également n'aiment pas les situations de déséquilibre ou d'instabilité : par exemple, ils sont très angoissés quand on les installe assis sur un gros ballon de plastique gonflable, même s'ils sont tenus fermement (par le psychomotricien). Dans toutes ces situations où l'imprévu, l'aléatoire, la surprise en un mot, pourraient surgir, ces enfants semblent redouter un danger : est-ce parce qu'ils ne sont pas familiarisés avec les jeux de la métis humaine, tous ces jeux de surprise et de tromperie qui rendent supportables les moments instables et incertains de la vie quotidienne ?

Pour Édouard, il a fallu en passer par une longue thérapie où, à sa demande après que sa thérapeute le lui a montré, il a longtemps joué à des jeux de surprise puis de tromperie auxquels il prenait de plus en plus de plaisir en même temps que son développement psychomoteur repartait. Au début, Édouard et la thérapeute ont joué à ces jeux de chatouilles, de petites bêtes qui montent, de marionnettes, de coucou ; la mère regardait ces jeux avec mépris et dédain, se demandant ouvertement comment la thérapeute pouvait supporter de perdre du temps à de telles futilités ; puis, peut-être en raison du plaisir manifeste qu'y prenait Édouard, ou en raison des progrès qui accompagnaient ces « bêtises », peut-être tout simplement parce qu'elle s'est mise à en avoir elle aussi envie, quoi qu'il en soit très timidement d'abord, comme quelque chose d'étrange et d'inconnu, la maman d'Édouard commença à échanger avec son fils de furtifs moments de chatouilles auxquels il répondit avec enthousiasme : l'interaction devenait peu à peu plus vivante et spontanée... Bien sûr ces jeux ne résument pas à eux seuls la thérapie ! Mais ils en constituèrent un moment clef et c'est sur la base de ces jeux qu'elle put débuter.

Que deviennent ces bébés quand ils grandissent ? Plusieurs études ont essayé de faire le point, comparant en particulier une population de dyades mère déprimée-bébé à des dyades dites témoins. Il faut toutefois préciser que ces études sont particulièrement difficiles à réaliser pour diverses raisons, notamment parce que la dépression n'est pas une « maladie » fixée et immuable : quand on suit une telle population on s'aperçoit, comme nous avons pu le faire, de la très grande diversité des situations[5]. En effet certaines mères vont être déprimées pendant deux ou trois mois puis plus du tout par la suite, d'autres présentent des rechutes plus ou moins longues et fréquentes, d'autres sont constamment déprimées ; certaines acceptent des soins pour cette dépression, d'autres refusent toute approche thérapeutique ; certaines sont socialement très isolées, ce qui signifie que le bébé reste en permanence avec elles, alors que d'autres mères déprimées sont mieux entourées et soutenues par leur conjoint ou leur famille, le bébé étant souvent gardé par d'autres personnes. Dans toutes ces situations, le faible niveau social apparaît comme un facteur aggravant. Il n'est donc pas étonnant de constater que les résultats ne sont pas tous concordants[6]. Quoi qu'il en soit, on n'observe pas d'effet précis sur le niveau des performances intellectuelles, lequel est beaucoup plus corrélé avec le niveau culturel et social ; d'autres travaux semblent montrer que la dépression parentale est un facteur de risque pour diverses pathologies de l'enfance mais sans pouvoir établir de liens de causalité spécifique.

Nous avons suivi un groupe de mères déprimées avec leur bébé et un groupe de mères dites témoins pendant trois ans[7]. Les mères souffraient de dépression plutôt légère et n'ont pas été hospitalisées pendant toute la durée de l'étude. Si dans les douze premiers mois, les bébés de mère déprimée sont apparus paradoxalement plus performants parce qu'ils répondaient plus rapidement que les bébés témoins (comme si les bébés de mères déprimées étaient donc plus vigilants et attentifs, ce que la clinique nous montre régulièrement), cette différence disparaît dans le cours de la seconde année. En revanche nous avons noté des écarts assez importants dans la capacité d'attention conjointe autour d'un hochet dans les premiers mois puis avec un petit livre d'image en tissu autour de trois ans. Dans les dyades témoins, mère et bébé puis mère et jeune enfant s'accordent facilement pour partager leur attention soit sur le hochet soit sur le livre : ils le regardent ensemble, les commentaires de la mère soutiennent et renforcent le comportement exploratoire du bébé, puis la capacité de se centrer sur l'histoire chez l'enfant de trois ans. Contrairement aux mères témoins, les mères déprimées ne soutiennent pas l'attention de leur enfant quand celui-ci se détourne de leur propre personne ; il y a très peu ou pas de moment d'attention partagée. Tout cela se retrouve dans les commentaires maternels : les mères déprimées font très peu de commentaires sur ce vers quoi se dirige l'attention de leur enfant alors que les mères témoins ne cessent de commenter ce à quoi il s'intéresse. Il en ressort que les productions linguistiques des dyades mère déprimée-bébé sont beaucoup moins bien accordées que celles des dyades mère témoin-bébé.

Une des conséquences les plus évidentes de ces défauts d'ajustement dans les commentaires et les échanges linguistiques concerne le développement ultérieur du langage. Et ce n'est pas un hasard si le rythme caractérise de la façon la plus intime le langage par l'estampille de la prosodie. Dans notre expérience clinique nous avons à plusieurs reprises pu constater des retards de langage parfois importants chez des enfants qui avaient eu une mère déprimée dans les premières années de leur vie : Arthur en est un exemple.

Autre exemple : Octave est un enfant unique, vivant au sein d'une famille unie, ayant de nombreux contacts sociaux mais surtout avec des adultes. Octave est rarement avec d'autres enfants de son âge, sauf à l'école. Si le père est un homme affable, parlant même beaucoup, la mère apparaît comme renfrognée, silencieuse, le visage assez hermétique. Cette impression de quasihostilité ne concorde pas avec la demande de soin à laquelle elle adhère comme son mari. L'essentiel des symptômes d'Octave est constitué par un retard important et massif de langage, puisqu'il n'a commencé à faire des phrases que vers l'âge de six ans. Selon les parents, il n'y avait pas d'autre conduite pathologique notable. La petite enfance d'Octave a été dominée par la dépression maternelle. La mère se dit incapable d'avoir le moindre souvenir de cette période, en gros entre la naissance d'Octave et l'âge de neuf/dix mois, aussi bien pour ce qui la concerne elle-même que pour le développement de son bébé. Elle décrit son comportement de l'époque comme quelque chose de mécanique, robotisé. Le père confirme alors que sa femme était à l'époque quasi mutique, tout en faisant face aux nécessités de la vie quotidienne. Lui-même essayait de compenser cette attitude silencieuse, ayant conscience que cela n'était peut-être pas « bon » pour le bébé. La maman d'Octave est fille unique d'un couple de parents déjà âgés à sa naissance ; sa propre mère, la grand-mère maternelle d'Octave, est elle aussi dépressive chronique car elle s'était retrouvée orpheline de père et de mère dès le plus jeune âge et avait été élevée dans des institutions. La maman n'a pas le souvenir que sa propre mère se soit occupée d'elle dans son enfance, elle n'a en particulier aucun souvenir de moments de tendresse partagée avec sa mère. Cette jeune femme a déjà connu plusieurs épisodes dépressifs. À l'âge de huit ans, Octave a un langage plutôt riche mais on note quelques stéréotypies, une intonation particulière, chantante, des sortes de confusions phonématiques à mi-chemin des lapsus. Ainsi, regardant un illustré il demande pourquoi la fusée s'appelle « fusée lunaire » et ajoute aussitôt : « Ah ! oui, parce que c'est allumé... » en montrant la flamme sortant du réacteur. D'autres fois, évoquant l'interdiction d'arracher de l'herbe, il dira : « Il faut pas arracher de lèvre... », ou encore parlant d'un copain qui lui a fait un bras d'honneur : « Il m'a fait un bras noneur... » Par-delà les évidentes significations inconscientes de tels lapsus, le langage apparaît presque désincarné, aérien, d'où ces glissements phonologiques.

Pour terminer, citons le travail de Joël Uzé et Sylvie Stonehouse, collègues poitevins qui relatent l'observation d'une fillette de deux ans et neuf mois dont le langage est extrêmement pauvre, réduit à quelques phonèmes[8]. Grâce au magnétoscope, ils ont analysé minutieusement les productions discursives de la mère avec sa fille. Cette mère reconnaît avoir traversé un état dépressif grave après la naissance de sa fille ; en outre elle se définit elle-même et son mari comme « peu causants ». Prenant conscience du retard de sa fille dans le domaine du langage, elle dit : « On travaille les mots... », souci éducatif marqué par un travail de dénomination essentiellement. Quatre points retiennent l'attention des auteurs dans l'organisation du discours maternel : une activité de nomination avec très peu de commentaires ; un discours qui n'est pas construit sur une base dialogique mais qui se limite à expliquer (en particulier les images des livres) ; des énoncés factuels et une absence de proposition de symbolisation ; enfin et surtout « une remarquable absence d'expression d'affect, notamment aucune production métaphorique de mots "doux" à l'égard de sa fille ».

Les auteurs considèrent que « cette mère utilise le langage de façon formelle pour se référer au réel, nommer et énumérer les objets du monde et sur le plan du comportement elle a un rôle d'observatrice, regardant les choses se dérouler sans y participer, sans s'investir dans les jeux de sa fille. [...] C'est comme si dans son comportement comme dans son langage elle fonctionnait par rapport à un ordre préétabli, des règles toutes faites [...] les règles syntaxiques sont observées [...] les objets ont un nom, un sens, c'est le rapport au réel sans écart ni création personnelle (aucune violation des règles) ». Cette mère ne joue pas avec sa fille, pas plus aux jeux de coucou ou de chatouilles, de fausses gronderies, de faux étonnements, etc. Elle est sérieuse, elle éduque sa fille, elle lui parle « à plat » sans image ni métaphore : le jeu de la langue avec son rythme propre ne peut se déployer.

Ces exemples cliniques nous font penser que les échanges langagiers précoces, faits de jeux de mots, de déplacements métaphoriques, d'expressions de pseudo-surprise, constituent un socle essentiel pour que le rythme et la prosodie s'inscrivent dans le langage. L'absence de ces jeux avec les mots et la langue risque d'aboutir à une absence d'ancrage rythmique du discours, comme si le langage n'arrivait pas, dans ces conditions, à trouver sa « signifiance* ».

Nous nous sommes attardé sur la situation des bébés et des jeunes enfants de mères déprimées parce qu'elle est exemplaire d'un probable manque dans les tout premiers échanges ludiques entre une mère et son bébé : pour que la maman puisse s'engager dans ces jeux de surprise il faut qu'elle dispose de la liberté psychique pour le faire. Si la mère déprimée peut s'occuper de son enfant, elle a en revanche les plus grandes difficultés à prendre du plaisir avec lui, c'est-à-dire à jouer et pas seulement à l'éduquer : elle n'ose pas ou ne peut pas. Or, prendre du plaisir avec son bébé, c'est pour la mère le meilleur moyen de lui donner aussi du plaisir, de l'introduire dans le domaine subtil, instable, pas toujours prévisible, souvent surprenant donc ouvert à l'inconnu des relations humaines. Sans faire de règle générale, nous sommes souvent surpris de constater que ces enfants rencontrent des difficultés persistantes dans ce domaine,

* Pour reprendre l'expression d'Henri Meschonnic (1982).

la difficulté à accéder à la fluidité du langage étant la plus caractéristique.

DES MÈRES SÉRIEUSES QUI ÉDUQUENT ET NE JOUENT PAS

La dépression postnatale est probablement la condition clinique la plus fréquente parmi celles qui altèrent la disponibilité des mères à s'engager dans une interaction ludique avec leur bébé. Mais elle n'est pas la seule. Là encore notre expérience nous montre que de nombreux états psychopathologiques maternels, dès qu'ils atteignent une intensité notable, peuvent entraver la capacité des mères à se laisser aller à ces séquences de jeux avec leur bébé. Nous ne le répéterons jamais assez : pouvoir jouer implique de se sentir libre. Quand la contrainte est trop importante, quelle que soit la nature de cette contrainte, la mère ne peut pas s'engager dans une interaction dont elle ne sait à l'avance où elle la conduira. Car c'est bien cela qui caractérise la relation de jeu : elle ne sert à rien et elle n'a pas de fil conducteur préétabli avant de commencer ; elle se fait en se faisant, au fur et à mesure, et ne peut s'étayer sur une représentation psychique préconstruite qui puisse servir de guide à l'un ou l'autre des partenaires. La mère, comme son bébé, mais c'est plus naturel pour lui, doit accepter de s'abandonner à quelque chose en elle dont elle n'a qu'une conscience confuse *mais qu'elle ne maîtrise pas par avance.* D'une certaine façon, pour une mère, jouer avec son enfant, c'est s'en remettre à un tiers, le tiers inconscient qui est en elle et sur lequel elle accepte de s'appuyer pour être guidée. Elle doit accepter l'idée de se surprendre elle-même par des affects troubles où l'érotisation de la relation, quelque chose de l'ordre d'une sexualisation intempestive et en apparence inappropriée, peut surgir là où, moralement, normalement (au sens de la norme sociale : ce qui se fait et ce qui ne se fait pas), elle n'a pas lieu d'être. Pour s'amuser avec son bébé et y prendre plaisir, pour se jouer de lui, le surprendre et le tromper, la mère doit être libre de ses émotions, accepter de laisser ses affects courir librement dans sa psyché, accepter que sa propre sexualité la commande parfois, et non pas de toujours commander ses émotions. Toutes les pathologies dominées par cette sorte de contrainte psychique majeure peuvent ainsi ligoter la capacité d'une mère à se laisser aller à ces interactions ludiques. Un repère clinique important dans ce contexte concerne l'aptitude de la mère à accepter la régression : en effet, cette capacité est ce qui permet à la jeune maman d'être au plus près des besoins de son bébé, d'être « avec lui » dans ces moments de partage émotionnel. Or, pouvoir régresser implique d'avoir un minimum confiance en soi.

À cet égard, le travail de Jean-Marie Gauthier, *L'enfant malade de sa peau*[9], est très intéressant. L'auteur étudie les conditions d'apparition des pathologies psychosomatiques cutanées chez les jeunes enfants : eczéma, dermatite atopique, allergies cutanées diverses, etc. Une hypothèse centrale de son travail concerne l'organisation des rythmes à partir de cette constatation : « le rythme est un déclencheur extrêmement sensible et précis de l'émotion[10] ». Il ajoute : « Toute rupture du rythme propre de l'enfant, toute soumission à un rythme qui n'est pas le sien, risque de perturber ses possibilités de reconnaissance et d'identification de son rythme propre et, à partir de là, de son corps propre, noyau de son premier sentiment d'identité. Cela permet d'établir un lien avec l'hypothèse du rôle essentiel de l'émotion dans la somatisation ; si on admet que les troubles du rythme sont au cœur des manifestations observées dans ce travail, cela permet de comprendre le passage du corps propre au psychisme. [...] La dermatite atopique du bébé apparaît à la suite d'une trop grande perturbation des rythmes de base du développement maturatif de l'enfant[11]. » Les observations cliniques relatées par Gauthier nous apportent des informations très intéressantes sur ce que l'auteur appelle les perturbations du rythme propre.

Ainsi, la mère d'Arnaud, bébé suivi à domicile dans le cadre d'une observation directe du nourrisson (selon le modèle d'E. Bick) : dès trois mois, Arnaud qui commence à gazouiller arrête son regard et semble intéressé par des couleurs vives. Mais très vite « sa mère force Arnaud à reprendre contact avec son visage à elle[12] ». Vers trois/quatre mois, elle lui apprend à tenir sa cuillère et s'inquiète fort de savoir si son fils n'est pas en retard (dans ce cas il s'agit bien évidemment d'un apprentissage prématuré eu égard aux compétences normales d'un enfant à cet âge). « Pour manger Arnaud ne dispose d'aucune liberté : il doit manger proprement, *sans jouer*, et ceci à un rythme régulier car il ne lui est pas permis de prendre trop de nourriture en bouche, de recracher sans que la mère n'intervienne de manière très vive et en traitant son enfant de "petit méchant" (apostrophe qui, dans la bouche de cette mère, est sérieuse et absolument pas ludique : en général quand les mères traitent leur très jeune enfant de "petit méchant" c'est toujours sur un ton enjoué et amusé, trompeur en quelque sorte avec une mimique de fausse gronderie, pendant une séquence de jeu où le sérieux des relations de soin s'interrompt un instant) [13]. » Vers l'âge de huit-dix mois, Arnaud est placé dans un parc qui est tellement rempli de jouets les plus divers qu'il lui est impossible de se déplacer : il reste donc assis de longs moments sans pouvoir bouger et « lorsque Arnaud commencera à lancer des objets au loin devant lui, *la mère refusera de lui rendre les objets qu'il vient de lancer : elle estime qu'il s'agit là de caprices insupportables*[14] ». À un an, la mère « choisit les objets avec lesquels il peut jouer, objets dont Arnaud semble se désintéresser. *Lorsque, parfois, il tente de s'intéresser à un morceau de tenture qui est à proximité de sa main, sa mère intervient rapidement pour le lui interdire*[15] ». À cet âge, un eczéma grave du visage apparaît chez Arnaud et la mère va de dermatologue en dermatologue, toujours déçue des traitements proposés. Cette mère ne joue pratiquement jamais avec son fils, elle l'éduque, tente de lui apprendre des gestes (souvent de façon prématurée, de telle sorte que les progrès ne peuvent survenir qu'au terme d'une « longue lutte » pour l'apprentissage, là où normalement ils surviennent spontanément : le développement se trouve ainsi conflictualisé, source d'angoisse au lieu d'être source de plaisir). Quand elle lui donne des jouets, cela semble plus pour « être tranquille » que pour le plaisir ludique ; quand Arnaud cherche à jouer avec elle en lançant des objets (comme le font tous les enfants à un certain âge), il s'entend répondre qu'il est capricieux. Quand il fait une découverte personnelle (un bout de tenture), cela lui est aussitôt retiré.

Une autre enfant, Maud, est nourrie au sein le soir et la nuit par sa mère, au biberon le jour par sa grand-mère, car la maman doit reprendre le travail. Cette répartition apparaît difficile à intégrer pour Maud : les tétées nocturnes sont en général interminables tandis que les biberons sont pris dans la journée sur un « rythme fonctionnel, efficace mais fugace[16] ». Des troubles du sommeil surviennent, puis, à trois mois, Maud est hospitalisée pour une bronchite asthmatiforme ; vue au retour à la maison, « Maud est assise dans un parc, entourée de coussins. Sa mère se tient en face d'elle, lui parle peu et lui tend les jouets avec beaucoup d'insistance, c'est-à-dire jusqu'à ce que Maud les prenne. Celle-ci ne garde d'ailleurs aucun de ces objets qui, aussitôt lâchés, sont repris et représentés par la mère qui n'abandonne pas un face-à-face insistant, qui prend parfois, de cette façon, *une allure de contrainte.* En réponse à l'absence de langage de la mère, Maud *n'émet un babillement que très rarement.* L'échange semble unidirectionnel, *le plaisir partagé rare,* seul ce face-à-face insistant tient place d'un échange relationnel difficile à nouer en tant que lieu d'échange de subjectivités[17] ». Malgré les difficultés de sommeil, Maud se voit sommée, une fois mise au lit, de dormir. Sa mère enlève systématiquement tout jouet de son berceau, car « sa fille pourrait se distraire et s'empêcher de dormir[18] ». Là encore aucun partage ludique, aucun espace de jeu commun où la créativité de l'un est reconnue par l'autre et réciproquement, ne semble pouvoir exister entre mère et bébé.

Notre position diffère de celle de Gauthier sur un point : tout rythme est à la fois contraint et contraignant, il n'y a pas plus de rythme « naturel » chez l'enfant que chez la mère. De notre point de vue, la pathologie psychosomatique ne provient pas tant du fait que ces mères imposent à leur enfant un rythme qui ne serait pas le leur propre que de l'apparente incapacité de ces mères à déplacer cette incontournable conflictualisation du registre somatique au registre psychique : une des idées que nous soutenons tout au long de cet ouvrage est que, précisément, les jeux en général, les jeux de surprise et de tromperie entre la maman et son bébé dès l'âge de trois/quatre mois en particulier, permettent cette transformation d'une excitation somatique, inévitable, inéluctable dans les soins précoces, à une excitation psychique, introduisant par là même l'enfant dans le domaine des relations humaines et des conflits qui en découlent.

En dehors des troubles interactifs conduisant à des pathologies psychosomatiques, d'autres perturbations pourraient aussi être repérées, dans lesquelles la place des séquences microrythmiques de jeux paraît mal assurée. Nous terminerons par l'exemple suivant : Thierry est un bébé de quatre mois atteint d'une redoutable anorexie – les repas durent des heures (des vraies heures : deux-trois heures, ce qui envahit le rythme des journées). Comme tous les bébés anorexiques, il a un regard très vif, comme s'il « mangeait le monde des yeux » : il apparaît très éveillé. La maman est désespérée par cette anorexie puisqu'elle-même, ancienne anorexique, reste très angoissée devant tout ce qui touche à la nourriture. Les repas sont des moments qui la hantent. Elle a fini par trouver un stratagème pour nourrir Thierry, tout en sachant « que cela n'est pas bien ». Elle a installé un magnétoscope et un écran de télévision que son fils regarde tout en mangeant. Pour le distraire, elle lui passe les cassettes qu'il aime bien et qu'il regarde avec attention, les yeux grands ouverts mais la bouche toujours fermée. Soudain, elle met l'arrêt sur image : Thierry, étonné, entrouvre la bouche et à ce moment-là, sans qu'il s'en rende compte, nous dit-elle, elle lui met une cuillerée en bouche et s'empresse de faire repartir la cassette. Thierry avale la bouchée en même temps que le film repart... jusqu'à l'arrêt suivant. En dehors des repas, moments d'angoisse et de tension, la maman, très proche de son bébé, passe de longues périodes à « jouer » avec lui. Quand nous lui demandons des précisions sur ses jeux, celle-ci décrit surtout des jeux éducatifs : jeux d'encastrement, lecture de livres qui correspondent le plus souvent à des enfants beaucoup plus âgés, jeux de loto où il faut reconnaître diverses situations (l'habitat de chaque animal, le complément naturel d'un objet, etc.). Mais elle n'évoque pas les jeux de chatouilles ou de surprise. Revu à l'âge de neuf ans, ce petit garçon se caractérise par son aspect sérieux, un besoin de répondre à ce qu'il imagine qu'on attend de lui, mais surtout une angoisse massive qui le met en échec dès que la tâche à accomplir n'exige pas seulement un apprentissage scolaire « par cœur » et une réponse automatique, mais une capacité de réflexion et de prise de distance. Par exemple il échoue massivement à l'épreuve des « devinettes » d'un test de son âge*. De même, il se désorganise très vite dès que son imaginaire est un peu sollicité, avec une sidération de ses capacités de penser et de se représenter ; peu à peu, il est de plus en plus envahi par des rituels obsessionnels contraignants. Bien évidemment, il n'a que de médiocres relations avec ceux de son âge et participe assez peu sinon pas du tout à leurs jeux. On pourrait dire que la maman de Thierry, du fait de son angoisse, avait renversé le rythme habituel des interactions : les interactions de soin, les repas étaient devenus les lieux de la surprise, alors que les interactions ludiques étaient sérieuses, éducatives, prévisibles. Une telle organisation va à l'encontre des besoins développementaux du petit enfant : être sûr et rassuré dans le domaine des besoins primaires qui doivent être satisfaits sans tromperie pour établir les bases du narcissisme, être incertain dans le domaine des interactions ludiques qui doivent rester surprenantes pour pouvoir affronter ultérieurement l'incertitude de toute relation humaine.

Ainsi il nous semble que la possibilité, pour une mère, de jouer avec son bébé est un gage de développement harmonieux : le jeu, en particulier les jeux interactifs mère-bébé qui apparaissent dès les premiers mois et se poursuivent jusqu'à la fin de la deuxième année, sont nécessaires pour permettre au jeune enfant d'accepter l'écart qui existe toujours entre ce qu'on attend et ce qui se produit, l'écart inhérent aux relations humaines, la tolérance à l'incertitude indispensable pour « penser le monde ». On n'a pas assez insisté sur l'importance de ces jeux, y compris dans les prises en charge thérapeu-

* Le « K. ABC ».

tiques, lesquelles ne se préoccupent le plus souvent que de s'assurer de la qualité des interactions de soin sans trop prendre en compte ce qui paraît souvent superflu : le plaisir du jeu. Nous espérons avoir convaincu le lecteur et les cliniciens d'y être attentifs.

CONCLUSION

Vers une société sans surprise ?

Nulle rencontre sans surprise : la surprise préside à toute rencontre, elle en est la condition. Elle crée une brèche, une béance chez celui qui est surpris : il se sent envahi par des émotions venant d'ailleurs, de l'autre. Pour un instant le surpris ne s'appartient plus, l'autre est installé en lui : il s'est fait avoir. Mais cette surprise, par l'effet d'altérité qui en résulte, donne au sujet les conditions d'une prise de conscience de ses propres limites, de son quant-à-soi. Sans surprise, pas de possibilité de se connaître, c'est-à-dire de se découvrir. La surprise fonctionne dans la relation comme une découverte : mis à nu, trompé dans ses attentes, le sujet découvre les bornes de son être, de son désir, de son espoir. Que cherche-t-on quand on désire rencontrer quelqu'un, sinon être surpris, être pris au dépourvu de ses attentes, découvrir du nouveau, de l'inédit, de l'imprévu ?

La surprise dans la rencontre permet de sortir du chemin balisé, connu. Au moment où sa coquille se fendille, s'entrouvre, un flot d'émotions étourdit le sujet, le réveille, le ravive et ces émotions partagées lui donnent pour un bref instant le sentiment qu'il n'est pas seul, coupé des autres : il partage la condition humaine avec son alter ego. Moment délicieux mais ô combien redoutable, puisque la personne offre à l'autre sa fragilité, sa vulnérabilité : elle accepte de s'en remettre aux mains d'autrui, d'en être éventuellement le jouet. Renoncement temporaire à soi, la surprise est l'acte fondateur de la confiance en l'autre et témoigne de la suffisante confiance en soi : pas de surprise sans abandon, sans délégation de confiance.

Si être surpris, c'est accepter ce surgissement de l'autre en soi, se surprendre, s'étonner procède d'une altérité intériorisée. S'étonner est une disposition fondamentale du « curieux » qui accepte de ne jamais être sûr de ses bases, qui est toujours prêt à remettre sur le métier son ouvrage : ces faits, ces mots ne sont pas ceux qui étaient attendus, ceux qui correspondaient à l'idée préconçue. L'étonnement est lié à une référence, un idéal, un guide intérieur, mais une référence qui tolère le doute, l'incertitude. S'étonner suppose que le sujet accepte de porter en lui cette faille : son savoir n'est pas clos, complet. Celui qui accepte l'étonnement accepte de n'être porteur que d'un savoir relatif, perfectible : des choses lui échappent qui sont peut-être en possession d'autrui, un autre monde, une autre réalité existent qui peuvent contredire des croyances jusque-là bien assurées. L'étonnement nécessite cette reconnaissance de l'imperfection, de la castration si l'on veut s'exprimer sur un mode psychanalytique. L'étonné n'a pas réponse à tout, il frémit d'abord devant un fait qui bouscule l'ordre de ses pensées. L'étonnement est à la pensée ce que la surprise est aux émotions : une effraction venue du dehors qui menace de bousculer l'ordre établi des choses. Ne dit-on pas « un esprit ouvert » ?

La surprise, symbole d'une rencontre affective chargée d'émotions, et l'étonnement, symbole d'une rencontre intellectuelle chargée d'incertitude, sont les ingrédients d'une rencontre ouverte qui ne se donne pas comme prédéterminée, d'une rencontre où l'inconnu peut advenir : rien n'est joué d'avance. Lorsque deux personnes vont ainsi l'une vers l'autre dans cet état d'esprit, elles s'accordent une reconnaissance mutuelle : « ça me surprend ce que tu viens de dire... », « tu m'as surpris... » Les propos de l'un ont pu « pénétrer » l'autre et cette pénétration n'est pas qu'aliénante, elle est aussi stimulante, enrichissante.

Une telle rencontre humaine qui laisse toute sa place à la surprise s'oppose à ce que nous appellerons un rapport « marchand ». Ce type de relation cherche à exclure d'emblée la surprise : il s'agit de contrôler les termes de l'échange pour que rien d'inattendu ne survienne. La relation professionnelle cherche à débusquer toute possibilité de surprise : le contrat est là pour garantir que rien de surprenant n'est à craindre. Les contractants, sur un pied d'égalité, définissent soigneusement au préalable tout ce qu'ils peuvent attendre l'un de l'autre : il n'est pas question de se « faire avoir », marque de faiblesse et de vulnérabilité ; il n'est pas question d'être surpris. Dans un rapport contractuel, il n'y a pas de bonnes surprises à attendre, il ne peut y avoir que de mauvaises surprises. Le rapport marchand, le rapport professionnel ne menacent-ils pas d'envahir nos vies, avec l'espoir de mieux les protéger, mais en même temps avec le risque de les enclore dans une solitude redoutable ? Car si nulle surprise n'est à attendre, quelle rencontre sera possible au-delà du simple rapport de commerce ? Et malgré le contrat, si la surprise survient, quelle destinée possible à cette rencontre qui menace de sortir de sa trace, de ses lignes ? Ce ne peut être, comme on l'a dit, qu'une « mauvaise surprise ». Le « contrat » se répand dans nos société non seulement pour régler les rapports marchands mais aussi pour administrer les rapports humains. Or, comme le précise A. Supiot : « La dynamique de la contractualisation ébranle aussi certains aspects de l'état des personnes. Cela est évident pour tout ce qui concerne l'état professionnel, avec la crise du statut salarial. Mais l'état civil proprement dit (le mariage et la filiation) s'en trouve également affecté. La folie guette lorsqu'on en vient à penser uniquement les personnes sur le modèle de l'unité de compte, comme des particules contractantes non seulement égales mais identiques (interchangeables), et à ne plus percevoir, par exemple, qu'un homme n'est pas une femme et qu'un enfant n'est pas un adulte[1]. » Si la rencontre suppose une égalité potentielle des deux protagonistes, elle ne prendra le sens d'une rencontre qu'à travers la reconnaissance d'une différence. Cette différence est la condition de la prise de conscience de ses propres frontières, de ses propres limites, car si le semblable n'est qu'un clone de soi, si le semblable est identique, l'être humain risque de se perdre dans le miroir de sa propre image, comme Narcisse mortellement aspiré par son reflet sur la surface des eaux. L'autre n'est un miroir de soi qu'à condition d'être un miroir déformant : c'est par l'écart entre la trace de soi et la trace de l'autre que la connaissance de ce qui fait l'humain peut advenir.

Comment comprendre ce paradoxe où, pour se sentir soi-même, il faut en passer par l'irruption d'un sentiment d'altérité ? Redoutable épreuve que la métis humaine nous impose. Revenons un instant à cette figure de la mythologie grecque, Métis, divinité qui symbolise la ruse, la tromperie. Elle fut la première femme de Zeus, qui l'avala *par surprise* et la mit de ce fait à l'intérieur de lui. Zeus, avec l'aide de la métis incarnée en lui, stabilise l'ordre du monde : désormais la violence brute connaît une limite, celle que Métis lui oppose. Grâce à la ruse et à la tromperie, le plus fort n'est jamais certain de l'emporter : il peut « se faire avoir » par plus malin que lui. Métis instaure un équilibre nouveau dans les forces du monde, en particulier dans tout ce qui règle les

1. A. Supiot, *Le Monde*, mardi 7 mars 2000, p. 17.

rapports des dieux et, par ricochet, des humains. Le plus faible, le moins bien pourvu, celui qui apparaît au départ comme défavorisé, celui sur lequel on ne parierait pas un kopeck, celui-là peut l'emporter, à condition qu'il ne cherche pas à rivaliser avec la force brute mais qu'il utilise la ruse, la tromperie et au final la surprise. Métis rend possible la rencontre entre *tous les humains* sans que l'issue de cette rencontre ne soit écrite avant l'heure. Et elle donne à la rencontre entre l'homme et la femme une dimension nouvelle, spécifique de l'humanité : désormais, l'homme n'est plus sûr de l'emporter à tout coup, il peut se faire avoir par plus rusé que lui, il peut se faire prendre par surprise. Métis modifie radicalement la nature des rapports entre l'homme et la femme : un rapport de force, d'emprise et de violence devient une rencontre faite de tours et de contours, de torsades et d'esquives, de pièges et de trappes, de séduction et de tromperie, une relation dont l'issue n'est jamais garantie. Métis transforme le rapport physique de copulation en une relation psychique de séduction, le spasme copulatoire en une jouissance orgasmique. La ruse, la tromperie, la surprise, Métis, en un mot, donne à Gaia la libre disposition de son sillon, offre à Rhéa la libre jouissance de ses enfants. Métis libère la femelle de l'asservissement au mâle et met sur un pied d'égalité potentielle l'homme et la femme. Il faudra cependant que cette dernière parcoure un long chemin contourné pour y parvenir. Poros, enfant de Métis, est le chemin qui permet d'atteindre le terme du voyage : le bon *poros* est tout sauf la ligne droite : c'est l'itinéraire qui s'autorise les contours, les méandres nécessaires, qui sinue au milieu des difficultés mais qui permet d'arriver à bon port quelles que soient la direction capricieuse des vents et la force contraire des courants. Seule la métis du pilote lui permet de trouver ce bon chemin et lui évite de se précipiter dans la ligne droite, celle qui peut mettre le navire et ses occupants en danger. Éros est le fils de Poros, le petit-fils de Métis. Le chemin de l'amour est sinueux si ce n'est tortueux, et il convient d'être doué d'une métis certaine pour s'y engager. En amour le recours au seul rapport de force conduit à l'échec assuré. Par l'intervention de Métis, le rapport de jouissance s'ouvre en une relation sexuelle, là où, sans elle, le rapport d'emprise se clôt en scène de copulation. Métis établit l'égalité potentielle entre les humains (principe d'égalité qui n'a rien de naturel), tout comme, dans le monde animal, elle permet à certaines espèces de survivre : le renard, dont la ruse est l'arme essentielle pour tromper sa victime, le poulpe qui enserre sa proie dans ses tentacules informes, etc. Métis établit l'égalité mais en marquant la différence : c'est sa ruse. On ne peut être égaux qu'en étant différents, qu'en acceptant un écart entre soi et autrui, écart source de surprise, d'incertitude.

Ruse et tromperie ouvrent une brèche, un écart dans lequel la surprise s'engouffre. Ce n'est pas la surprise qui crée l'écart mais l'écart qui est la condition de la surprise. Quelque chose est attendu, une pensée est attribuée, une croyance est projetée, une stratégie est supposée, mais toutes ces anticipations s'avèrent vaines parce que ce qui se produit n'est pas exactement ce qui était prévu : un décalage surgit entre l'attente et la réalisation et désormais tout est possible, rien n'est écrit d'avance. La surprise est bien la condition de la liberté, c'est-à-dire d'un destin ouvert et incertain. Si, comme l'a écrit Jacques Monod, dans la sélection naturelle des gènes et des espèces, le hasard fut le complément de la nécessité, dans l'ordre humain la surprise est le complément indispensable de la force : ensemble, conjugués l'un à l'autre, le rapport de force et la relation de surprise rendent possible une rencontre humaine qui soit un échange affectif et pas simplement un rapport marchand.

Pour le psychologue, le psychiatre, le psychanalyste, voilà un enjeu complexe puisqu'il s'agit de se donner les moyens d'une rencontre dans un cadre qui reste professionnel. La rencontre humaine véritable, celle où chacun non seulement peut prendre la mesure de l'autre et la mesure de soi mais où, de cette différence, peut surgir un partage d'émotion, celle qui, par conséquent, peut apporter du changement, suppose l'émergence d'une surprise. En même temps tout dans une relation dite « professionnelle », c'est-à-dire une relation contractuelle, s'oppose à ce genre d'imprévu. Les cliniciens, sans exception, s'accordent à le reconnaître : la surprise est au cœur de la clinique, elle est la condition même d'une rencontre clinique. Dans le cours d'une thérapie, psychothérapie ou psychanalyse, la remarque du patient ou l'interprétation du thérapeute qui a des chances d'être mutative est toujours porteuse de surprise : quand le patient s'étonne de ce qu'il est en train de dire, quand il accepte de se laisser surprendre par les propos du thérapeute, alors la possibilité d'un changement de fond dans ses aménagements psychiques est envisageable. Quand patient et thérapeute ne font qu'emprunter des traces déjà écrites, rien de nouveau n'est à attendre, rien de nouveau ne peut advenir. Si du côté du patient, la difficulté est de s'abandonner à cette relation d'inconnu, du côté du clinicien, la difficulté est de renoncer au rapport à son savoir. La théorie fonctionne toujours comme un bouclier contre la surprise : protégé de son armure théorique, soutenu par celle-ci, le clinicien peut s'avancer face à son patient, il n'y a pas de risque à redouter. L'enclos est là, la catégorisation est prête, les phrases sont arrêtées : le patient n'a qu'à bien se tenir, il sera estampillé « dans les règles de l'art ». Si certains patients se trouvent rassurés d'être ainsi munis d'un viatique identitaire prêt à porter, d'autres se sentent floués et veulent autre chose : ils veulent découvrir, se découvrir :

se surprendre ? Toute théorie fonctionne comme une antisurprise et quand un clinicien fait de la théorie, *en présence du patient,* il résiste en fait aux effets d'incertitudes inhérents à toute rencontre humaine : il se protège. La théorie sert à fabriquer du « même ». Comme la queue du Mickey, la théorie est un objet insatisfaisant qui ne permet rien d'autre que de faire un tour de manège supplémentaire : dans l'après-coup de la rencontre le clinicien tente de se ressaisir pour une nouvelle rencontre... Travail inlassable et parfois épuisant qui se nourrit du masochisme bien tempéré* de chaque soignant. Avec ses amis et collègues, le clinicien peut enfin s'adonner au plaisir de sa théorie et reconstituer ses assises narcissiques : c'est à cela que servent les « séminaires »... et le travail d'écriture ! La théorie se reconstruit dans l'absence du patient, elle n'est pas faite pour être exhibée en sa présence ; c'est probablement ce qui explique le très faible nombre d'écrits sur la rencontre clinique prototypique, c'est-à-dire le premier entretien. Mais c'est dans le cours de ce premier entretien, disons pour ne pas être excessif des premiers entretiens, que les conditions d'une surprise clinique sont posées. Que le patient, ou les parents, le groupe familial acceptent cette surprise, que le consultant accepte de laisser la théorie devant la porte de son bureau, et alors une rencontre est possible qui pourra déboucher sur un travail psychothérapeutique véritable. Or si les uns comme les autres restent fermés à la surprise, il n'y aura rien à attendre de neuf, aucun changement à espérer.

Mais comment l'être humain peut-il accepter ainsi de se faire surprendre, de montrer ses faiblesses, sa vulné-

* Par « masochisme bien tempéré », nous signifions la capacité du consultant à toujours douter de lui-même comme de sa théorie sans pour autant renoncer ni à sa théorie ni au sentiment que, peut-être, il pourra être utile à ce patient.

rabilité, sa fragilité ? Par quelle magie peut-il supporter l'écart entre ce qu'il attend et ce qui advient ? Pourquoi n'est-il pas plus souvent persécuté par cette réalité humaine si changeante, si insaisissable, si trompeuse ? Certes il dépense beaucoup d'énergie, d'intelligence, de savoir à tenter d'anticiper les choses, de les prévoir, de s'y préparer. S'il n'est pas dupe, il sait que cette préparation non seulement est vaine, mais qu'elle se retourne contre lui en le privant de toute découverte possible. Ce nécessaire apprentissage des règles ne prémunit donc pas de la surprise. Peut-être même que le clinicien chevronné, tout en connaissant ses règles, sa théorie, attend d'un nouvel entretien la possibilité d'une surprise. Le scénario de la surprise repose sur cette attente, comme Reik l'avait montré. Il ne s'écrit pas le jour de la rencontre, il a été rédigé bien longtemps auparavant : par Métis à l'aube de l'humanité, par la mère et son bébé à l'aube de chaque vie. De quelle manière ? Par ces jeux de chatouilles, de petites bêtes qui montent, de coucou, de marionnettes, tous ces jeux au cours desquels la maman joue avec son bébé. Et que fait-elle ? Elle crée des règles, elle suscite des attentes et dès que son bébé les a comprises, qu'il s'excite d'attendre la main ou le doigt chatouilleux, elle le trompe, le surprend et en rit. Victime de sa mère, le bébé la regarde, étonné, surpris, puis devant la jubilation maternelle, lui aussi se met à rire : ils se serrent dans les bras l'un de l'autre. Une rencontre a eu lieu, des émotions ont été partagées. Pendant ces interactions brèves, qui en apparence ne servent à rien mais auxquelles peu de mères dérogent, quelque chose de très subtil s'est mis en place : un intense partage affectif qui se clôt par une tromperie et l'inscription d'un écart entre les deux partenaires. La mère n'est pas exactement là où son bébé l'attend, elle est juste à côté. Par cet effet de manquement, elle donne à son enfant les clefs de sa liberté : elle crée un espace de différenciation possible. Mère et bébé ne sont pas rigoureusement identiques, cette différence n'est pas nécessairement persécutrice, elle peut aussi être jubilatoire. En même temps, le visage, la prosodie de la mère expriment sans cesse de « fausses émotions », fausses gronderies, fausses colères, fausses préoccupations, faux étonnements ; de même quand le visage, la gestualité du bébé semblent exprimer une émotion, la mère la reprend et la commente de façon amplifiée, exagérée, déformée presque : le visage maternel est un miroir déformant, véritable miroir anamorphique dans lequel le bébé, grâce à cette différence, peut mieux se percevoir. Cet anamorphisme introduit entre les deux partenaires un écart qui n'est pas seulement la marque d'une perte, mais qui est d'abord et avant tout une promesse de rencontre. Se différencier, ce n'est pas se perdre, c'est plus simplement introduire un espace de manquement où l'altérité peut advenir, où la rencontre a désormais sa place. Prenant conscience, grâce à l'effet de surprise, de l'emprise dans laquelle il se trouve, le bébé acquiert les moyens de cette différenciation. Chemin faisant, la mère s'amuse de surprendre son enfant, elle y dérobe un plaisir relationnel que souvent elle tait mais dont elle garde confusément conscience : elle en jouit secrètement. Elle sait qu'elle excite son bébé, mais en le trompant elle transforme une excitation purement somatique en une excitation psychique : elle érotise le fonctionnement de l'âme après avoir érotisé celui du corps. Elle entrouvre pour son enfant la porte du labyrinthe tortueux des relations humaines, surtout celui des relations d'amour entre deux personnes. Sans lui dévoiler l'énigme de la séduction, elle lui en donne le script, lui fait toucher du doigt sa structure : désormais l'enfant aime les surprises et s'excite de l'écart entre ce qu'il attend et ce qui advient.

La surprise appartient au monde de l'enfance, puisqu'elle révèle l'état de dépendance et repose sur la délégation de confiance : c'est la position naturelle de l'enfant. Il aime être surpris parce que cette surprise impose un terme plein de sens à son excitation là où naturellement son corps impubère ne connaît, pour son excitation physiologique, d'autre fin que l'épuisement. C'est pourquoi le but essentiel des soins corporels chez un enfant est de parvenir à l'apaisement, tandis que la surprise donne à l'enfant les possibilités d'une excitation psychique. La puberté va modifier radicalement cet état de choses ; désormais, la surprise habite le corps lui-même. L'adolescent est soudain confronté à quelque chose en lui qui peut le surprendre : une sexualité encore inconnue, qu'il ne s'est pas vraiment appropriée. Il ne tolère plus, au moins temporairement, d'être surpris parce que cette surprise externe vient redoubler une surprise interne : c'en est trop ! Du jour où l'individu entre dans la maturité sexuelle, du jour où l'orgasme est possible, la surprise devient menace potentielle. Comme Zeus, l'homme ou la femme qui a avalé sa sexualité porte désormais Métis en lui ou en elle : l'adulte se méfie. Passage essentiel que celui-ci : en gardera-t-il une défiance permanente qui peut le conduire à la solitude, acceptera-t-il de parfois « se faire avoir » comme condition d'une rencontre ? Chaque être humain négocie cet enjeu avec ses arguments. Nous pensons qu'avoir longtemps joué dans son enfance rend plus tolérable cette incertitude relationnelle effective.

Comme les adultes dans leur majorité, nos sociétés n'aiment pas les surprises. Apparemment, celles-ci viennent toujours troubler l'ordre établi : la surprise, c'est l'empêchement de pouvoir planifier en paix, d'anticiper avec sécurité, de se protéger à moindre frais. Plus que par le passé, nos sociétés contractuelles donnent l'impression de tout faire pour chasser le retour des surprises. Le contrat est là pour « se garantir » mais que vienne la catastrophe et il n'est pas rare que, surprise, la clause de bas de page, l'alinéa en petits caractères fassent sortir du contrat la catastrophe en question. Le plus souvent, les contrats « ne scellent pas une alliance entre égaux, mais organisent l'exercice d'un pouvoir. [...] Le propre des contrats de dépendance est d'assujettir l'activité d'une personne aux intérêts d'une autre[2] ». Une société contractuelle ne risque-t-elle pas de devenir une société d'asservissement ? Vouloir évacuer la surprise de la communauté des hommes, n'est-ce pas laisser le champ libre à l'emprise, à la violence fondamentale ? Vouloir tuer Métis, n'est-ce pas subtilement donner au plus fort, au plus riche, au plus puissant une emprise définitive sur le plus faible, le plus pauvre, le plus démuni si ce dernier est pris dans les rets d'un contrat de subordination ?

Toute société sait qu'elle doit tolérer en elle une part de Métis pour que la vie s'y maintienne : sans surprise, ni ruse, ni tromperie comme contrefort au rapport d'emprise, la violence triompherait et avec elle le dépérissement rapide au profit d'une minorité d'oligarques cramponnés à leur trône. Il faut donc de la surprise pour réintroduire du nouveau, pour créer cet écart fondateur de la vie, pour provoquer de la pagaille. Toute société possède donc son « arène à Métis » où la surprise, l'incertitude, les jeux de tromperie, les ruses peuvent fonctionner à nu sans le paravent d'une rationalisation factice. Donnons quelques exemples : la Bourse est l'arène à Métis des sociétés capitalistes, le combat sportif celle des sociétés totalitaires, les élections celle des sociétés démocratiques... Bourse, sport et élections, trois enjeux sociaux qui apparaissent d'autant plus excitants que le résultat n'est jamais acquis, que malgré toutes les connaissances accumulées, la dimension d'incertitude l'emporte toujours, que le petit peut parfois

2. A. Supiot, *op. cit.*

triompher du gros. Trois activités où fleurissent les prédictions de professionnels appropriés, économistes distingués, journalistes spécialisés, politologues avertis. Il arrive qu'on les appelle plus familièrement « gourous », ce qui témoigne de l'inscription dans l'archaïque de nos inconscients pour tout ce qui se lie à leurs oracles. Nul n'est dupe. Ce qui est excitant, c'est l'incertitude parce que cela peut remettre en cause l'ordre établi : l'intensité du plaisir et la valorisation de l'activité en question sont à la mesure des valeurs officielles de chaque type de sociétés. Dans une société capitaliste, le plus excitant, c'est l'incertitude sur le capital, dans une société totalitaire, c'est l'incertitude sur le combat, dans une société démocratique, c'est l'incertitude sur le pouvoir. Plus le résultat est acquis, moins l'activité suscite d'intérêt ; plus la surprise est à la clef, plus l'attention de tous s'y attache. Une valeur boursière sûre, une élection « gagnée d'avance », un match sans enjeu ennuient tout le monde : on s'en détourne. Que le Dow Jones ou le CAC 40 frétillent, que les Français donnés perdants triomphent des All Blacks, que les socialistes l'emportent aux élections législatives des 25 mai et 1er juin 1997, alors la société s'en empare, commente l'« événement », multiplie les interprétations et les prédictions sur le passé.

Les médias ont fait de Métis une reine absolue. Il est étonnant de constater que la surprise reste encore à ce point dans l'ombre. Probablement parce que nous sommes toujours comme ces nourrissons qui attendent l'excitation tout en la redoutant un peu, qui aiment que cela se reproduise mais qui espèrent aussi que cela change : la surprise est au cœur de notre ambivalence.

NOTES

I. La surprise, cette inconnue

1. Dictionnaire Robert.

2. Ou encore : *La surprise de la poule grise* (G. Petit), *La surprise de Monsieur Curieux* (R. Hargreaves), *La surprise de Monsieur Lapin* (St. Cowley), *La surprise de papillon* (Hemma), *La surprise de petite baleine* (A. Bröger), *La surprise du baron* (C. et B. Paterson), *La surprise du petit canard* (J.P. Miller), *La surprise est dans l'armoire* (V. Willis), *Une surprise pour Babar* (L. de Brunhoff), *Une surprise pour Belle* (W. Disney), *Une surprise pour Gigi* (R. Fijtö), *Une surprise pour grand-maman* (F. Brandenberg), *Une surprise pour grand-père* (C. Evenard-Palmer), *Une surprise pour Monsieur Grand* (R. Hargreaves), *Une surprise pour petit dragon* (K. Baumgard), *Une surprise pour Ralette* (J. et J. Guion), *Une surprise pour Sophie* (D. King Smith), *Les surprises de Boud* (E. Brain), *Les surprises du Père Noël* (P. de Bourgoing), *Des surprises pour Cachou* (M. Inkpen).

3. Le 19 janvier 2000 : 3615 code Électre, recherche de l'item « surprise » (l'interrogation d'Internet le même jour apporte moins de données).

4. PUF.

5. PUF. Au tome 2, pas d'item sur la surprise.

6. Flammarion.

7. Flammarion.

8. Larousse.

9. *Psychologie cognitive* de P. Lemaire (De Boeck) ou encore l'ouvrage pédagogique *L'homme cognitif* de A. Weil-Barrais (PUF) ou le *Traité de psychologie cognitive* sous la direction de R. Ghiglione, Cl. Bonnet, J.-F. Richard (Dunod).

10. Mardaga, Bruxelles, 1999.

11. Rien dans le manuel *Psychiatrie* de D. Guelfi (PUF), ni dans le *Manuel alphabétique de psychiatrie* de A. Porot (PUF), ni dans le *Traité de psychopathologie* de D. Widlöcher (PUF).

12. PUF.

13. PUF. Rien non plus dans *Psychiatrie de l'enfant et de l'adolescent* de P. Ferrari et C. Epelbaum (Flammarion). Le volumineux *Nouveau traité de psychiatrie de l'enfant et de l'adolescent* en quatre volumes de S. Lebovici, R. Diatkine et M. Soulé (PUF) n'est pas plus explicite, qui semble même ne pas citer une seule fois le mot surprise dans ses 3 141 pages ! Et dans *Enfance et psychopathologie* (Masson), je n'ai moi-même cité la surprise qu'une fois à propos des jeux mère-bébé (p. 210).

14. PUF, Paris, 1968.

15. Fayard, Paris, 1997.

16. PUF, Paris, 1996.

17. *Ibid.*, p. 151.

18. T. Reik, *Le psychologue surpris*, Denoël, Paris, 1976, p. 81.

19. A. de Mijolla et S. de Mijolla-Mellor, *op. cit.*, p. 163.

20. S. Freud, *Standard Edition*, Index, vol. 24, Hogarth Press, Londres, 1974.

21. S. Freud et J. Breuer (1895), *Études sur l'hystérie*, traduction A. Berman, PUF, Paris, 1967.

22. *Ibid.*, p. 49.

23. S. Freud (1919), *Au-delà du principe de plaisir*, in *Essais de psychanalyse*, nouvelle traduction de P. Cotet, A. Bourguignon et A. Cherki, Payot, Paris, 1983, p. 51-56.

24. J. Piaget et B. Inhelder, *Le jeu chez l'enfant*, PUF, coll. Que sais-je ?, Paris, 1966, p. 48.

25. D.W. Winnicott (1941), « L'observation des jeunes enfants dans une situation établie », in *De la pédiatrie à la psychanalyse*, Payot, Paris, 1969, p. 270-273.

II. Jeux de règle, jeux de surprise

1. M. Myquel, « Jeu et développement », in : *Le jeu, l'enfant*, Expansion scientifique française, Paris, 1984, p. 142.

2. *Le Monde*, 1er avril 2000, p. 27.

3. J. Huizinga, *Homo Ludens*, Gallimard, Paris, 1951.

4. E.H. Erikson, *Enfance et société*, Delachaux et Niestlé, Neuchâtel, 1959.

5. J. Piaget, *La formation du symbole chez l'enfant*, Delachaux et Niestlé, Neuchâtel, 1945 ; 2e édition, 1964.

6. S. Millar, *La psychologie du jeu chez les animaux et chez les enfants*, Payot, Paris, 1968.

7. J. Château, *L'enfant et le jeu*, Éditions du Scarabée, Paris, 1967.

8. R. Caillois, *Les jeux et les hommes*, Gallimard, Paris, 1958.

9. A. Freud, *Le normal et le pathologique chez l'enfant*, Gallimard, Paris, 1968.

10. M. Klein, « Les principes psychologiques de l'analyse des jeunes enfants », in *Essais de psychanalyse*, Payot, Paris, 1972, p. 166-167.

11. *Ibid.*

12. D.W. Winnicott, *Jeu et réalité*, Gallimard, Paris, 1975, p. 71.

13. D.W. Winnicott, « Objets transitionnels et phénomènes transitionnels » (1951-1953), in *De la pédiatrie à la psychanalyse*, Payot, Paris, 1969, p. 109-125.

14. D.W. Winnicott, *La consultation thérapeutique de l'enfant*, trad. Cl. Monod, Gallimard, Paris, 1971.

15. M. Hurtig et J.A. Rondal, *Manuel de psychologie de l'enfant*, Mardaga, Bruxelles, 1986.

16. J.A. Rondal et E. Espéret, *op. cit.*

17. Dont la première édition est parue aux États-Unis en 1986, la quatrième en 1995 et la traduction française, chez Flammarion, en 1997.

18. D.W. Winnicott, *La consultation thérapeutique de l'enfant*, *op. cit.*, p. 72. Souligné par Winnicott.

19. Cité par G. Delaisi de Parseval et S. Lallemand, *L'art d'accommoder les bébés*, Seuil, Paris, 1980.

20. Que nous avons décrit en détail in « Le rôle des microrythmes et des macrorythmes dans l'émergence de la pensée chez le nourrisson », *Psychiatrie de l'enfant*, 1992, 35, 1, p. 57-82.

21. L.A. Sroufe et E. Waters, « The ontogenesis of smiling and laughter : a perspective on the organisation of development in infancy », *Psychosocial Review*, 1976, 83, p. 173-189.

22. J. de Ajuriaguerra, *Séminaire du Collège de France*, année 1981-1982.

23. D. Stern, « Les bébés et la musique : réflexion sur les aspects temporels de l'expérience quotidienne d'un nourrisson », *Journal de psychanalyse de l'enfance*, 1998.

24. *Ibid.*, p. 101.

25. C. Trevarthen, « Les racines du langage avant la parole », *Devenir*, 1997, 9, 3. Souligné par nous.

26. *Ibid.*

27. *Ibid.*

III. Une figure mythologique de la surprise

1. M. Detienne et J.-P. Vernant, *Les ruses de l'intelligence : la métis des Grecs*, Flammarion, Paris, 1974.
2. *Ibid.*, p. 68.
3. *Ibid.*, p. 71.
4. *Prométhée enchaîné.*
5. M. Detienne et J.-P. Vernant, *op. cit.*, p. 63.
6. Dont Detienne et Vernant nous disent qu'il occupe dans le récit d'Apollodore la même place que Métis chez Hésiode ou Prométhée chez Eschyle. *Ibid.*, p. 119.
7. *Ibid.*, p. 29.
8. Apollodore, cité par M. Detienne et J.-P. Vernant, *ibid.*, p. 74.
9. *Ibid.*, p. 110.
10. *Ibid.*, p. 114.
11. *Ibid.*, p. 30-31.
12. *Ibid.*, p. 218-219.
13. M. Meunier, *La légende dorée des dieux et des héros*, Albin Michel, Paris, 1945.
14. M. Detienne et J.-P. Vernant, *op. cit.*, p. 296.
15. *Ibid.*, p. 119-120. Souligné par nous.

IV. Surprise, emprise et manquement maternel

1. Cf. R. Roussillon, « Un paradoxe de la représentation : le médium malléable et la pulsion d'emprise » (1988), in *Paradoxes et situations limites de la psychanalyse*, PUF, Paris, 1991, p. 130-146.
2. D.W. Winnicott, « La préoccupation maternelle primaire » (1956), in *De la pédiatrie à la psychanalyse*, Payot, Paris, 1969, p. 168-174.
3. J. Laplanche et J.-B. Pontalis, *op. cit.*
4. I. Hermann, « Clinging/going insearch », *The Psychoanalytic Quarterly*, 1976, 35, p. 5-36.
5. I. Hendric, « Instinct and the ego during infancy », *The Psychoanalytic Quarterly*, 1942, II, p. 33-58, et « The discussion of the "instinct to master" », *The Psychoanalytic Quarterly*, 1943, 12, p. 561-565.
6. R. Dorey, « La relation d'emprise », *Nouvelle revue de psychanalyse*, 1981, 24, p. 117-140.
7. P. Denis, *Emprise et satisfaction, les deux formants de la pulsion*, PUF, Paris, 1997.
8. S. Freud (1905), *Trois essais sur la théorie sexuelle*, Gallimard, Paris, 1962.

9. J. Laplanche, *Entre séduction et inspiration : l'homme*, PUF, Paris, coll. Quadrige, 1999.

10. P. Denis, *op.cit.*

11. J. Bergeret, « La violence fondamentale », *Revue française de psychanalyse*, 1981, 65, 6, p. 1335-1350.

12. W. Sofsky, *Traité de la violence*, Gallimard, Paris, 1996, p. 64.

13. J. Gillibert, « De l'objet pulsionnel de la pulsion d'emprise », *Revue française de psychanalyse*, 1982, 66, 6, p. 1211-1243.

14. Comme l'écrit P.M. Brinich dans « Rituals and meanings. The emergence of mother-child communication », *Psychoanalytic Study Child*, 1982, 37, p. 3-13, traduction française in revue *Lieux de l'enfance*, 1986, 5, p. 57-66. On y reviendra p. 132.

15. D. Stern, *Le monde interpersonnel du nourrisson*, PUF, Paris, 1985.

16. A.N. Meltzoff et M.K. Moore, « Imitation of facial and manual gestures by human neonates », *Science*, 1977, 198, p. 75-78. Et A.N. Meltzoff et R.W. Borton, « The origin of imitation in infancy : paradigm, phenomena and theories », in L.P. Lipsitt (éd.), *Advances in Infancy Research*, Norwood N.J., Ablex, 1983, vol. 1, p. 265-301.

17. D. Marcelli, J. Nadel, J.L. Roubira, A. Peze, C. Kervella, A. Paget, S. Boinard, D. Reserbat-Plantey et A. Lorthiois, « Interactions mère déprimée-bébé (âgé de 2 mois). Étude à partir d'un protocole vidéoscopique en direct et en différé », *Psychiatrie de l'enfant*, 1997, 40, 2, p. 505-531.

18. P. Denis, *op.cit.*, p. 117.

19. Cf. D. Marcelli, « De l'hallucination d'une présence à la pensée d'une absence : à propos du rôle de l'absence dans les relations d'objet précoce », in *Psychiatrie de l'enfant*, 1985, 28, 2, p. 403-440, et « Le rôle des microrythmes et des macrorythmes dans l'émergence de la pensée chez le nourrisson », *op. cit.* Et en collaboration avec A. Paget, et P. Blossier, « Les origines du travail de penser entre mère et bébé », *Psychiatrie de l'enfant*, 1996, 39, 1, p. 5-40.

20. B. Lalande, Notice, in *Racine, Andromaque*, Larousse classique, Paris, 1988.

21. Commentaire de Y. Hucher pour la notice de *Molière, Le malade imaginaire*, Larousse classique, Paris, 1983.

V. Séduction, énigme et surprise

1. J. Laplanche, *Nouveaux fondements pour la psychanalyse*, PUF, Paris, coll. Quadrige, 1987, p. 109.

2. S. Freud (1933), *Nouvelles conférences sur la psychanalyse*, Gallimard, Paris, 1983, p. 162.
3. P.-C. Racamier, *Antœdipe et ses destins*, Apsygée, Paris, 1989, p. 89.
4. J. Laplanche, *Nouveaux fondements pour la psychanalyse*, *op. cit.*, p. 125.
5. *Ibid.*, p. 127.
6. *Ibid.*, p. 102.
7. *Dictionnaire historique de la langue française*, 1992.
8. M. Detienne et J.-P. Vernant, *op. cit.*, p. 291.
9. P. Denis, *op. cit.*, p. 175.
10. M. Detienne et J.-P. Vernant, *op. cit.*, p. 290.
11. *Ibid.*, p. 290.
12. J. Laplanche, *Nouveaux fondements pour la psychanalyse*, *op. cit.*, p. 125.
13. S. Lebovici, *Le nourrisson, la mère et le psychanalyste*, Le Centurion, Paris, 1983, p. 185.
14. D. Stern, *Le monde interpersonnel du nourrisson*, *op. cit.*
15. M. Detienne et J.-P. Vernant, *op. cit.*, p. 291.

VI. Répétition et nouveauté, la surprise dans le rythme

1. Cf. J. Cain, *Temps et psychanalyse*, Privat, Toulouse, 1982 ; C. Botella et S. Botella, « La problématique de la régression formelle de la pensée et de l'hallucination », in *La psychanalyse : questions pour demain*, Colloque de la SPP, Unesco, 14-15 janvier 1989, PUF, Paris, 1990, p. 63-90 ; J. Le Beuf, « De "L'homme Moïse" à l'"Esquisse", contribution à l'étude de la conception freudienne de la pensée », *Adolescence*, 1991, 9, 1, p. 173-187. Cités in D. Marcelli, « Le rôle des microrythmes et des macrorythmes dans l'émergence de la pensée chez le nourrisson », *op. cit.*
2. R. Jaïtin, « L'étayage groupal dans la petite enfance », *Journal de psychanalyse de l'enfance*, 1998, 23, p. 179-195.
3. *Ibid.*
4. H. Meschonnic, *Critique du rythme. Anthropologie historique du langage*, Verdier, Paris, 1990.
5. H. Morier, *Dictionnaire de poétique et de rhétorique*, PUF, Paris, 1975. Souligné par nous.
6. H. Meschonnic, *op. cit.*, p. 216-217.
7. *Ibid.*, p. 100.
8. *Ibid.*, p. 85.
9. *Ibid.*, p. 71.
10. P.M. Brinich, *op. cit.*

11. T. Brazelton, « Comportement et compétence du nouveau-né », *Psychiatrie de l'enfant*, 1981, 24, 2, p. 378-396.
12. J. Bruner (1973), *Savoir-faire, savoir dire*, trad. fr., PUF, 1983.
13. D. Marcelli, « De l'hallucination d'une présence à la pensée d'une absence : à propos du rôle de l'absence dans les relations d'objet précoce », *op. cit.*
14. J. Bruner, *op.cit*, p. 93.
15. *Ibid.*, p. 90.
16. J. Sutter, *L'anticipation*, PUF, Paris, 1993.
17. P. Chaunu, *Histoire et décadence*, Perrin, Paris, 1981, p. 31-32.
18. S. Freud (1895), *Naissance de la psychanalyse*, PUF, Paris, 1973. Souligné par Freud.
19. Le Beuf, *op.cit.*
20. J. Cain, *op.cit.*
21. Comme le précisent L.A. Sroufe et E. Waters, *op. cit.*
22. J. Puget, « Relation d'objet-lien : du même ou du différent », *Journal de psychanalyse de l'enfance*, 1998, 23, p. 41-52.
23. R. Jaïtin, *op.cit.*
24. D. Marcelli, « Le rôle des microrythmes et des macrorythmes dans l'émergence de la pensée chez le nourrisson », *op.cit.*

VII. Incertitude, surprise et cognition

1. M. Ricard, L. Cossette et Th. Gouin-Decarie, « Développement social et affectif », in J.A. Rondal et E. Espéret, *op. cit.*
2. Voir sur ce sujet R. Lécuyer, *op.cit.*, ou F. Jouen et A. Henocq, *Du nouveau-né au nourrisson*, PUF, Paris, 1991.
3. A. Comblain, « Développement de la mémoire », in J.A. Rondal et E. Espéret, *op. cit.*, p. 309-341.
4. Cohen cité par R. Lécuyer, *op. cit.*
5. *Ibid.*, p. 113.
6. *Ibid.*, p. 201.
7. Cf. D. Stern, « Les bébés et la musique : réflexion sur les aspects temporels de l'expérience quotidienne d'un nourrisson », *Journal de psychanalyse de l'enfance*, 1998, 23, p. 88-112.
8. O. Houdé, *Rationalité, développement et inhibition*, PUF, Paris, 1995.
9. C. Tourrette, « Apprentissage du monde, interactions sociales et communications », in J.A. Rondal et E. Espéret, *op. cit.*, p. 455. Souligné par nous.
10. J. Laplanche, *Entre séduction et inspiration : l'homme*, *op. cit.*, p. 52.

11. *Elle*, du 24 janvier 2000, dossier sur l'ego attitude.
12. S. Lebovici, *op. cit.*, p. 184.
13. J. de Ajuriaguerra, communication personnelle.
14. J. Requin, « Information et incertitude dans la préparation à l'action », *Nervure*, 1991, 4, hors série, p. 25-35.
15. F. Orsini-Bouichou, M. Hurtig, J.-L. Paour, P. Planche, « Une méthode d'apprentissage destinée à analyser les relations entre développement et fonctionnement cognitif », in *Développement et fonctionnement cognitif chez l'enfant*, G. Netchine-Grynberg (dir.), PUF, 1990. Souligné par nous.
16. C. Tourrette, *op.cit.*, p. 468. Souligné par nous.
17. Cf. J.W. Astington, V.M. Jenkins, « Theory of mind development and social understanding », *Cognition et Emotion*, 1995, 9, p. 151-165.
18. D. Premack et G. Woodruff, « Does the chimpanzee have a theory of mind ? », *Behavioural and Brain Sciences*, 1978, 4, p. 515-526.
19. C. Tourrette, *op.cit.*, p. 467.

VIII. L'adolescent surpris par son corps

1. Chloë, 21 ans, interviewée dans « Sexe et ados », *Marie France*, mars 2000, p. 62.
2. M. Cl. Tréglia, *ibid.*, p. 64.
3. In S. Freud, *Trois essais sur la théorie de la sexualité, op. cit.*
4. Ph. Gutton, *Le pubertaire*, PUF, Paris, 1991 ; Ph. Gutton, « Le pubertaire, ses sources, son devenir », in *Adolescence et psychanalyse : une histoire*, Delachaux et Niestlé, Lausanne, 1997, p. 193-212.
5. *Ibid.*
6. M. Laufer et E. Laufer, *Adolescence et rupture du développement*, PUF, Paris, 1989.
7. E. Kestemberg, « Notule sur la crise de l'adolescence : de la déception à la conquête », *Revue française de psychanalyse*, 1980, 44, p. 523-530.

IX. La surprise dans la clinique

1. T. Reik, *op. cit.*
2. É. Roudinesco et M. Plon, *op. cit.*
3. T. Reik, *op.cit.*, p. 81.
4. *Ibid.*, p. 84.
5. A. de Mijolla et S. de Mijolla-Mellor, *op. cit.*. Souligné par nous.
6. T. Reik, *op. cit.*, p. 252.

7. A de Mijolla et S. de Mijolla-Mellor, *op. cit.*, p. 153.
8. E.-M. Golder, *Au seuil de l'inconscient : le premier entretien*, Payot et Rivages, Paris, 1996.
9. *Ibid.*, p. 14.
10. *Ibid.*, p. 188.
11. *Ibid.*, p. 189. Souligné par nous.
12. *Ibid.*, p. 198.
13. *Ibid.*, p. 213.
14. *Ibid.*, p. 227. Souligné par nous.
15. *Ibid.*, p. 236-237. Souligné par nous.
16. L. Bataille, *L'ombilic du rêve*, Seuil, Paris, 1987, citée par Eva-Marie Golder.
17. Collectif, sous la direction de J.-A. Miller, *Le conciliabule d'Angers : effets de surprise dans les psychoses*, Agalma, Le Seuil dif., Paris, 1997.
18. *Ibid.*, p. 9-10.

X. Des mères sans surprise ?

1. J. Dayan, « Dépression du post-partum », in *Psychopathologie de la périnatalité*, Masson, Paris, 1999, p. 67-122.
2. A. Green, *Narcissisme de vie, narcissisme de mort*, Éditions de Minuit, Paris, 1983.
3. Cf. J. de Ajuriaguerra, *op. cit.*
4. D. Marcelli, J. Nadel, J.L. Roubira, A. Peze, C. Kervella, A. Paget, S. Boisnard, D. Réserbat-Plantey et A. Lorthiois, *op. cit.*
5. C. Tourrette, D. Marcelli, S. Boinard, M.A. Kasolter, V. Barbe et M.F. Crete, « Des interactions comportementales dans la première année, aux interactions verbales à 3 ans : les dyades mère déprimée-bébé se distinguent-elles des autres ? », *Psychiatrie de l'enfant*, 2000, à paraître.
6. Cf. études de Murray, de Cogill, de Hay et Kumar, de Scharp, etc.
7. D. Marcelli, C. Tourrette, M.A. Kasolter-Pere et S. Boinard, « Une mère déprimée observe son bébé : étude sur la recherche d'indices comportementaux différentiateurs de mères déprimées et de mères témoins dans la période néonatale », *Psychiatrie de l'enfant*, 2000, à paraître.
8. S. Stonehouse et J. Uzé, « De la référence à la polysémie, approche cognitivo-linguistique », *Neuropsy. Enf. Ado*, 1999, 7, 1-2, p. 50-53.
9. J.-M. Gauthier, *L'enfant malade de sa peau*, Dunod, Paris, 1993.

10. *Ibid.*, p. 177.
11. *Ibid.*, p. 178. Pour les diverses citations ci-après : souligné par nous.
12. *Ibid.*, p. 120.
13. *Ibid.*, p. 121.
14. *Ibid.*, p. 122.
15. *Ibid.*, p. 123.
16. *Ibid.*, p. 127.
17. *Ibid.*, p. 128.
18. *Ibid.*, p. 129.

Conclusion : Vers une société sans surprise ?

1. A. Supiot, *Le Monde*, mardi 7 mars 2000, p. 17.
2. *Ibid.*

BIBLIOGRAPHIE

AJURIAGUERRA J. de : *Séminaire du Collège de France*, année 1981-1982.

ASTINGTON J.W. et JENKINS V.M. : « Theory of mind development and social understanding », *Cognition et Émotion*, 1995, 9, p. 151-165.

BATAILLE L. : *L'ombilic du rêve*, Seuil, Paris, 1987.

BERGERET J. : « La violence fondamentale », *Revue française de psychanalyse*, 1981, 65, 6, p. 1335-1350.

BOTELLA C. et BOTELLA S. : « La problématique de la régression formelle de la pensée et de l'hallucination », in *La psychanalyse : questions pour demain*, Colloque de la SPP, Unesco, 14-15 janvier 1989, PUF, Paris, 1990, p. 63-90.

BRAZELTON T. : « Comportement et compétence du nouveau-né », *Psychiatrie de l'enfant*, 1981, 24, 2, p. 378-396.

BRINICH P.M. : « Rituals and meanings. The emergence of mother-child communication », *Psychoanalytic Study Child*, 1982, 37, p. 3-13, traduction française in *Lieux de l'enfance*, 1986, 5, p. 57-66.

BRUNER J. (1973) : *Savoir-faire, savoir dire*, trad. fr., PUF, Paris, 1983.

CAILLOIS R. : *Les jeux et les hommes*, Gallimard, Paris, 1958.

CAIN J. : *Temps et psychanalyse*, Privat, Toulouse, 1982.

CHATEAU J. : *L'enfant et le jeu*, Éditions du Scarabée, Paris, 1967.

CHAUNU P. : *Histoire et décadence*, Perrin, Paris, 1981.

Collectif, sous la direction de J.-A. MILLER : *Le conciliabule d'Angers : effets de surprise dans les psychoses*, Agalma, Le Seuil dif., Paris, 1997.

COMBLAIN A. : « Développement de la mémoire », in RONDAL J.A. et ESPÉRET E., p. 309-341.

DAYAN J. : « Dépression du post-partum », in *Psychopathologie de la périnatalité*, Masson, Paris, 1999, p. 67-122.

DENIS P. : *Emprise et satisfaction, les deux formants de la pulsion*, PUF, Paris, 1997.

DETIENNE M. et VERNANT J.-P. : *Les ruses de l'intelligence : la métis des Grecs*, Flammarion, Paris, 1974.

DOREY R. : « La relation d'emprise », *Nouvelle Revue de psychanalyse*, 1981, 24, p. 117-140.

ERIKSON E.H. : *Enfance et société*, Delachaux et Niestlé, Neuchâtel, 1959.

FREUD A. : *Le normal et le pathologique chez l'enfant*, Gallimard, Paris, 1968.

FREUD S. (1895) : *Naissance de la psychanalyse*, PUF, Paris, 1973.

FREUD S. (1905) : *Trois essais sur la théorie de la sexualité*, Gallimard, Paris, 1962.

FREUD S. (1919) : « Au-delà du principe de plaisir », in *Essais de psychanalyse*, nouvelle traduction de P. Cotet, A. Bourguignon et A. Cherki, Payot, Paris, 1983, p. 51-56.

FREUD S. (1933) : *Nouvelles conférences sur la psychanalyse*, Gallimard, Paris, 1983, p. 162.

fREUD s. : *Standard Edition*, Index, vol. 24, Hogarth Press, Londres, 1974.

FREUD S. et BREUER J. (1895) : *Études sur l'hystérie*, trad. A. Berman, PUF, Paris, 1967.

GAUTHIER J.-M. : *L'enfant malade de sa peau*, Dunod, Paris, 1993.

GILLIBERT J. : « De l'objet pulsionnel de la pulsion d'emprise », *Revue française de psychanalyse*, 1982, 66, 6, p. 1211-1243.

GOLDER E.-M. : *Au seuil de l'inconscient : le premier entretien*, Payot et Rivages, Paris, 1996.

GREEN A. : *Narcissisme de vie, narcissisme de mort*, Éditions de Minuit, Paris, 1983.

GUTTON Ph. : *Le pubertaire*, PUF, Paris, 1991.

GUTTON Ph. : « Le pubertaire, ses sources, son devenir », in *Adolescence et psychanalyse, une histoire,* Delachaux et Niestlé, Lausanne, 1997.

HENDRICK I. : « Instinct and the ego during infancy », *The Psychoanalytic Quarterly*, 1942, II, p. 33-58.

HENDRICK I. : « The discussion of the “instinct to master” », *The Psychoanalytic Quarterly*, 1943, 12, p. 561-565.

HERMANN I. (1935) : « clinging/going-insearch », *The Psychoanalytic Quarterly*, 1976, 35, p. 5-36.

HUCHER Y. : Notice, in *Molière, Le malade imaginaire*, Larousse classique, Paris, 1983.

HUIZINGA J. : *Homo Ludens*, Gallimard, Paris, 1951.

HURTIG M., RONDAL J.A. : *Manuel de psychologie de l'enfant*, Mardaga, Bruxelles, 1986.

JAÏTIN R. : « L'étayage groupal dans la petite enfance », *Journal de psychanalyse de l'enfance*, 1998, 23, p. 179-195.

JOUEN F., HÉNOCQ A. : DU NOUVEAU-NÉ AU NOURRISSON, PUF, PARIS, 1991.

KESTEMBERG E. : « Notule sur la crise de l'adolescence : de la déception à la conquête », *Revue française de psychanalyse*, 1980, 44, p. 523-530.

KLEIN M. : « Les principes psychologiques de l'analyse des jeunes enfants », in *Essais de psychanalyse*, Payot, Paris, 1972.

LALANDE B. : Notice, in *Racine, Andromaque*, Larousse classique, Paris, 1988.

LAPLANCHE J. : *Entre séduction et inspiration : l'homme*, PUF, Paris, coll. Quadrige, 1999.

LAPLANCHE J. : *Nouveaux fondements pour la psychanalyse*, PUF, Paris, coll. Quadrige, 1987.

LAPLANCHE J. et PONTALIS J.-B. : *Vocabulaire de la psychanalyse*, PUF, Paris, 1968.

LAUFER M., LAUFER E. : *Adolescence et rupture du développement*, PUF, Paris, 1989.

LE BEUF J. : « De “l'homme Moïse” à l'“Esquisse”, contribution à l'étude de la conception freudienne de la pensée », *Adolescence*, 1991, 9, 1, p. 173-187.

LEBOVICI S. : *Le nourrisson, la mère et le psychanalyste*, Le Centurion, Paris, 1983.

LÉCUYER R. : *Bébés astronomes, bébés psychologues*, Mardaga, Bruxelles, 1989.

MARCELLI D. : « De l'hallucination d'une présence à la pensée d'une absence : à propos du rôle de l'absence dans les relations d'objet précoce », *Psychiatrie de l'enfant*, 1985, 28, 2, p. 403-440.

MARCELLI D. : « Le rôle des microrythmes et des macrorythmes dans l'émergence de la pensée chez le nourrisson », *Psychiatrie de l'enfant*, 1992, 35, 1, p. 57-82.

MARCELLI D. : « La dépression dans tous ses états. Du nourrisson à l'adolescent... et après » (2e partie) : Le nourrisson. *Neuropsychiatrie de l'enfance et de l'adolescence*, 1999, 47, n° 1-2, p. 1-11.

MARCELLI D. : *Enfance et psychopathologie*, 6e édition, Masson, coll. Les âges de la vie, Paris, 1999.

MARCELLI D., PAGET A. et BLOSSIER P. : « Les origines du travail de penser entre mère et bébé », *Psychiatrie de l'enfant*, 1996, 39, 1, p. 5-40.

MARCELLI D., NADEL J., ROUBIRA J.L., PEZE A., KERVELLA C., PAGET A., BOINARD S., RÉSERBAT-PLANTEY D. et LORTHIOIS A. : « Interactions mère déprimée-bébé (âgé de 2 mois). Étude à partir d'un protocole vidéoscopique en direct et en différé », *Psychiatrie de l'enfant*, 1997, 40, 2, p. 505-531.

MARCELLI D. et BRACONNIER A. : *Adolescence et psychopathologie*, 5e édition, Masson, coll. Les âges de la vie, Paris, 1999.

MARCELLI D. et ALVIN P. : *Médecine de l'adolescent*, Masson, Paris, 2000.

MARCELLI D., TOURRETTE C., KASOLTER-PERE M.A. et BOINARD S. : « Une mère déprimée observe son bébé : étude sur la recherche d'indices comportementaux différentiateurs de mères déprimées et de mères témoins dans la période néonatale », *Psychiatrie de l'enfant*, 2000, à paraître.

MELTZOFF A.N. et BORTON R.W. : « The origin of imitation in infancy : paradigm, phenomena and theories », in L.P. Lipsitt (éd.), *Advances in Infancy Research*, Norwood N.J., Ablex, 1983, vol. 1, p. 265-301.

MELTZOFF A.N. et MOORE M.K. : « Imitation of facial and manual gestures by human neonates », *Science*, 1977, 198, p. 75-78.

MESCHONNIC H. : *Critique du rythme. Anthropologie historique du langage*, Verdier, Paris, 1990.

MEUNIER M. : *La légende dorée des dieux et des héros*, Albin Michel, Paris, 1945.

MIJOLLA A. (de) et MIJOLLA-MELLOR S. (de) : *Psychanalyse*, PUF, Paris, 1996.

MILLAR S. : *La psychologie du jeu chez les animaux et chez les enfants*, Payot, Paris, 1968.
MORIER H. : *Dictionnaire de poétique et de rhétorique*, PUF, Paris, 1975.
MYERS D.G. : *Psychologie* (4e édition 1995), trad., Flammarion, Paris, 1997.
MYQUEL M. : « Jeu et développement », in *Le jeu, l'enfant*, Expansion scientifique française, Paris, 1984.
OUDÉ O. : *Rationalité, développement et inhibition*, PUF, Paris, 1995.
ORSINI-BOUICHOU F., HURTIG M., PAOUR J.-L., PLANCHER P., « Une méthode d'apprentissage destinée à analyser les relations entre développement et fonctionnement cognitif », in *Développement et fonctionnement cognitif chez l'enfant*, sous la dir. de NETCHINE-GRYNBERG G., PUF, 1990.
PIAGET J. : *La formation du symbole chez l'enfant*, 1945, Delachaux et Niestlé, Neuchâtel ; 2e édition, 1964.
PIAGET J. et INHELDER B. : *Le jeu chez l'enfant*, PUF, coll. Que sais-je ?, Paris, 1966.
PREMACK D. et WOODRUFF G. : « Does the chimpanzee have a theory of mind ? », *Behavioural and Brain Sciences*, 1978, 4, p. 515-526.
PUGET J. : « Relation d'objet-lien : du même ou du différent », *Journal de psychanalyse de l'enfance*, 1998, 23, p. 41-52.
RACAMIER P.C. : *Antœdipe et ses destins*, Apsygée, Paris, 1989.
REIK T. (1935) : *Le psychologue surpris*, Denoël, Paris, 1976.
REQUIN J. : « Information et incertitude dans la préparation à l'action », *Nervure*, 1991, 4, hors série, p. 25-35.
RICARD M., COSSETTE L. et GOUIN-DECARIE Th. : « Développement social et affectif », in RONDAL J.A. et ESPÉRET E., p. 215-260.
RONDAL J.A., ESPÉRET E. : *Manuel de psychologie de l'enfant*, Mardaga, Bruxelles, 1999.
ROUDINESCO R. et PLON M. : *Dictionnaire de psychanalyse*, Fayard, Paris, 1997.
ROUSSILLON R. : « Un paradoxe de la représentation : le médium malléable et la pulsion d'emprise », in *Paradoxes et situations limites de la psychanalyse*, PUF, Paris, 1991.
SOFSKY W. : *Traité de la violence*, Gallimard, Paris, 1996.

SROUFE L.A. et WATERS E. : « The ontogenesis of smiling and laughter : a perspective on the organisation of development in infancy », *Psychosocial Review*, 1976, 83, p. 173-189.

STERN D. : *Le monde interpersonnel du nourrisson*, PUF, Paris, 1985.

STERN D. : « Les bébés et la musique : réflexion sur les aspects temporels de l'expérience quotidienne d'un nourrisson », *Journal de psychanalyse de l'enfance*, 1998, 23, p. 88-112.

STONEHOUSE S. et UZÉ J. : « De la référence à la polysémie, approche cognitivo-linguistique », *Neuropsy. Enf. Ado*, 1999, 7, 1-2, p. 50-53.

SUTTER J. : *L'anticipation*, PUF, Paris, 1993.

TOURRETTE C. : « Apprentissage du monde, interactions sociales et communications », in RONDAL J.A. et ESPÉRET E., p. 445-478.

TOURRETTE C., MARCELLI D., BOINARD S., KASOLTER M.A., BARBE V. et CRETE M.F. : « Des interactions comportementales dans la première année, aux interactions verbales à 3 ans : les dyades mère déprimée-bébé se distinguent-elles des autres ? » *Psychiatrie de l'enfant*, 2000, à paraître.

TREVARTHEN C. : « Les racines du langage avant la parole », *Devenir*, 1997, 9, 3, p. 73-93.

WINNICOTT D.W. (1941) : « L'observation des jeunes enfants dans une situation établie », in *De la pédiatrie à la psychanalyse*, Payot, Paris, 1969, p. 270-273.

WINNICOTT D.W. : *La consultation thérapeutique de l'enfant*, trad. Cl. Monod, Gallimard, Paris, 1971.

WINNICOTT D.W. : « La préoccupation maternelle primaire » (1956), in *De la pédiatrie à la psychanalyse*, Payot, Paris, 1969, p. 168-174.

WINNICOTT D.W. : « Objets transitionnels et phénomènes transitionnels » (1951-1953), in *De la pédiatrie à la psychanalyse*, Payot, Paris, 1969, p. 109-125.

WINNICOTT D.W. : *Jeu et réalité*, Gallimard, Paris, 1975.

REMERCIEMENTS

L'auteur tient à remercier Nicole Catheline pour ses remarques, commentaires et critiques toujours constructives, Alain Vergnioux pour sa lecture attentive du manuscrit et ses commentaires stimulants, Denis Réserbat-Plantey pour ses informations sur les jeux de surprise et les comptines, Henri-Noël Gélineau pour son aide documentaire. Il remercie tous ceux sur les travaux desquels il a pris appui pour avancer dans ses hypothèses, entre autres P. Denis, J. Laplanche, Ph. Gutton, D. Stern, etc., sans oublier les patients qui chaque jour lui procurent ces surprises si importantes pour le maintien d'une clinique vivante. Il remercie enfin ses collègues pour leur aide volontaire ou non, ceux qui le trouvent insupportable comme ceux qui s'accommodent de ses surprises ou impertinences : l'important est d'accepter de ne pas toujours être à la place assignée... Il espère que par cet essai les uns comme les autres aimeront un peu mieux ou un peu plus les surprises...

TABLE

DU MÊME AUTEUR

Dictionnaire de psychopathologie de l'enfant et de l'adolescent
(codirection avec D. Houzel),
PUF, 2000.

Médecine de l'adolescent
(avec P. Alvin), Masson, 2000, 1 vol.

Adolescence et psychopathologie
(avec A. Braconnier),
Masson, 5e édition, 1999.

Enfance et psychopathologie
Masson, 6e édition, 1999.

L'Adolescence aux mille visages
(avec A. Braconnier),
Odile Jacob, 1998.

La Santé des adolescents
(avec P. Alvin, P.A. Michaud, J.-Y. Frappier,
J.-P. Deschamps, A. Tursz),
Doin, 1997.

Les États dépressifs à l'adolescence
Masson, 1995.

Position autistique et naissance de la psyché
PUF, 1986.

Les États limites en psychiatrie
PUF, 1981.

Comment leur dire : l'enfant face au couple en crise
Hachette, 1979.

Dépression et tentatives de suicide à l'adolescence
(avec E. Berthaut),
Masson, 2001.

Tracas d'ados, soucis de parents
(avec G. de La Borie),
Albin Michel, 2002.

L'Enfant, chef de la famille, L'autorité de l'infantile
Albin Michel, 2003.

Ados, galères, complexes et prises de tête
(avec G. de La Borie),
Albin Michel, 2005.